叢書・ウニベルシタス　1082

フッサールの遺産

現象学・形而上学・超越論哲学

ダン・ザハヴィ
中村拓也 訳

法政大学出版局

Dan ZAHAVI
HUSSERL'S LEGACY: PHENOMENOLOGY, METAPHYSICS, AND TRANSCENDENTAL PHILOSOPHY

目次

序

私は、多くの公刊文献のなかでフッサールの考えを活用し、議論してきたが、ほんの二、三の著作でしか、彼の著作を主要目標とはしてこなかった。私のまさに最初の著作『志向性と構成』（一九九二年）は、フッサールの『論理学研究』のいくつかの中心的主題の分析であった。博士論文『フッサールと超越論的相互主観性』（一九九六年）は、相互主観性についてのフッサールの説明の広範な解釈を提示し、『フッサールの現象学』（一九九七年）は、フッサールの哲学への一般的な入門だった。しかしながら、一九九〇年代後半以降、特に二〇〇三年の入門的著作の英訳の公刊後（*Husserl's Phenomenology*, 2003）、私は、現象学、心の哲学、認知科学の間の境界面でのいっそう体系的な研究に次第に巻き込まれ、現象的意識、自己意識、自己性、感情移入、社会的認知、社会的感情、そして、ごく最近では、集合的志向性のような論題について書くことを始めた。しかし、こうした体系的な努力に従事する一方で、私はフッサールについての研究を完全にやめてしまったのではなく、その傍ら彼の哲学のもつ諸々の異なる局面について書き続けていた。長年にわたって、これは、かなりの数の論文に結果し、ついに私はこの資料をまとめ、著作へと書き直す仕方を考え始めた。

『フッサールの遺産――現象学・形而上学・超越論哲学』は、私の最初の著作ですでに焦点となっていた主題、すなわち、現象学と形而上学の間の関係性はどのようなものか、そしてどの程度まで、超越論哲学へのフッサールの転回は、その関係性に影響を与えるのかに部分的に立ち戻る。それは、私が『フッサールの現象学』で提示した全般的解釈と同期してもいるが、その間二〇年にわたるフッサール学を活用し、それに従事することによって解釈を深化し、さらに詳しく説明している。

私は二〇一二年に本書を計画し始め、二〇一四年に書き始めた。多くの新しい資料を含んでいる一方で、本書は、いくつかの私の以前の論文を活用し、組み込んでもいる。しかしながら、すべては徹底的に修正され、書き改められており、どの元の論文も本書の独立した章という形では再現されていない。関連のある以前の公刊文献は、以下を含んでいる。'A propos de la neutralité métaphysique des Logische Untersuchungen,' *Revue Philosophique des Louvain* 99/4, 2001, 715–736: 'Merleau-Ponty on Husserl. A reappraisal', in T. Toadvine and L. Embree（eds.）: *Merleau-Ponty's Reading of Husserl*（Dordrecht: Kluwer Academic Publishers, 2002）, 3–29; 'Phenomenology and metaphysics', in D. Zahavi, S. Heinämaa & H. Ruin（eds.）: *Metaphysics, Facticity, Interpretation*（Dordrecht: Kluwer Academic Publishers, 2003）, 3–22; 'Mind, meaning, and metaphysics', *Continental Philosophy Review* 36/3, 2003, 325–334; 'Phenomenology and the project of naturalization', *Phenomenology and the cognitive sciences* 3/4, 2004, 331–347; 'Husserl's noema and the internalism-externalism debate', *Inquiry* 47/1, 2004, 42–66; 'Killing the Strawman: Dennett and Phenomenology', *Phenomenology and the Cognitive Sciences* 6/1-2, 2007, 21–43; 'Internalism, Externalism, and Transcendental Idealism', *Synthese* 160/3, 2008, 355–374; 'Philosophy, Psychology, Phenomenology', in S. Heinämaa & M. Reuter (eds.): *Psychology and Philosophy. Inquiries into the Soul from Late Scholasticism to Contemporary Thought* (Dordrecht: Springer, 2009), 247–262; 'Review of E. Thompson: *Mind in Life: Biology, Phenomenology and the Sciences of the Mind*', *Husserl Studies* 25/2, 2009, 159–168; 'Phänomenologie und Transzendentalphilosophie', in Figal, G. & Gander, H.-H. (eds.): *Heidegger und Husserl. Neue Perspektiven* (Frankfurt am Main: Vittorio Klostermann, 2009), 73–99; 'Naturalized Phenomenology', in S. Gallagher & D. Schmicking (eds.): *Handbook of Phenomenology and Cognitive Science* (Dordrecht: Springer, 2010), 2–19; 'Life, thinking and phenomenology in the early Bergson', in M.R. Kelly (ed.): *Bergson and Phenomenology* (Basingstoke: Palgrave Macmillan, 2010), 118–133; 'Husserl and the 'absolute' ', in C. Ierna, H. Jacobs, F. Mattens (eds.): *Philosophy, Phenomenology, Sciences: Essays in Commemoration of Husserl* (Dordrecht: Springer, 2010), 71–92; 'Naturalized Phenomenology: A Desideratum or a Category Mistake?', *Royal Institute of Philosophy Supplement* 72, 2013, 23–42; 'Phenomenology of reflection', in A. Staiti (ed.): *Commentary on Husserl's Ideas I* (Berlin: De Gruyter, 2015), 177–193; 'The end of what? Phenomenology vs. speculative realism', *International Journal of Philosophical Studies* 24/3, 2016, 289–309; 'Brain, Mind, World: Predictive coding, neo-Kantianism, and transcendental idealism', *Husserl Studies*, in press.

『フッサールの遺産』は、コペンハーゲン大学の主観性研究センターで執筆された。私はスタッフと客員の両方との相互交流や議論から恩恵を被っている。私はデンマーク国立研究基金にも感謝している。

その最初の支援が私に研究センターの設立と運営を許してくれた。

本書に見いだされる考えのうちのいくつかは、以下の大学での講演で発表された。ペンシルヴァニア州立大学、香港中文大学、エコール・ノルマル・シュペリゥール（パリ）、北京大学、トロムソ大学、アメリカ・カトリック大学（ワシントンD・C）、ベルン大学、立命館大学（京都）、パリ－ソルボンヌ大学、ヘブライ大学（エルサレム）、フライブルク大学、ルーヴァン大学、ヴュルツブルク大学、ザ・ウェスト・オブ・イングランド大学、ローチェスター工科大学、ハイデルベルク大学、プラハ・カレル大学、ボストン大学、セェデターン大学（ストックホルム）、ヘルシンキ大学、ウィーン大学、カリフォルニア大学バークレー校。私は様々な聴衆からの貴重なコメントに対して感謝している。

長年にわたって、私は、デヴィット・カー、スティーヴン・クローウェル、ジョン・ドラモンド、ジム・ハート、サラ・ヘイネマー、セーレン・オーアゴー、トニー・スタインボック、エヴァン・トンプソンを含む様々なフッサール論者との現在進行形の議論から恩恵を被っている。私が、かつての師であるクラウス・ヘルトとルドルフ・ベルネットにいまだ恩義を被っているということは、本書を読む際に明らかなはずである。私はまたリスベット・ドゥ・コック、ゾフィー・ロイドルト、ルイス・サース、ガレン・ストローソン、中村拓也、フィリップ・シュミットに、テクストの諸々の異なる部分に対する様々な明敏なコメントに対して特に恩義がある。私はジェームズ・ジャルディンとトーマス・サントにフッサールの引用のいくつかを英語に訳す際にきわめて貴重な助けを提供してくれたことに対して感謝している。ゾフィー・ロイドルトには今一度、原稿の大部分の進捗した草案が議論されたウィーンでのワークショップを企画してくれたことに対して特に感謝する。最後に、オックスフォード大学出版の二人の匿名の査読者に対する私の恩義を表すことにしたい。彼らは、いくつかの非常に助けとなるコメントを提供してくれた。

最後に、ファン・トロには索引を編纂してくれたことに対して、ピーター・モンチロフには模範的な編集に対して感謝する。

導入　フッサールの遺産

フッサールの遺産をどのように評価すべきなのか。一つの可能性は、彼が二〇世紀の哲学の展開に及ぼしてきた影響を研究することである。その影響が計り知れないということには、ほとんど異議を唱えることができない。もちろん、このことは、あらゆる人が彼に同意したと言うことではなく、ハイデガー、インガルデン、シュッツ、フィンク、サルトル、メルロ゠ポンティ、レヴィナス、ガダマー、リクール、デリダ、アンリ、マリオンを含むその後の現象学者たちも、解釈学、批判理論、脱構築、ポスト構造主義を含むそのほかの伝統の全幅にわたる指導的理論家たちも、フッサールの計画と綱領に対して反応し、応答する必要を感じていたという事実が彼の重要性を証明している。しかしながらわれわれは、こうしたむしろ後ろ向きの回顧的な取り組みを、フッサールの遺産のいっそう前向きの査定、基本的に、以下の問いを尋ねるものと対照することができる。すなわち「フッサール的現象学の将来の展望はどのようなものなのか」。あるいは、別様に述べれば「フッサール的現象学は二一世紀の哲学に関連するものであり続けるのか」。もちろん、これらは巨大な問いであるし、それらに答えようと試みることに取り組むかもしれない諸々の異なる仕方もまた存在する。

一つの選択肢は、フッサールの著作が、永続的な価値あるものについての特定の分析を含んでいる仕方を探求することである。例えば、志向性、身体性、時間意識、自己意識、相互主観性等々についての彼の詳細な分析には、大陸哲学や心の分析哲学や認知科学における現行の議論に提示すべき何かがあるのかどうかを探求することができるだろう。手短に言えば、フッサールの現象学のもつ継続的有意義性に賛成の論を唱える一つの仕方は、様々な具体的現象についての彼の丹念な探究から学ぶべき多くのものがなお存在すると示すことによる。これは、問いに取り組むまったくもって立派な仕方である。さらに言えば、現行かなり影響力のある取り組みである。

しかし、フッサールはこの種の遺産に満足しているのだろうか。彼の眼からみて、彼の特定の分析の多くが他の研究綱領に吸収され統合されることは、現象学の健全な状態を実証するのに十分だろうか。私はそうではないと疑っている。私は、フッサールは、彼の現象学的綱領と計画が繁栄し続けるかどうかという問いにこそいっそう関心があるだろうと考える。

デネットとの最近の批判的な交流の際に、ジーワートは、彼が「平明な現象学」と呼ぶもののもつ有意義性と意義を擁護している。平明な現象学とは、㈠心的あるいは心理学的区別をなし、説明する場合に、㈡なぜこうした区別が理論的に重要であるのかを示す場合に、㈢一人称保証という資源に頼る場合に、㈣一人称保証が三人称保証のもつ何らかの資源に由来する場合に、実践されるものである(Siewert 2007: 202)。そうした企てのもつ長所がどんなものであれ、これは、フッサールが、現象学を西洋哲学の頂点と成就として性格づけたときに念頭に置いていたものではないことは明らかなはずである（Hua 6/195）。

志向性、時間性、感情移入等々をめぐるフッサールの多くの具体的な探究のうちのいくつかについての詳細な踏査を掘り下げるよりむしろ、以下の連関した研究のねらいは、いっそう方法論的・メタ哲学的目的を追求することであり、フッサール的現象学のいっそう全般的なねらいと野心についての解釈を提示することである。究極的には、彼の現象学的分析には何が賭けられているのか。フッサールの現象学的分析は主として意識の探究として解釈することができるのか、そしてもしそうならば、ある種の心理学的寄与として分類しなければならないのか。もしフッサールが超越論哲学的企図に従事しているならば、現象学的超越論哲学は、いかなる仕方で独特なのか、そして、もしあるとすれば、どのような種類の形而上学的な含みをもつのだろうか。フッサール的現象学は、主として、性格上記述的なのか、事柄がどのようにわれわれに見えるのかを捕えるものなのか、あるいは、事象がどのようなものなのかを捕えることになっているのか。

検討されるべき問いは、現象学のなかで最も争われ、論争された問いのうちのいくつかに属している。それらは、一九〇〇―一年のフッサールの『論理学研究』の公刊以来ずっと議論されており、そしてあとで見ることになるように、研究文献のなかでも合意が存在していないものである。私の解釈的奮闘にとって中心的なのは、フッサールの超越論的観念論を理解しようとする試みだろう。それはどういったものなのか、そして、なぜフッサールはそれを採用したのか。それは形而上学的立場なのか、彼をある形式の（洗練された）現象主義や主観的観念論に与させるのか、あるいは、対照的に、フッサールは

ようと試みるためになされ（Hua 13/xviii-xix）、こうしたテクストがけっして公刊されなかった理由は、まさしくフッサールがその成果に満足しなかったがゆえであったかもしれない。したがって、解釈の基礎をもっぱらフッサール自身によって公刊された著述に置くほうが、より適切ではないのか。

こうした論法が抵抗し難いように思えるとすれば、例えば、ウィトゲンシュタイン研究がもっぱら『論理哲学論考』にだけ、ウィトゲンシュタインがその生涯で公刊したただ一つの著作にだけ焦点を当てたならば、現行どのようになるだろうかを考えてみよう。フッサールの仕事の方法と公刊計画をいっそう綿密に見てみるならば、いずれにせよ、当該の方法論的原理にこだわることが賢明ではないだろう多くの理由が存在することが明らかになるだろう。

フッサールは、自分の公刊された著作について、出版された後すぐに、留保と疑念をしばしば表明した。いくつかの事例では、彼は、テクストの実質的な部分を改訂するためにかなりの時間を費やした。遺稿には、例えば、『論理学研究』と『デカルト的省察』の両方についての修正、その後公刊された改訂を見出すことができる（Hua 20/1-2 and Hua 15 を見よ）。

晩年にフッサールは、彼の哲学の最も決定的な体系的呈示を執筆しようとする諸々の異なる試みをした。こうした試みのうちの多くは、不首尾のままとなり、公刊著作をもたらさなかった。しかし、その理由は、フッサールがその成果に特に不満であったということではなく、むしろ彼には、焦点を維持することが難しく、他の計画に惑わされ続け、他の計画に夢中になったということである（Hua 15/xvi, lxi）。

まさに、体系的・包括的説明を完成するという繰り返し現れる問題のゆえにこそ、ついにフッサールはかなりはっきりと彼の遺稿（*Nachlass*）を念頭に置くようになった（cf. Hua 14/xix, 15/lxii, lxvii–iii）。彼がしばしば、パウル・ナトルプやアドルフ・グリムのような友人や同僚宛の書簡で評言しているように、彼の最も決定的な寄与は未公刊の草稿の中に含まれていた。フッサールは一九三一年にこう書いている。「事実、私の生涯の研究の、最も広範で最も重要であるとさえ私が思う部分は、その規模のためにほとんどいまだ処理することができない私の草稿のなかに今なお埋もれています」（Hua Dok 3–III/90, cf. 3–V/151）。

フッサリアーナの継続的公刊は、ますます多くのフッサールの研究草稿を利用可能にしてきたし、こうした研究は、数多くの流布した支配的な解釈を改訂し、修正することを必要にしてきた。その理由は、新しい資料が、フッサールの現象学的な核概念のいっそう正確な把握を許す手に余るほどの分析と記述を提供してきたからだけでなく、フッサール自身によって公刊を認可されたわずかな著作についての研究を通して予料することが不可能ではないにせよ困難であったという、彼の思考のもつ諸々の局面を開示してきたからでもある。

初期のフッサール研究が主として『論理学研究』『純粋現象学と現象学的哲学のための諸構想《イデーン》I』『デカルト的省察』『ヨーロッパ諸学の危機と超越論的現象学』のような古典的な巻に焦点を当ててきたのに対して、現在はもはやそうではない。実際、フッサール学者の間には、包括的なフッサール解釈の基礎をそうした狭い範囲の公刊文献に置くことはもはや受け入れられないという幅広い合意が存在する。焦点と範囲は、フッサリアーナの全巻を含むまでに膨張し、そして、すでに言及したテクストを別にすると、『純粋現象学と現象学的哲学のための諸構想《イデーン》II』『第一哲学II』『内的時間意識の現象学』『受動的綜合の分析』『相互主観性の現象学Ⅰ－Ⅲ』のような巻が、特に劇的な衝撃力をもった。こうした焦点の変化は、新しい類型の解釈をもたらしたが、フッサールの思考のなかの事実性、身体性、社会性、受動性、歴史性、倫理という次元への強調によって性格づけられるだけではない。それは、古典的な巻の再解釈もまた可能にしてきたし、したがって、そうでなければ隠されたままであっただろう彼の思考の展開の統一と一貫性とを露わにしているのである。

第一章　内観と反省

そのことと、現象学が内的観察の方法あるいは直接的内的経験一般の再興であるかのような根本的に誤った見解は連関している。

（『イデーンⅢ』）

第一節　方法論的懸念

フッサールは、一九二五年の『現象学的心理学』の講義を以下のような歴史的概観で始めている（Hua 9/3–20）。一九世紀の間、心理学は途轍もない発展を遂げた。ミュラー、ヘルムホルツ、エラン、フェヒナー、ヴントのような科学者たちの共同研究の努力を通して、心理学は真に科学的な企図として確立された。しかしながら、実験心理学はすぐに結果を得たけれども、まさに心理学は自然科学、特に生理学を手本とみなしていた。まさに心理学は——フッサールの言では——自然主義の誘惑に抵抗できなかった。心理学は、意識が世界のなかの対象、自然科学の標準的方法を用いて探究し、説明できるものであるかのように意識に取り組んだのである。こうした取り組みはすぐに批判をもって迎えられた。この種の心理学は本当に体験的次元を正当に扱うことができるのだろうか。心理学はそもそも主観性を捕えることができたのか。一八九四年の『記述的・分析的心理学についての理念』において、ヴィルヘルム・ディルタイはこう論じた。心理学は自然科学によってあまりにも影響を受けるようになってしまっており、大幅に、人文学に定位すべきである、と。ディルタイは、自然科学によって提示される説明と、人文学によって提供される理解の間の差異を保持しようと望み、説明的あるいは構築的心理学を、彼自身の記述的あるいは分析的心理学から区別した。前者は、自然科学の理想に与していた。それは原子論的であり、仮説と推論に基礎をおいていた。しかし、そうした仕方で前進することによって、それは意識の生を把握できないこともまた証明した。それは心理的生の統一とは体験される統一であり、単純に推論され要請される統一ではないということを認識し損なったのである。しかしながら、ディルタイの反撃は、すべてが成功したわけではなかった。一方で、ディルタイ自身の代替案は、内観的方法論にあまりに固く結びついたままであった。それは諸々の個別性を扱ったにすぎず、普遍的洞察を提示し、適格な心理学的法則を定式化することができなかった。他方で、実験心理学に対するその批判は、十分には成し遂げられておらず、一八九五年にヘルマン・エビングハウスによる華麗で痛烈な論文によって迎え撃たれた。エビングハウスは、暗記学習と記憶の測定のための実験的方法の展開を開拓した。したがって、世紀の転換点で、その闘いは自然主義者が勝利したように思えた。その時、『論理学研究』(一九〇〇—一年）が公刊され、フッサールが評言するように、これが状況を根底的に変えたのである（Hua 9/20）。

『論理学研究』は、意識を研究するための新しい方法、現象学と呼ばれる方法の誕生を布告した（Hua 9/28, 302）。その中心的ねらいのうちの一つは、意識の志向性を、知覚、思考、判断等々が何かにかかわるあるいは何かについてのものであるという事実を踏査することであった。しかしながら、心理学的生についての注意深い記述を提示しようとする試みそのもの、志向性は心的状態の独特の特徴として真価を認められねばならないという考えそのものは、傑出したウィーンの心理学者にして哲学者のフランツ・ブレンターノの著作にすでに見出される。彼の講義にフッサールは一八八〇年代初期に出席していた。したがって、フッサールが単純にブレンターノによって開始された計画を継続しているにすぎないのかどうかと問うのは当然のことである。この問いに対するフッサールの答えは明確である。フッサールは一九三七年六月一八日付のマルヴィン・ファーバー宛の後の書簡でこう評言していた。

私はなるほど若き日に熱烈なブレンターノの崇拝者として始まり、自分をあまりにも長く、いまや理解しがたい自己欺瞞において、彼の哲学の、とりわけ彼の心理学の協力者であるとみなしていました。けれども実際のところは、すでに私の処女作［…］においてすでに、私の考え方全体はブレンターノのそれとはまったく異なっていたのです。形式的に捉えるならば、ブレンターノは、その主題全体が、彼が特に「何か「についての」意識」によってもまた定義した「心理的現象」である心理学を要求し、与えたのです。だが、彼の心理学は、志向性についての学問にほかならないのに、志向性という本来の問題は彼にはけっして開かれず、彼は〔意識体験に〕帰属的な「志向的対象「そのもの」」の記述的陳述なしに、あらかじめ与えられる意識体験を記述することはできないということ（例えば、この机知覚は、私がこの机をその場合に知覚されているものとして、知覚されているとおりに記述するときにだけ、規定的に記述することができるということ）をけっして見ませんでした。志向的含意、志向的変様、明証の問題、構成の問題等々についで彼は見当もつかなかったのです。（Hua Dok 3-IV/82）

『論理学研究』での志向性についての彼自身の先駆的な分析のなかで、フッサールはこう論じた。㈠あらゆる志向的経験は特定の類型の経験、すなわち、知覚すること、判断すること、希望すること、欲望すること、後悔すること、想起すること、肯定すること、疑うこと、不思議に思うこと、恐れること等々の経験である。㈡こうした経験のそれぞれは、個別的な仕方で対象に方向づけられていることによって性格づけられる。㈢こうした経験のいずれも、その対象的相関者、すなわち、知覚され、疑われ、期待される対象を考察することなしには適格に分析することができない。なぜフッサールはそもそもこうした志向性についての分析に従事したのか。彼が論理学と認識論にとっての新しい基礎を提供したかったからである（Hua 18/7）。しかし、なぜ論理学の明晰化は認識論の理解に至るべきなのだろうか。事実、そうした提案自体、何らかの形式の心理学主義——『論理学研究』もまた非常に痛烈に批判してきたとされる立場そのもの——に等しくはないのか。

どのように心理学主義を性格づければいいのか。その主な論証の仕方は以下のとおりである。認識論は、知覚すること、信じること、判断すること、認識することのもつ認知的本性にかかわっている。しかしながら、呼応する現象のすべては、心理的現象であり、それゆえ、それらの構造を探究し、踏査することは心理学に任されている。これはまた科学的論法や論理的論法にも当てはまり、それゆえ、究極的には、論理学は心理学の一部とみなされねばならず、論理法則は心理的－論理的規則とみなされねばならず、その本性と妥当性は、経験的に探究され、確立されねばならない（Hua 18/64, 89）。

フッサールが示したように、この論証には欠点がある。一つには、それは認識対象と認識作用を十分に区別していない。私が知覚する誕生日ケーキは、それについての私の知覚とはまったく異なる。誕生日ケーキは三キロの重さがあり、食べることも、道化師のようにふるまう際に使うこともできる。対照的に、ケーキについての私の経験は、どんな重さもなく、食べることができず、誰かの顔にぶつけられることもない。そして、ケーキが何かについてのものでもなく何かにかかわりもしないのに対して、ケーキの知覚はまさしく何かに、つまり、ケーキにかかわっている。作用と対象の間の、見るものと見られるものの間の、聞くものと聞かれるものの間のそうした原理に基づいた差異もまた論理学の事例では通用している。論理法則について語るときや論理的心理、理論、原理、文、証明を指示するとき、時間的な持続をもつ主観的経験は指示されない。論理学の諸原理は意識によって把握され、認識されるけれども、フッサールによれば、われわれは理念的な何かを意識しており、その本性は、認識することの心理学的過程とはまったく異なる。しかしながら、それらの還元不可能な差異にもかかわらず、客観的真理が主観的な認識するという経験において認識されるという困惑させる事実になお直面する。そして、フッサールが強く主張するように、客観的なものと主観的なものとの間のこうした関係こそが、認識の可能性についてのいっそう実質的な理解を得ようと望む場合に、探究され明晰化されねばならないのである（Hua 18/7）。

したがって、心理学主義に対するフッサールの批判にもかかわらず、認識論の基礎的問題への彼の関心は、彼を意識へと立ち戻らせた。そして、この動向は心理学主義への逆戻りではないかもしれないけれども、現象学が究極的には新しい心理学的方法になるということをなお示唆しているかもしれない。そうした提案は、フッサール自身のテクストに何らかの支持を見出すことができるだろう。なぜなら、彼は『論理学研究』の第一版では、現象学を記述的心理学として性格づけることを選んだからである（Hua 19/24）。

志向的意識を探究する際に、現象学は一人称パースペクティヴのもつ意義を際立たせる。しかし、それはまさに内観主義的心理学者もまたしていたことではないのか。だからおそらく、現象学は内観主義の一形式として分類されるべきなのである。フッサールが一九一七年の『現象学と心理学』という標題をもつ草稿において評言するように、その当時、こうした考え方は大いに広まっており、「現象学的」という術語そのものがあらゆる種類の哲学的・心理学的著述で、内観に基礎を置いた意識についての直接的記述を表すレッテルとして用いられていたのである（Hua 25/103）。

こうした用法は生き続けている。例えば、デネットの評価を考察してみよう。彼は、フッサールの現象学と彼自身のヘテロ現象学の間の差異を説明する際に、こう強く主張している。デネット自身は他人の概念的世界を外側から規定しようとするのに対して、古典的現象学者は彼ら自身の概念的世界への接近《アクセス》を何らかの特別な「ちょっとした内観主義的心的体操」（Dennett 1987: 153）によって得ようとした、と。実際、デネットが『解明される意識』のしばしば引用される箇所で述べるように、フッサールによ

って創設された哲学的伝統のねらいは

内観という特別な技巧に基礎を置くすべての哲学にとっての（実際、すべての認識にとっての）新しい基礎を見出すことであった。その際に、外部世界とそのすべての含意と前提はエポケーとして知られる心の特殊な作用において「括弧に入れられる」ことになった。最終結果は、そこで現象学者が、ノエマと呼ばれ、理論と実践による通常の歪曲と修正によって汚されていない、意識体験の純粋対象を直知することになるとされている心の探究状態である。芸術における印象主義運動やヴント、ティチェナーらの内観主義的心理学のような、解釈を剝ぎ取り、意識の基本的事実を厳格な観察に対して露わにしようとする他の諸々の試みと同様、現象学は、あらゆる人が同意することができる、単一の、確定した方法を見出し損なった。（Dennett 1991: 44）

なぜ現象学的方法は信頼できず、なぜ合意を生み出し損なったのか。一つの理由は、デネットによれば、内観は観察よりも理論化の問題だからである。事実、まさにほとんど見るべきものが存在しないがゆえにこそ、捏造と作話のための多くの余地が存在する（Dennett 1991: 68, 94, 1982: 173）。さらに、デネットは古典的現象学を「自己現象学」として繰り返し性格づけている（Dennett 1987: 153）。古典的現象学にとって、探究の主観と客観は、自己現象学者が、他者の心的生を探究するよりもむしろ、彼あるいは彼女自身の心的生に関心があるから、合致している。事実、古典的現象学はある形式の「方法論的独我論」——それによれば、心理学的状態はその状態が帰せられる主観よりも何らかの個体的他者の現実存在を前提しているとする立場を明示するために、パトナムによってもともと鋳造された術語――に究極的には与している（Putnam 1975: 220）。古典的現象学は、主観を切り離された自己充足的現実存在者とみなしており、それによって、例えば、どの程度まで意識が言語依存的であるのかを認知し損なう。現象学者は、一人称パースペクティヴのもつ重要性を一貫して強調しており、一人称科学を展開しようとしているが、ついには、彼らの内観主義的・独我論的方法は、適格な科学は三人称方法を要求するから、健全な科学的方法としては単純に資格を得ない（Dennett 1991: 70, 1987: 154–158）。意識についての本当の科学的探究は、脳のなかで現実に進行中のものに焦点を当てるべきであり、そのサブパーソナルな機構は内観的に入手可能ではなく、外側から接近可能《アクセス》であるにすぎない。

現象学的伝統についてのデネットの取り扱いは、ほとんど徹底的かつ余すところのないものだとみなすことなどはできない。事実、それは実際には、二、三の散在したコメント以上のものにはならない。これは、彼がかなり定言的に現象学的伝統を退けることを妨げなかった。彼の見解では、フッサール主義者は、それ自体韜晦趣味に深くはまり込んでおり、したがって、彼らの著作を読むことはおおむね時間の無駄である（Dennett 1994）。しかし、デネットは彼の批判の論題にどれほど精通しているのか。幾分驚くべきことには、デネットは一度ならず、彼が自分自身フッサール的遺産とみなしたことに注意を呼びかけている。彼はダグフィン・フェレスダールの許で学部生としてフッサールと他の現象学者たちを研究し、彼の大学院の指導教官、ギルバート・ライルから現象学について学んだ。デネットはライルを現象学の大家的学者とみなす（Dennett 1994）。したがって、彼が古典的現象学のもつ資源を無視していると批判する人々に応える際に、デネットは即答した。「まさに私の軽視が完全でなかったがゆえにこそ、それはそれほど確信的であったのであり、確信的であり続けているのである」(Dennett 1994)。しかし、デネットは現象学的伝統に彼が精通していることを強調しているだけではなく、彼自身のフッサール解釈の正確さをまったく顕在的に擁護しており、こう論じさえしている。もし彼の読解が間違っていることが判明しなければならないとすれば、フッサールにとってますます悪いことだろう、と(Dennett 1994)。これは、多くの仕方で当惑するほかない主張である。デネットが、フッサールは致命的に欠点のある非科学的方法論を用いていると強く主張し続けていることを考えると、なぜデネットの解釈がフッサールのためになるはずであるのかは理解しがたい。

しかしながら、フッサールの現象学的方法をそうした希望のない言い方で評価しているのはデネットだけではない。『誰でもないこと』において、メッツィンガーも同じような流儀で論じ、こう結論している。「現象学は不可能である」と(Metzinger 2003: 83)。どのような種類の論証をメッツィンガーは提供するのか。基本的論証は、データ生成への何らかの一人称アプローチに結びついた認識論的困難にかかわっているように思える。もし二つの個体データ群において不整合が出現するはずならば、衝突を解決する仕方は存在しない。いっそう明確には、メッツィンガーは、データを、専門的測定装置によって物理的世界から抽出される事柄であると捉えている。このデータ抽出は、十分に限定された相互主観的手続きを含んでおり、科学的共同体内部で生じ、批判に対して開かれており、検証の独立した手段を恒常的に求めている。現象学のもつ問題は、ある人自身の心的状態による現象的内容への一人称接近《アクセス》は、データの概念にとってこうした決定的な基準を満たさないということである。事実、一人称的データという概念そのものが術語上矛盾なのである(Metzinger 2003: 591)。

何人かの解釈者が、フッサールの研究綱領《リサーチプログラム》が信用できないものであると示すために、フッサールの現象学的方法はある形式をとった内観主義であると主張してきたのに対して、同様に「現象学的「反省」と心理的-現象学的内観の間に作用上の重大な差異は存在しない」（Vermersch 2009: 25）と論じている人たちも存在するのだが、彼らにとって、これは賞賛である。なぜなら、彼らはフッサールを「偉大な認知されざる心理学者」（Vermersch 2011: 22）とみなしているからである。こうした特定の解釈が、いわゆる「誘発インタヴュー・メソッド」——フェルメルシュによって開拓され（Vermersch 1994, Depraz, Varela & Vermersch 2003）、そしてさらにペティトモンションとビットボルによって発展した（Petitmengin 2006, Petitmengin & Bitbol 2009）方法——の唱道者の著作のおかげで、最近牽引力を得てきている。

『心理学の教科書』においてティチェナーは、内観という方法の古典的開陳を提示し、彼が「無限がすべての事象に覆いかぶさる」という文を読んだときに感じることについての記述を提供した。「意識において最も傑出した事象は、濃い藍色の、濃密な弓なりの空であり、巨大な翼をもつかのように、堅い凸上の表面上に触れていた」（Titchener 1910: 517–518）。一頁後で、彼は「意味」のもつ意味によって引き起こされた想像についての以下の記述もまた提示した。「ある種のスコップの青鼠色の先端、その上側にほんの少し黄色いところ（たぶん取っ手の一部）があり、塑像された素材であるように見えるものの暗い塊をちょうど掘り下げている」（Titchener 1910: 519）。私は、この種の記述とフッサールの提供する分析との間に何らかの関連する類似性が存在するということを誰も真剣に提案しはしないだろうと思いたい。しかし、次にペティトモンションとビットボルによって与えられる例を考察してみよう。

私はカフェにいて、友人のポールとの活発な哲学的議論に夢中になっている。会話の初めに、私の注意はその考えの内容に完全に集中している。しかし、議論が進むにつれ、私の注意の様態はしだいに変化し、私はまず私の経験の別の次元に気づき始めた。私は、われわれもまた手を使って語るということを、そして私ははじめわれわれの身振りに気づいていなかったということを認識する。私はその後、われわれが交換している考えによってきっかけを与えられた多くの感情を感じていることを認識し、こうした感情が私の身体のいくつかの部分（特に私の胸と喉）で経験されていることを認識し、私がこのことに明晰には気づいていなかったことを認識する。突如、私はまた、まさにポールの前にいた瞬間から私の内部にあったように思える、漠然として散漫であるが、強烈で特定の感じにも気づく。私がこうした感じに気づく瞬間に、私は会話に参加し続けており、私の注意の領野はいまやいっそう幅広く、焦点はぼやけている。私はこうした感じを捕えようと試みはしないが、それは私に押し付けられてくる。それはまるで、それを引き出そうと試みる代わりに、私がそれが私に到来すること、私に広がることを許しているかのようである。私は、こうした開かれた受容的形式の注意を採用する一方で、私は居合わせ、覚醒しているが、軽くそうなのであり、努力もなく緊張もなくそうなのである。

(Bitbol & Petitmengin 2011: 33)

現象学はこの種の報告に関心をもつべきだろうか。ビットボルとペティトモンションが論じるには、現象学的記述のどんな読者もこうした記述をただフッサールや他の誰かの権威に基づいて容認すべきではないけれども、その代わりに、当該の記述に至った過程を再現しようとすべきである。まさにこうした再現こそが、こうした「単一の経験に係留すること」こそが、彼らの見解では「抽象的な解釈学的著作と能動的で、活発で、身体化された現象学的言説のあいだの真の差異」を作り上げているのである(Bitbol & Petitmengin 2011: 36)。したがって、ペティトモンションとビットボルが主張していると思われるように(Bitbol & Petitmengin 2013a: 271, 273)、フッサールの現象学的著作を、諸々の経験の薄い時間切片についてのきめ細かい記述の集成として認めるべきなのか。生きられる経験の、従来反省されず気づかれなかった局面や詳細を発見することを許すような仕方でわれわれの注意の領野を広げると称される(誘発インタヴューのような)技法は(Bitbol & Petitmengin 2013b: 181, 194)、われわれをよりよい現象学者にするのだろうか。現象学的方法のねらいは、究極的には「注意の主要な焦点のなかにはない側面的生起を探知する」(Bitbol & Petitmengin 2013b: 179)ことなのか。それは「対象に対する専一的関心が広がっているかぎりで見過ごされているわれわれの経験の」(Bitbol & Petitmengin 2013b: 179)周縁を露わにすることに関わることなのか。

ちょっとの間、現象学的格言を尊重し、事象そのものへ戻りゆくことにしよう。それはこの場合、フッサールの実際の著述である。『論理学研究』は二〇世紀哲学の広く認められた里程標であり、議論の余地なく現象学的哲学の著作である。事実、それは、フッサール自身が現象学への彼の「突破口」と捉えたものだった。どのような種類の分析がこの書物のなかに見出されるのか。心理学主義に対するフッサールの駁撃と拒絶に加えて、当該の書物のなかで扱われた多くの論題のなかのほんの二、三のものに言及しておけば、論理学の還元不可能性と意味の理念性の擁護、描像的表象についての分析、部分-全体関係の理論、純粋文法学の展開、志向性についての洗練された説明、概念と直観の関係の認識論的明晰化が見出される。これは、内観的心理学の著作なのか。それは内的経験についての緻密な記述を主として含むのか。私は、当該の書物を実際に読んだ者は誰も否と答えるだろうと考える。そうすると、当該の書物は結局現象学の書物ではないと結論するべきなのか、あるいは、むしろ現象学と内観的心理学についての性急な同一化を再考すべきなのか。私には答えは容易だと思われる。

フッサールが現象学的直観という概念をある類型の内的経験や内観と同等としようとする試みを定言的に拒絶し（Hua 25/36）、現象学が内観（内的観察 *innerer Beobachtung*）という方法を再興しようと試みているという提案そのものが荒唐無稽（根本的間違い *grundverkehrt*）であるとさえ論じたことは偶然ではない（Hua 5/38）。この争点に対するフッサールの姿勢が、他の現象学者たちにも完全に共有されていたことは重大である。他の現象学者たちはみな、ある種の内観的心理学に従事しているということと彼らが用いる方法が内観という方法であるということを、あからさまかつ明確に否定した。一つ例を挙げれば、ハイデガーは、現存在の実存論的構造についての彼自身の分析が心理学的分析であることだけを否定したのではなく（Heidegger 1996: 42–47）、彼はまたこうも書いたのである。フッサールの探究をある種の記述的心理学として解釈しようとする試みはその超越論的性格をまったくもって正当に扱い損なった、と。事実、ハイデガーが付け加えたように、現象学は、そうしたどんな心理学的取り組みに対しても七つの封印を施されたか、あるいはそれ以上の封印を施された書物であり続けることになる（Heidegger 1993: 15–16）。

現象学的論争も現象学者の間での論争も哲学的論争であり、内観的知見についての論争ではない。『論理学研究』におけるフッサールの分析がその後の現象学者たちの世代の間に普遍的な賛同を見出したと主張することは誇張だろうけれども、私は、フッサールの立場が「よりよい」内観的証拠に訴えたがゆえに拒絶されたどんな例もまったく知らない。対照的に、この里程標となる著作におけるフッサールの分析は、現象学的哲学者の間に猛烈な議論を生じさせ、分析の多くが、サルトル、ハイデガー、レヴィナス、デリダのような思想家たちによってその後改善され、精錬された（cf. Zahavi & Stjernfelt 2002）。これをメッツィンガーの主張、つまり、現象学的方法は、「これが誰もが知覚することができる最も純粋な青である」対「いや、そうではなく、それはわずかながら緑の色相をもっている」のような主張についての相互主観的合意に達する仕方は存在しないから、知識のいかなる成長を生み出すための方法をも提供できないという主張に比較してみよう（Metzinger 2003: 591）。しかしそうした主張、あるいは、例えば、目を閉じて見る視覚的パターンのもつ正確な形状にかかわる主張は、単純に、現象学的哲学者による著作に見出すことができる類型の主張ではないのであって、そのように提案することは、当該の伝統への精通を欠いていることを露わにするまでのことである。[1]

実際、現象学は、体験的意識、意識のもつ一人称的次元に関心があるが、その目標はけっして特異な経験についての記述を提示することではなかった――「ここといま、これがまさしく私が経験していることである」。現象学は「私は今わずかに吐き気を感じている」あるいは「アマローネを味わうとき、私はつねにヴェニスへの初めての訪問を思い出す」のような事実的主張に関心がある。現象学は、手に負えない、言語に絶する、比類のない純粋に私秘的なデータという意味でのクオリアには関心がない。現象学はあなたの特定の経験、あるいは、私の特定の経験にではなく、経験のもつ不変の構造と、例えば、知覚のもつ現前呈示的性格、時間性の構造、感情移入と同情の間の差異にかかわる原理に基づく問いとに関心がある。

この時点で引き出されそうな結論は、実際、単純に諸々の内観的報告からなる複合化より以上のものが現象学には存在するというものかもしれない。なぜなら、現象学は、形相的なものと意識のアプリオリな構造についての、精錬され洗練された分析によって寄与することだからである。すなわち、何が、知覚、想像、想起、判断等々の作用を本質的に性格づけるのか、そして、どのようにしてこうした諸々の異なる作用は互いに関係するのか。これは、ビットボルとペティトモンションによっても指摘されている。そうして彼らはわれわれに、経験のもつ不変の構造についてのどんな相互主観的同意も彼や彼女自身の生きられる経験への個体的接近《アクセス》を含まねばならず、それによらねばならないことを忘れないように勧める（Bitbol & Petitmengin 2011: 36）。

しかしながら、いまや現象学について何が独特であり、心理学とどのように違うのかを把握している

（1）トマソンもまた、フッサールの現象学的方法は内観を用いているはずであり、現象学的認識は心的生の内的観察に基礎をおいているというデネットの主張を拒絶している（Thomasson 2005: 116）。しかしながら、彼女の論証は私の論証とは別様に進む。トマソンは現象学的還元とそれが遂行された場合の認知的変貌のもつ重要性を正しく際立たせるけれども、彼女はまたこうも論じる。現象学的方法についてのフッサールの説明は、セラーズとドレツキによって展開された自己知についての説明と多くの点で共通している、と（Thomasson 2005: 116）。私はこの後者の主張には説得されないし（ドレツキに対する批判に関しては Zahavi 2014: 24–25 を見よ）、フッサールの現象学的記述が単に様々な論理的かつ概念的伴立についての分析の結果にすぎないという主張にも説得されない（Thomasson 2005: 133）。どちらの事例でも、現象学のもつ判明な一人称的性格が見過ごされている。

と言い出すことは、依然として別の誤解になる。フッサールは以下のように書いている。

経験意識の本質分析、外的経験とあらゆる経験の本質分析、そしてそのように継続されたすべての意識様式の本質分析は、なおそのかぎりでなされているだろう。すなわち、われわれは、やはり心理学の地盤の上にとどまり続けているのである。(Hua 25/104)

換言すれば、現象学がなすことのできるすべてが意識についての精錬された形相的分析に寄与することだったならば、現象学はある一定の種類の形相的心理学と異ならないだろう。しかし、そうすると現象学と心理学の間の差異はどこに局所づけられるのか。

実際、両学科が意識に関心があるかぎりで、現象学には心理学との類縁性があることは否定できない。しかし、意識についての現象学的探究と心理学的探究の間の区別をすることが難しい場合があるだろうし、最初は不必要に微妙な区別であるように見えるかもしれないけれども、フッサールが強く主張するように、われわれは、哲学をすることのもつ可能性そのものにとって根本的な陰影についには直面する。われわれはこう認識すべきである。

すべての歴史的にあらかじめ与えられた学問と、形式論理学、心理学、倫理学のような通常哲学に数え入れられた学問の一部は、自然な素朴性、もっとも、ある一定の様式において必然的な素朴性においてそのすべての研究を遂行している。つまり、そのすべての問いは、学問を、われわれにすでにすべての学問に先立って生において自明的にあらかじめ与えられている世界に、この自明性が、自然的な眼差しの方向においてはけっして見ることができない謎に満ちた問題の真の無限性を自らの内に含んでいるということに気づくことなしに、関係づけるのである。それは、その発見が本来的に学問的な哲学一般を初めて可能にした超越論的問題なのである。 (Hua 32/7)

フッサールにとって、現象学と心理学の間の主な差異は、後者が数多くの常識的な形而上学的前提を受け入れるのに対して、前者がその前提そのものの超越論的探究に従事するということである。なぜフッサールの現象学は超越論的という名前に値するのか。フッサールの標準的な答えは、「超越」と「超越論的」という概念は相関しており、現象学はそのねらいが超越の構成を明らかにすることだということである。実証的学問に対して、それがおこなっている形而上学的想定をなすこと、それが探究しようとしている対象である心から独立した現実存在を単純に前提していることを咎めることはできない。しかし、哲学がある形式の徹底的に問うこととしてのその資質に値し、基礎的な認識論的問いに従事するべきならば、哲学は単純にその答えを前もって先行判断することはできない。客観的世界のもつ既成の性格を単純に素朴に受け入れることよりもむしろ、どのようにわれわれにとっての世界が、真、妥当、客観的というその性格を取得したのかを理解する必要がある。どのようにしてそれは、われわれが一人称パースペクティヴのおかげで接近《アクセス》するに過ぎない世界がわれわれにとってそのパースペクティヴから独立したものとして現出することができるのか。どのようにして、何かが経験においてその経験そのものを超越することとして与えられることがあるのか。フッサールは、伝統的なデカルト的認識論もまた超越の問題に従事してきたことを認めるが、これはその伝統的形式においては、一体どのようにしてわれわれは出発点、内的心的領界を超えることができるのかという問いとして提出されてきた(Hua 1/115–116)。しかしながら、フッサールが強く主張するように、問題のこうした枠づけは判断を誤っている。それは、われわれに疑似問題を提示する。疑似問題は、志向性の真の教訓が忘却され、心を孤立した、世界から切り離された存在者とみなす場合にだけ生じるのである。

『知覚の現象学』のなかで、メルロ＝ポンティはこの性格づけを現象学がそのすべての特徴において内観的心理学から区別されると宣言することと、当該の差異は原理上の差異であると論じることとによって、そのまま繰り返すだろう。内観的心理学者が意識を存在の単なる一部門とみなし、この部門を物理学者が彼の部門を探究しようと試みるのと同じ仕方で探究しようと試みるのに対して、現象学者にとって意識の探究は、世界の絶対的現実存在が問われないままにされているかぎりでは、生じることはない。意識は、常識の想定を超えて、世界の構成の超越論的明晰化へとわれわれを導くことなしには適格に分析することができないのである(Merleau-Ponty 2012: 59–60)。

フッサールとメルロ＝ポンティの評言はさらなる明晰化を要する。両者を理解する最も単純な仕方は、現象学――すべての種類の他の差異にもかかわらず――が、ある一定のカント的ないしカント以後の枠組みの内部に確固として状況づけられていることを承認することによる。カントの革命的なコペルニクス的転回を解釈する一つの仕方は、コペルニクス的転回を、実在についての認知的統握はあらかじめ現実存在する世界の単なる鏡映より以上のものであることの認識に至ることだとみなすことによる。だから、カントとともに、実在の最も基礎的な構成単位への先批判的探索は、何かを実在とみなすためにはどのような条件を満たさなければならないのかについての超越論哲学的反省へと変貌した。経験的対象の現出にとっての可能性の条件とは何か、世界にとって実在や客観的とみなされるとは何を意味するのか。様々な修正によって、この考えはフッサールとその後の現象学者たちによって取り上げられた。現象学者たちは、哲学に固有の批判的姿勢が対象についての直進的探究から何らかのそうした直進的探究をそもそも可能にする意味と理解可能性の枠組みそのものの探究への移行を必要とするという確信を共有する。実際、客観的世界を出発点とするよりもむしろ、現象学は、まさにどのようにして客観性のようなものがそもそも可能になるのかを問い尋ねる。どのようにして客観性は構成されるのか。そもそも世界をわれわれに対して顕現させることができる、あるいは、露わにすることができるのはどのようにしてなのか。

私は後の章でいっそう詳細にこうした争点に立ち戻り、どの程度までフッサールの企図がカントの企図と類似しかつ異なるのかもまた議論することになるが、しかし、さしあたって、フッサールの方法論についての踏査を彼の反省の用法を考察することによって続けることにしよう。なぜなら、これがわれわれに彼の現象学の範囲のよりよい把握を与えることになるからである。

第二節　反省の範囲

『イデーンI』において、フッサールはこう言明する。反省は、われわれに他の諸々の経験を分析することを許す作用を表す名であり、現象学によって用いられるいっそう一般的な方法を表す名でもある、と（Hua 3/162）。彼はまたこうも書く。現象学の判明な課題のうちの一つは、いっそう体系的な仕方で反省の寄与を踏査することである、と。現象学は、ある種のメタ反省に従事しなければならない（Hua 3/165–167）。しかし、「反省」は単純に、内観を表す別の術語ではないのか。したがって、フッサールの立言は、内観主義的解釈のための支持を提供しないのか。フッサールの反省の体系的使用は、後者の読み方が結局正しく、彼の主な目的は内的心的状態についての正確かつ信頼のおける記述を提供することであることを示すのではないか。実際、彼の複雑な方法論は、純粋な経験のおそらくは歪曲されていない把握、つまり、解釈や言語によってけっして汚されても変えられてもいない把握を許すためにまさに導入されたのではないのか。スポールディングの主張によれば、現象学者が「その人の現象学を言葉に表現」しようという試みは「現象学の目的を挫くことである。ある人の経験を言葉にすることは、その経験に対して言語的・文化的枠組みを課することであり、それは経験そのものを研究するという目標を挫折させる」と強く主張しているのだが、彼女はそもそも正しいのか（Spaulding 2015: 1070）。この問いを決し、そして、なぜスポールディングが図らずもまったく間違っているのかを示すために、フッサールの見解のベルクソンの見解との簡潔な比較を提示することにしたい。

博士学位論文『意識に直接与えられるものについての試論』において、ベルクソンはこう論じた。理性は、生きられる経験の流れを分離し、動けなくし、空間化することができ、それによって生きられる経験を言語的記述と分析的反省に対して接近《アクセス》可能にすることができるけれども、真の意識生は概念的網では捕えることができない。意識生は人工的分画と区別からつねに溢れ出ることになる。流れを認識しようとするどんな知性的、反省的、分析的試みも、本性上力動的・過程的であるものを必然的に歪曲し、硬直させることになる（Bergson 1910: 219, 229）。反省的意識は「言葉で簡単に表現される、截然とした区別と、空間のなかに見出されるようなよく確定された輪郭をもつ事物を愛好する」（Bergson 1910: 9）、しかし、これがまさしく意識の真の本性を露わにすることができる理由なのである。その主張をさらに支持するため、ベルクソンは心と言語の間の関係を考察し、こう書いている。われわれの知覚、思考、感情は、二つの局面、すなわち、明晰かつ正確であるが非人称的である局面と、人称的であるがたえず変化し表現不可能である局面との下で生起することがある、と。意識状態を記述しようとするとたちまち、言葉で意識状態を分析し表現しようとするとたちまち、本性上深く人称的である意識状態は性格を変えることになる。意識状態は、互いに外的に関係する非人称的要素へと変貌することになる（Bergson 1910: 163）。この問題は、ただ言語が一般的概念を用いるという事実のせいで、たえず変化し続けている状態の微妙な明暗を単純な均一の語によって表示し、それによって見失っているというだけではないのである（Bergson 1910: 164）。問題はまた、言語全体がわれわれにくっきりした正確な区別を操作させ、それによって質料的対象の間に現実存在するのと同じ種類の非連続性を体験的出来事の間に課するということである（Bergson 1910: xix）。しかし、そうした截然とした区別を導入するとたちまち、意識状態を分離し同定するとたちまち、体験的生の過程的性格は歪曲されてしまう（Bergson 1910: 132）。言語は、意識を、その変幻自在の性格を抑えることなしには、その還元不可能な個体性を一般的概念という強引に画一化する制服に合わせることなしには、掌握することができない。実際、ベルクソンにとって、言語は単純に、体験的生の繊細さを伝えるあるいは届けることができず、生命のない影を捕えることができるにすぎない（Bergson 1910: 13, 132–3）。ついには、ベルクソンは、心と言語の間に何らかの共通の尺度が存在するということを否定するのである（Bergson 1910: 165）。

後の現象学者はときおりベルクソンの分析を称賛している。サルトルは、彼の『想像力』の第二章の実質的な部分をベルクソンについての議論に充てており、彼自身の証言によれば、『意識に直接与えられるものについての試論』こそが彼に哲学を研究するように鼓舞したのである（Sartre 1981: 6）。シュッツは、ときどき、どのようにしてわれわれが非常に骨の折れる努力を通して注意を対象の世界から背け、自己自身の意識の内的流れに向けるのかについてのベルクソンの記述をフッサールの現象学的還元という概念と比較している（Schutz 1967: 36）。しかしながら、私の見解では、ベルクソンとフッサールの間の比較が露わにすることになるのは、彼らの類似性ではなく、差異である(2)。

例えば、言語に対するベルクソンの疑念、言語が設ける区別は誤導的であるという彼の確信を、『論理学研究』第二部の序論のまさに最初の段落でフッサールが表明するときのかなり異なる態度とともに取り上げてみよう。

> 言語的な討究は確かに純粋論理学の構築のために欠くことのできない準備に属している。なぜなら、その手助けによってのみ論理的研究の本来的客観と、さらに続いて、この客観の本質的本性と区別を誤解されることのない明晰さで仕上げることができるからである。しかし、その際、経験的な、何らかの歴史的に与えられる言語に関係する意味における文法的討究ではなく、客観的認識論のさらなる領分と、それと最も内的に連関しているものであるが、思考体験と認識体験の純粋現象学のさらなる領分に属している最も

一般的な本性の討究が問題なのである。〔…〕本質直観において直接的には把握される本質と純粋に本質に基づく連関とを現象学は記述的に本質概念と法則的本質言明において純粋な表現へともたらすのである。

(Hua 19/6)

ベルクソンは、言語がわれわれを誤導することがあると主張している点で確かに正しい。例えば、以下の三つの言明を考察することにしよう。「私は猫を見ている」「私はヴァイオリンを聞いている」「私は痛みを感じている」。三つすべては同じ構造をもっている。しかし、最初の二つの事例では、知覚的経験を知覚の対象から区別することは十分な意味を成すのに対して、痛みの事例で経験〔痛みの経験〕とそれがそれについての経験であるもの〔痛み〕との間を同じようにきちんと区別をすることができるかははるかに疑わしい。実際、そうした主観-客観構造を痛み経験に帰属させることはほぼ間違いなく深刻な間違いである。だから再び、言語がわれわれを誤導すると主張する点でベルクソンは正しい――もっとも、言語はわれわれに当該の間違いを同定し、分節化し、批判することもまた可能にしていることを忘れるべきではない。さらには、ベルクソンは、言語は直観に取って代わることはできないと主張する

(2) フッサールはベルクソンに対するどんな入念な批判にも取り組んでいない。ベルクソンへの彼の乏しい論及は、主に様々な書簡に見出されるのだが、ほとんどすべて、ローマン・インガルデンがフッサールの指導の下で執筆した『アンリ・ベルクソンにおける直観と知性』という標題をもつ学位論文への論及である。学位論文の最初で、インガルデンはフッサールが多くの重要な洞察を提供してくれたことに対して感謝しており(Ingarden 1994: 1)、フッサールがベルクソンに対するインガルデンの批判的査定を共有したと仮定することは非合理的ではない。

点でも正しい。オーロラについて読むことと、オーロラの素晴らしさすべてを見ることと経験することの間には還元不可能な差異が存在するが、しかし、言語はわれわれを当該の現象に向けるよりもむしろ一貫してそれから逸らせてしまうという見解を是認するまでもなくこのことを認めることができるというのが、ベルクソンの見解であるように思える。最終的には、直観の還元不可能性と過剰を受け入れる一方で、言語によって形を損なわれるか崩されてしまうよりもむしろそれによって可能となる諸々の形式の経験もまた存在することを見逃すべきではない。例えば「すべての利益は労働の搾取から結果する」という思想について考えることや、愛国心を感じることを考察してみよう。非言語的生物にはどちらの経験の現実存在を想像することも困難である。

ベルクソンの立場は彼を方法論的なディレンマにもまた直面させる。学位論文を貫いて、ベルクソンは、まさに彼がわれわれに警告することをなしている。彼は、彼自身の説明によれば表現不可能である意識の次元を分節化し記述するために言語と概念を用いる。彼はその問題を自分で認めてさえいる（Bergson 1910: 122）。フッサールの取り組みは、再びまた大いに異なる。

『イデーンI』において、フッサールは、あらゆる反省は反省される経験を不可避的に変様するということを承認する（Hua 3/167. Hua 25/89も見よ）。しかし、さらにまた彼が話を続けるように、反省的に精査されていることの結果としての経験が認知を超えて変形されると提案することはばかげている。実際、最初フッサールはこう強く主張しさえする。精錬された懐疑的論証によって混乱させられたりかかわらされたりすべきではなく、純粋直観の見出すものに忠実であり続けるだけで十分である、と（Hua 3/169）。

フッサールは、この助言の説得力についていくらか疑っていたように思える。なぜなら、彼は以下の段落でH・J・ヴァットによって立てられた懐疑的異論に論証的に従事しているからである。ヴァットの基本的関心は、現象学的記述のもつ真実性と妥当性にかかわる。現象学のねらいは、先理論的無媒介性において体験的構造を捕えることとされているが、現象学が取り出すのは、不可避的に、反省的に認識される対象としての経験である。実際、そうした認識された対象が、認識されていないが、単純に生き抜かれるときの経験に適合しているということをなぜ信じるべきであって、実際、どのようにして確かめることができるのだろうか（Hua 3/170–171）[3]。

言語的に分節化された反省は、何であれそれが現出させるものを必然的に歪曲してしまうという懸念に対するフッサールの返答は、当該の懐疑論は自己論駁的だというものである。「私は反省の認知的妥当性を疑う」と言うことは、反省的言明をすることである。その言明が妥当であるためには、発言者は

（3）ナトルプによって定式化された関連する批判に対処して、ハイデガーは、体験的生が、沈黙した、混沌とした、基本的に認識不可能な原理であるという考えを断固として拒絶した（Heidegger 1993: 148）。むしろ、体験には意味が浸み込んでおり、志向的に構造化されており、内的な分節化と合理性をもち、最後にしかし最小にではなく、自発的かつ無媒介的な自己理解を所有している。体験的生は、つねに自発的に自己自身を表現するがゆえに、そして体験することはそれ自体、予備的形式の理解、先理解であるがゆえに、認識可能である（Heidegger 2010: 127）。だからハイデガーは、体験、表現、理解の間には密接な結合が存在すると論じ（Heidegger 2010: 129）、哲学を生に見出される反射性の継続として語る（Heidegger 2010: 120）。いっそう広範な議論に関しては以下を参照。Zahavi 2003b.

彼の疑いについて何かを反省的に知っているのでなければならない。同時に、反省されていない経験についての認識もまた（反省が経験を歪曲するという主張を具体化するために）前提されている。しかし、反省されていない領域についてのそうした認識こそがまさに疑問を投げかけられているものである。手短に言えば、懐疑論が本当に妥当していたならば、㈠反省されていない経験の現実存在を信じる理由はないだろうし、㈡反省の作用の現実存在を信じる理由はないだろうし、㈢反省が生きられる経験を変形したり歪曲したりすると信じる理由はないだろう（Hua 3/174）。

この時点で、フッサールを誤解しないことが重要である。懐疑的懸念に対する彼の拒絶は、反省がつねに信頼のおけるものだという見解にフッサールを与させはしないし、フッサールが言っているすべては、反省はつねに信頼をおけないものであるわけではないということにすぎない。瓶についてのよく注意を払った吟味は、認知を超えて瓶を変化させないけれども、それではなぜ瓶についての経験についてのよく注意を払った吟味は、認知を超えて経験を必然的に変化させずにはいないのだろうか。フッサールにとって、反省は先反省的に生き抜かれるものによって拘束される。反省は体験的事実に応えることができ、構成的に自己充実的ではない。志向的状態の反省的自己帰属が、どんなものであれ何らかの体験的明証に基礎をおいているということを否定するなど信じ難い。サルトルが後に『存在と無』において次のように適切な反省について述べている。「反省は回復の根源的動機づけとして、回復しようとするものについての先反省的認識を含意している」（Sartre 2003: 178）。しかしながら、フッサールは同時に、主題的自己体験としての反省は、変更されていない生きられる経験を単純に再生するのではないことを認知している。すなわち彼は、反省は、原本的経験をただ複製するあるいは繰り返すことよりもむしろ原本的経験を変貌させる、あるいは彼がはっきりと言明するように、それを変えるということを認知している（Hua 1/72, 25/89）。しかし、これがまさに反省を認知的に価値あるものにしていることなのである。別様に述べれば、反省が単純に原本的経験を忠実に再生したならば、反省は余分だっただろう。

しかし、フッサールが念頭に置いているのはどのような種類の不可避的変貌なのか。一方で、フッサールは反省について、理想的事例では単純に、すでに先反省的経験に本来具わっている構成要素と構造を解きほぐし、説明し、分節化する過程として語っている（Hua 24/244, 11/205, 236）。しかしながらさらに、フッサールは反省をある種の二重化、あるいは裂開、あるいは自己分裂を伴うこととしてもまた語っている（Hua 8/89–90, 111, 306）。なぜこうした特徴が哲学的に重大でなければならないのか。合理性のもつ際立った特色のなかの一つは、自己自身の信念と行為（と感情的反応）を批判的評定に服させる能力であることを考察してみよう。反省は、そうした自己批判的熟慮の前提条件である。もし諸々の異なる信念と欲望を批判的・規範的評価に服させるべきならば、単純に、当該の状態への無媒介的な一人称的接近《アクセス》をもつことでは十分ではない。むしろ、進行中の心的活動から一歩離れることによって、その自動的・規範的強制力を奪う必要がある。コースガードとモランが論じているように、こうした一歩離れることは距離を取ることと分離の比喩であるが、観察と対面の比喩でもある。それは、反省的自己距離化あるいは自己分割であり、われわれが批判的にわれわれの心的状態に関係し、問うことを許すのである（Korsgaard 2009: 213; Moran 2001: 142–143）。類似した考えはフッサールに見出される。彼もまた批判的自己評定の重要性を強調し、現象学が可能にする明証に基づいた、自己に責任をもつ生について語っている（Hua 8/167）。現象学的態度で生きることは、フッサールにとって単純に中立的で非人格的な業ではなく、決定的な人格的・実存論的意義をもつ実践（Hua 6/140）であり、つまりフッサールがソクラテス的理想に結びつけるものなのである。

ソクラテスの倫理的生の革新は、彼が真に満足する生を純粋理性からの生として解釈することによって特徴づけられる。すなわち、人間が倦むことのない自己熟慮と徹底的に弁明をすることのなかで、その生の目標、そうして当然、この生の目標によって媒介された生の道程、そのつどの手段に対する批判——究極的に価値づける批判——を行う生である。そうした弁明することと批判とは、認識過程として、しかもソクラテスによれば、すべての正しさとその認識の根源的原理への方法的遡行として——われわれの言語で表現すれば——完全な明晰さ、「洞察」、「明証」への遡行によって遂行されるのである。（Hua 7/9）[4]

反省の批判的潜在力を強調することによって、フッサールがすでに示唆しているのは、彼の反省の方法論的使用は単純に何らかの内観的報告を編集すること以上に、他の諸々の目的に役立つということである。フッサールは、『イデーンI』の第七六節では、反省のいっそう全般的な哲学的能作にかんしてなおいっそう明晰である。そこで彼は、現象学的企てのもつ衝撃力と範囲に関する、いくつかの重要な言明をしている。最も基礎的な存在論的区別（こうした最も根底的なすべての存在区別 *dieser radikalsten aller Seinsunterscheidungen*）が、意識の存在と、意識に対して露わにされるものの存在との間——すなわち、超越論的存在と超越的存在の間——の区別であることを言明した後で（Hua 3/159）、フッサールは続けてこう論じる。この根底的差異は、二つの類型の存在が本質的に関係していることを妨げない、と。実際、客観的に方向定位している現象学は、その主な主題として志向性をもち、志向性についてのどんな適格な探究も志向的相関者についての探究を含まねばならない。フッサールは後に、一九二五年の『現象学的心理学』講義において、次のように述べようとした。

しかし、この家についての、この身体についての、世界一般についてのそのつどの経験は、その固有の本質内実に従って、それゆえ、不可分離的に「この家についての」、この身体、この世界「についての」経験であり、あり続け、そして、客観的に方向づけられているどんな種類の意識の在り方にとってもそうである。たとえ、想像的な判断するはたらきであれ、無効の判断するはたらきのようなものであれ、そのなかで意識されているものそのものを共に記述することなしに、志向的体験を記述することは実際不可能である。

(Hua 9/282)

外的知覚、そこへと流れる体験は、自らのうちにそれと不可分なものとして現出する客観そのものを腹蔵する。空間事物的な知覚することは、自らの前に有体的に現に所有することにほかならないが、しかし、そのつどあれこれの側面から、一律調和的な進展のなかでつねに新しい側面で同じ客観を存在するものと

(4) 多くのものが、フッサールの無前提性概念からできている。しかし、これは努力して求められる理想として、すなわち、出発点としてよりもむしろ、批判的に自己に責任をもつことにおいて実現される生として理解すべきである (Hua 8/196, 244, 5/139, 1/53)。

して所有することにほかならない。さて、もし、正当に、客観が知覚のなかに知覚されるものであり、知覚に、不可分に属しており、客観は知覚にとって明証的に見ることができると言われるとしても、やはりこの志向的客観は知覚に内在的ではない。(Hua 9/172)

『イデーンI』からフッサールによる区別のうちのいくつかを用いれば、ヒュレー的現象学とノエシス的現象学だけではなく、意識の対象の構成を扱う現象学もまた存在する(Hua 3/196)。あるいは、彼がそのテクストで後に述べるように、ヒュレー的形式の反省、ノエシス的形式の反省、ノエマ的形式の反省が存在する(Hua 3/349)。こうした異なる類型の反省の間のフッサールによる区別は、意識についての適格な探究が含んでいなければならないものについての彼のいっそう一般的な理解に関係する。それは、ヒュレー的内容、例えば、身体的感覚と知覚的感覚を標的としなければならない。それらはそれら自身の志向性を欠いている。それは、志向性の適格な担い手、ノエシス、すなわち、意味付与的、意味賦与的、あるいは、生化する統握を吟味しなければならない。そして、最後にそれは、意識のノエマ的相関者を探究しなければならない(Hua 3/192, 194, 203)。現象学は、フッサールによれば、ヒュレー的次元の分析よりもノエシス的なものについてのはるかに豊かな分析を提示することができるけれども、彼はこうも強調する。現象学において最も巨大かつ最も重要な問題は、どのようにして、先学問的なものから最高度に学問的な位階への、諸々の異なる種類の客観性が意識によって構成されるのかという問いに関係している(Hua 3/196)。実際「最も包括的な一般性において、どのようにしてあらゆる領域と範疇の客観的統一が意識適合的に構成されるのかを攻究することが重要なのである」(Hua 3/198)。まさにこの理由のためにこそ、フッサールは、自然科学的思考についての現象学だけではなく、（意識の相関者としての）自然についての現象学が存在すると書くことができるのである（Hua 3/159）。それとは別様に考えてしまうと、現象学的反省の本性と目的を深刻に誤解することになる。

現象学的記述はその出発点をわれわれが生きる世界に取る。どのようにしてわれわれは、コーヒーを味わうこととココアを味わうこととの間の、クラリネットを聞くことと鳩を見ることとの間の、あるいは、エッフェル塔がエンパイア・ステート・ビルよりも古いことを肯定することと否定することとの間の差異を記述することに取りかかるのか。世界とのわれわれの志向的つながりを切断し、眼差しを内側に向けること（内観）によってそうするのか。いや、われわれはこうした差異を発見し、どのように世界内的対象と事態とがわれわれに対して現出するのかに注意を払うことによって、それらを記述的に分析する。これがまさに、経験を意識することのできる唯一の仕方は、何らかの心的訓練という仕方によるだろうという見解、その場合われわれの注意を内側に向け、通常の対象経験は心的対象、つまり経験それ自体で置き換えられるという見解に関してまったく誤導的な何かが存在する理由である。この提案が見過ごしていることは、対象に方向づけられ、対象を現前呈示する経験の性格である。経験の対象を志向することによってこそ、私は対象の経験に注意を向けることができるのである。

現象学的態度をとることによって、われわれは公共的対象（木、惑星、絵画、交響曲、数、事態、社会的関係等々）の所与に注意を払う。しかし、単純に対象に焦点を当てるのではない。むしろ経験されるものとしての対象も個々の対象経験のもつ構造も探究する。すなわち、まさしく与えられるとおりに対象に注意を向けることによって、意識の主観的側面を暴露し、それによって主観的能作と対象があるがままに現出するために働いている志向性を意識する。それを通して事象が経験され、そうした志向において現前呈示されるとおりに事象が記述される諸々の志向が分析される。それによってまた、われわれ自身が顕現の与格として、それに対して対象が現出するものとして開示される。したがって、現象学的分析の論題は、世界なき主観ではないし、現象学は意識を選好して世界をないがしろにはしない。むしろ現象学は、意識が世界開示的であるがゆえに、意識に関心があるのである。どのように世界が、それが現出する仕方で、そしてそれがもつ妥当性と意味と共に現出するのかを理解するためにこそ、現象学は志向的意識の開示的遂行を探究することになる。

要約しよう。現象学的反省は体験的構造を標的にするだけではない。それは、経験の対象を、そして経験される対象と諸々の異なる所与様態との間にある相関的アプリオリもまた探究する。

いまや、構成する主観性と構成される客観性の間のこうした相関関係を理解できるようにする、したがって、それを空虚な一般性において語るのではなく、世界性のすべてのカテゴリー的形態によって、世界自体のもつあらゆる普遍的構造によって解明するという課題が生じるならば――われわれに妥当する世界のわれわれにとって意味と自己証明する存在とを明証的にする受動性と能動性という構成する意識能作を現実に掘り出すことが重要であるならば――この課題は、明らかに、あらゆる実証的学問の課題とは全面的に異なる課題であり、事象的学問すべてに対してまったく新種である。こうしたあらゆる学問にとって、実際、世界の理解することのできる現存在は前提であり、そして〔それに〕劣らずその原理的認識可能性なのである。両者は主題外的であり続けている。

(Hua 9/336–337)

実際、自身の生涯の研究を振り返りながら、フッサールは『危機』において後に次のように述べるだろう。

（一八九八年頃に私の『論理学研究』を仕上げている間の）経験の対象と所与性様式のこうした普遍的相関関係アプリオリの最初の突破は、それ以来私の全生涯の研究がこの相関関係アプリオリの体系的な仕上げという課題に支配されたほど、深く私を震撼させた。（Hua 6/169–170）

さて、なぜフッサールがそもそも意識に関心をもったのかという問いに戻った。彼が焦点を当てた主観性と意識についての探究は、それ自体が目標ではなかったし、心的現象を理解したいならば一人称パースペクティヴを含む必要があるという、比較的些末な洞察によって動機づけられていたのでもなかった。むしろ、その分析は本性上超越論哲学的なのである。フッサールが意識のもつ基礎的特徴を記述し分析することにかくも夢中になった理由は、彼が、われわれが経験し、生きている世界についての徹底的な哲学的理解は主観性についての探究を包含しなければならないということを確信していたがゆえなのである。世界を探究するためには、主観性をまず探究し、ついで、間接的に世界に到達しなければならないという意味においてではない。彼の主旨は、むしろどのように物理的対象、数学的モデル、化学的過程、社会的関係、文化的産物が、あるがままに、それらがもっている意味と共に現出することができるのかを理解したいならば、それに対してそれらが現出する主観を吟味しなければならないということである。知覚され、判断され、評価される対象に遭遇するとき、こうした対象の徹底的な哲学的吟味が、われわれを、こうした現出様態が相関関係する体験的構造に至らせることになる。われわれは現前化、知覚、判断、価値づけの作用に、そしてそれによって、現出するとおりの対象がそれとの関係で必然的に理解されねばならない主観（あるいは諸々の主観）に導かれることになる。普段はそうした主観的作用は無視される傾向があるけれども、現象学の課題は最初から日常的生の素朴性を破り、作用と対象の間の、コギトとコギタートゥムの間の相関関係を探究することであった。

フッサール的反省と内観を提携させようとする試みを拒絶する際に、私は、われわれは進行中の体験的生を一人称的に直知しているということに反論していないし、これを基に一人称報告を反省的に分節化する能力が認識的に重大であるということを否定してもいない。しかし、問題は、これから何を帰結すべきなのかである。現象学は、主として経験のますますいっそう微細な局面の踏査である、ということにはならない。実際、体験的記述を集積することは、フッサールのような現象学的哲学者によってなされてきた体系的・論証的研究の貧弱な代用品にすぎない。前者は、後者にとって確かに十分ではない。たとえある一定のレベルのノエシス的記述が必要であろうとも、煩瑣な探究は哲学的探究を単に狂わせるにすぎないだろうし、われわれに適格な焦点を見失わせるだろう。それは、知覚的志向性と学問的合理性の間の関係、明証と真理の間の繋がりのような哲学的な重大性をもつ問いの開明を許さないだろうし、全域的《グローバル》懐疑論という幽霊に関わり合うことを許さないだろう。フッサールが（そしてまた、おそらくわずかながらもっと驚くべきことには、シェーラーも）体系的な野心を無効にする純粋に記述的な努力を、単なる「絵本現象学」（Spiegelberg 1965: 170; Scheler 1973: xix）として退けたことは偶然ではない。

一九五八年の有名なロワイヨモン会議で、ギルバート・ライル、J・L・オースティン、W・V・O・クワイン、バーナード・ウィリアムズ、ピーター・ストローソンは、ジャン・ヴァール、モーリス・メルロ-ポンティ、H・L・ヴァン・ブレダのような現象学的名士たちと出会った（Overgaard 2010）。会議は成功しなかった。チャールズ・テイラーが、彼もまた出席していたのだが、その後次のように報告した。それは「成功しない対話だった［…］ほとんど誰も、来た時よりも少しも賢明にならずに去った――少なくとも会議の主題にかかわるかぎりでは」（Taylor 1964: 132–132）。会議の間のある時点で、P・F・ストローソンは、彼自身の見解に基づいて、哲学の原理的課題は何かについて詳しく述べ、こう強く主張した。われわれの思考と概念が働く仕方を調べたいならば、言語使用が哲学者の所有する唯一の実験的データである、と（Strawson 1992: 324）。この提案に対してヴァン・ブレダは、激高してストローソンを遮り、「しかし、あなたはあなたがしていることを文献学者がしていることから区別する必要がある」（quoted in Strawson 1992: 327）と抵抗した。ヴァン・ブレダの批判は、誤解に基づいたものだった。ストローソンの哲学は、文献学とも社会言語学とも混同されるべきではない。しかし、とりわけ、デネットとメッツィンガーの批判を鏡映しているから、それは啓発的な間違いである。なぜ、双方の批判は間違ったのか。彼らが双方とも、標的とした立場の超越論哲学的行程を見過ごしたからである。

しかし、ちょっと待て、と批判者たちは異論を唱えるかもしれない。フッサールの潔白を証明するこの試みはあまりに拙速に進み、早計に結論している。あなたはフッサールの方法がある種の内面を見る手続きではないと主張するが、しかし、どのようにしてそれはフッサールのエポケーや還元の使用と、そして内在の重要性に関して彼が繰り返す主張と一致するのか。『イデーンI』では、フッサールはこう論じている。現象学者としてのわれわれは「意識自身に即して、純粋な内在においてわれわれに本質上洞察的にすることができるもの以外の何ものも要求しないこと」(Hua 3/127)。『デカルト的省察』では、彼は「普遍的な自己熟慮」(Hua 1/182) の重要性を際立たせ、「外に出て行こうとせず、君の内に戻り行け。真理は人の内部にある」(Hua 1/183) というアウグスティヌスの言葉を満足げに引証することによって、その書を終えてすらいる。

実際、われわれの旅はまだ始まったばかりである。フッサールが何をしているのかを理解するために、フッサールの超越論的方法論のいっそう注意深い吟味に従事する必要があり、やがてはフッサールの内在主義と(方法論的)独我論と称されるものにも対決する必要がある。一歩一歩進むことにして、まずは現象学と形而上学の間の関係を考察してみよう。

第二章　形而上学的中立性

諸々の形而上学的問いがわれわれをここで襲っているのではない。
（『論理学研究』）

現象学と形而上学の間の関係とはどのようなものか。現象学は形而上学的に中立的なのか、諸々の形而上学的関連をもたないのか、ある種の形而上学への予備学なのか、あるいは、反対に、現象学は形而上学の一形式、ひょっとすると特定の種類の（現前の）形而上学の頂点ですらあるのか。ほんの一瞬でも考察してみれば、こうした問いに対する簡単で直截的な答えが現れることなどはないことは明らかなはずである。「形而上学」という術語は、単純にあまりに曖昧なのである。現象学者たちの間でさえ、その術語は諸々のまったく異なる仕方で用いられ、理解されており、問いに対する答えもそれに応じて様々である。例証するために、以下の例を考察してみよう。

・『存在と時間』後の一〇年間のハイデガーの著述の多くはその標題に「形而上学」という術語を帯びている。『形而上学とは何か』『カントと形而上学の問題』『形而上学の根本問題』『形而上学入門』。一部の人々のあいだでは、この期間はハイデガーの「形而上学的一〇年」と名づけられさえしており、ハイデガーは『存在と時間』の現象学的企図を完成するために、形而上学の言語に向かったと提案されている（Crowell 2001: 225, 229）。後に、ハイデガーは形而上学に対していっそう批判的になり、それを同一性の思考として、すなわち、存在と存在者の間の存在論的差異を消滅させようとする思考として記述した。いかなる形而上学も、存在を存在者の全体として理解し、あるいは（いっそう頻繁に）存在は（ロゴス、観念、エネルゲイア、実体性、主観性、意志等々という形式においてであれ）存在者の根拠と考えられてしまう。いずれの場合でも、存在は、なお存在者的なものとして考えられている。結局、ハイデガーは形而上学の概念的装置を、いっそう本来的な類型の思考に取って代えようとする（Heidegger 1998: 185, 188, 224）。

・『全体性と無限』において、レヴィナスはハイデガー的現象学が存在論に対してあまりに従属的であり続けていると批判する。レヴィナスにとって、存在論は、全体化する企図である。それは、吸収と還元の容赦ない運動によって性格づけられる力の哲学である。それは、他を同へと還元してしまう（Levinas 1969: 42-43）。対照的に、形而上学は、他者に対する開放性として、無限の承認として定義される。事実、形而上学はほかならぬ超越の運動、つまり、絶対的他との関係そのものなのである（Levinas 1969: 43）。存在論と形而上学の間のこうした区別を考えると、その時、何が優先権をもつのかという問いが生じる。『全体性と無限』では、レヴィナスの答えは、明確である。「存在論は形而上学を前提する」（Levinas 1969: 48）。

- 『存在と無』の結論において、サルトルは、それまでの分析の形而上学的含意を議論し、形而上学を「この世界を具体的かつ特別な全体性として生み出した個体的過程についての研究」（Sartre 2003: 639）として定義する。存在論が存在の構造を記述するのに対して、形而上学は出来事を、つまり、対自の高騰を説明しようとするのである（Sartre 2003: 641）。
- デリダはといえば、現象学はわれ知らず、ある種の形而上学であり続けていると論じたことで知られている（Derrida 1982: 157）。新しい始まりへの試みにもかかわらず、現象学は一連の形而上学的核概念とカテゴリーを無批判に受け継ぎ、そしてそれによって、克服しようとした思考の枠そのものに囚われ続けていた。こうした概念のなかで、現前という概念が大きく立ちはだかる。伝統的形而上学は存在を現前における同一性として定義した。しかし、フッサール的現象学はこの枠組みを超えて行こうと試みたけれども、実際にはけっして成功せず、同一性が差異よりもいっそう基本的であり、近似性が距離よりもいっそう原本的であり、現前はあらゆる種類の不在と否定性に先立つということを確信し続けていた（Derrida 1982: 34）。ハイデガー的形而上学の脱構築に関してもまた、デリダは疑いを抱いている。なぜなら、彼は形而上学に対するどんな批判も、打ち負かそうとするものを必然的に前提すると論じるからである（Derrida 2001: 354）。デリダにとって、われわれは永遠の問題化で満足し続けねばならないことになる。根底的な新しい始まりは可能ではない。

以下では、私はこうした諸々の異なる現象学的提案のすべてを探究するつもりはない。むしろ、その事柄についてのフッサール自身の見解に立ち戻ることにしたい。いっそう明確には、本章では現象学と形而上学の間の関係についてのフッサールの見解は、彼の先超越論的記述的現象学において分節化されていたとみなすことになる。そのうえで、次の章では、彼の後の超越論的現象学に対して同じことをするつもりである。やがてわかるように、フッサールの超越論的転回の実行は、ある重要な転換を引き起こす。それは、超越論的転回の実行の目的が、現象学を形而上学的に中立的にするために現実存在と存在に関係する問いの中止をもたらすことこそにあるという考えに、大きな混乱をもたらすような転換である。

第一節　『論理学研究』における形而上学的中立性

『論理学研究』の序論で、フッサールは彼の全般的計画を純粋論理学と認識論のための新しい基礎を確立する試みとして記述している（Hua 18/6）。彼は、論理学の地位と学問的認識の可能性の条件とにとりわけ関心がある。いっそう明確には、フッサールは、認識論の枢要な課題は客観的認識の可能性の条件を規定し、分節化することにあると捉えている。その課題は、意識が心から独立した実在についての認識を獲得するかどうか（そしてどのようにしてか）を規定することではない。フッサールはまさにこの類型の問いを拒絶し、そもそも外的実在が存在するかどうかという問いもまた、認識論に場所をもたない形而上学的問いとして拒絶する（Hua 19/26）。しかし、そうするとフッサールは形而上学によって何を意味しているのか。『論理学研究』では、フッサールは形而上学を、実在を扱う諸々の学問のもつ形而上学的前提を探究し、評価する学科とみなしている。対照的に、学問論（*Wissenschaftslehre*）の範囲ははるかに広い。それは、現実存在にかかわる問いに関心がない数学のような理念的学問を含めた、すべての類型の学問の可能性の条件にかかわる（Hua 18/27）。この区別に照らしてこそ、フッサールはさらにまたこう主張するのである。学問論が真の基礎づけ的学科であり、形而上学に対して明らかな優位をもつ、と（Hua 18/226）。

『論理学研究』は形而上学からのこうした分離を肯定するおびただしい箇所を含んでいる。第二部への序論で、フッサールは現象学を中立的探究として記述し（Hua 19/6）、認識論的関心はあらゆる形而上学に先行すると主張する（Hua 19/27）。彼はさらにまたこう強調する。次の六つの研究のすべてはその形而上学的無前提性によって性格づけられる、と（Hua 19/27–28）。

第二研究でフッサールは、意識に対して超越的で、意識から独立した何かとしての存在自体という形而上学的定義をにべもなく拒絶し、実在についてのすべての形而上学的定義は、脇においておくべきだと論じる（Hua 19/129, cf. 19/201）。後に、第五研究で、彼は形而上学的努力と現象学的努力の間の差異をはっきりと強調し、続けてこう言う。体験と対象の間の記述的差異は、存在自体の本性にかかわる問いについてのその人の見解にかかわらず妥当する、と。事実、それはあらゆる形而上学に先行する差異なのである（Hua 19/401）。最後に、第六研究で、フッサールはカントが形而上学的に汚染された認識論に何とかして近づかないようにはしなかったと批判し、さらにまたこう主張する。形而上学的理論は、自然法則と理性法則の間の関係についての理解ということになれば、お呼びではない、と。必要とされるのは、意味、思考、認識の説明ではなく、現象学的な解明なのである（Hua 19/729, 732）。

こうした言明に照らして、現象学の記述的本性とその形而上学的中立性の間の堅固な繋がりを確立することはかなり平易である。現象学の課題は、形而上学的構築や思弁に従事することよりむしろ、所与の構造を記述することと分析することなのである。

第二節　実在論－観念論

フッサールは『論理学研究』においてある種の形而上学的中立性を唱道する。しかし、精確にはこれは何を含意するのか。どのような種類の問いや問題がこの中立性のために宙吊りにされるのか。フッサールが外的実在の現実存在にかかわる問いを現象学に関連のない形而上学的問いとみなしていることを考えると、答えを提供することは難しくない。形而上学的実在論と形而上学的観念論は、現象学が利害関係をもたない形而上学的立場なのである。

論争の余地がないわけではないから、この評価を敷衍することにしたい。実際、フッサールのゲッティンゲンの弟子たちだけが、『論理学研究』を実在論のマニフェストとして読んだわけではなかった。レヴィナスやD・W・スミスのような傑出した学者が類似した解釈を擁護している。『フッサール現象学における直観理論』において、レヴィナスはこう論じている。フッサールの初期の志向性理論は実在論を支持していると捉えることができる、と（Levinas 1995: 91）。そして、いっそう最近では、スミスがこう論じている。『論理学研究』でのフッサールは、ある種のアリストテレス的実在論を是認していた、と。すなわち、われわれの周りの世界はわれわれから独立に現実存在し、知覚と判断を通して心から独立した事物の本質を認識するに至る（Smith 2013: 161）。

フッサールの初期の志向性理論のそうした実在論的解釈は精査に耐えることができるのか。第五研究で、フッサールは注意深くこう指摘する。作用と対象の間の志向的関係性はまさに志向的であって、実在的でも因果的でもない、と。さらに言えば、彼はよく知られているようにこう論じている。志向性は意識の本有的特徴であり、志向的対象が実際に現実存在するかどうかに依存して現れたり消えたりするものではない、と。彼は次のように書いている。

> 実的に現象学的な考察にとって、対象性自体は無である。実際、一般的に語れば、対象性は、作用にとって超越的である。どのような意味で、どのような正当さをもってその「存在」が語られていようとどうでもよく、対象性が実在的であろうと理念的であろうと、真であろうと可能であろうと不可能であろうとどうでもよく、作用は対象性に向けられている。さて、現実存在しないものや超越的なものが、それらがその中にはまったく存在していない作用のなかで志向的対象として妥当することがあるということをどのよ

> うに理解できるのかと問うならば、それに対しては、われわれが上で与えた、一つの、事実完全に十分な答え以外は存在しない。すなわち、対象とは志向的な対象である。すなわち、規定的に性格づけられた、この規定性においてまさに、われわれがこの対象への志向と名づけるものをなしている志向を具えた作用が現にある。対象に関係することは、作用体験の固有な本質成素に属する独特さであり、それ〔作用体験の固有な本質成素〕を示す体験は、（定義に従って）志向的体験ないし作用を意味する。対象的な関係の仕方におけるすべての区別は、関係する志向的体験の記述的区別なのである。
>
> (Hua 19/427)

> 意識にとって与えられたものは、表象された対象が現実存在するのであれ、あるいは捏造されているのであれ、あるいはまったく反意味的であれ、本質的に同じものである。
>
> (Hua 19/387)

こうした明確な言明を考えると、カントの観念論論駁の何らかの種類の等価物をフッサールの初期志向性理論のなかに探すのは間違いであるように思える。フッサールは、意識が対象に方向づけられていることに基礎をおいて、志向的意識が現実存在するならば、志向的意識がそれに向けて方向づけられている心から独立した何かが必然的に現実存在していなければならないと推論できると論じているのではない。

ときおり、フッサールの志向性理論のもつ別の局面が、ある種の実在論を選好していると捉えられることがあった。つまり、表象主義に対する彼の強い批判である。われわれは「さしあたりそしてたいてい」実在的な現実存在する対象に方向づけられており、こうした方向づけられていることは、どんな心内部的対象によっても媒介されていない。こうした解釈にとってのテクスト上の基礎は、たいてい第五研究のとある箇所であった。そこでフッサールは、一方で志向的対象と、他方で実在的・超越的対象とを区別しようとする試みを嘲っている（Hua 19/439）。フッサールがこの区別を否定しているのだから、それが意味するところは、彼がまさに事実、われわれが実在的・超越的で心から独立した対象を志向的対象としてもつと捉えているということでなければならず、したがって彼は実在論者でなければならないと論証されたのである。しかしながら、この結論は早計である。第一に、（知覚の哲学における）直接的実在論と形而上学的実在論の間の差異を念頭に置いておくことが重要である。この二つは必然的に連動する。両者を否定する諸々の形式の観念論が存在するけれども、前者を受け入れる諸々の形式の観念論もまた存在する。実際、後で見ることになるだろうが、形而上学的実在論を批判するフッサールの理由のうちの一つは、形而上学的実在論が彼の見解では、直接的実在論に十分に応えることができないということであった。別様に述べれば、フッサールの超越論的観念論への転回は、知覚的志向性についての非表象主義的説明に彼が与していることによって部分的に動機づけられていた。フッサールの志向的対象と実在的対象の同定は、特定の脈絡において、つまり、トワルドフスキの三項的志向性理論に対する批判として見られなければならず、志向的対象は志向の実在的対象であること、すなわち、志向的対象と志向される対象との間に差異は存在しないことを伴うにすぎない。一八九四年の『表象の内容と対象についての学説について』において、トワルドフスキはこう主張していた。実在的な志向される対象にわれわれが方向づけられていることは、実在的対象を表象する心の内部の志向的対象によって媒介されている、と（Twardowski 1982: 24–25）。それに反して、フッサールはこう主張する。われわれが方向づけられることのできる唯一の対象は、われわれの志向の対象、すなわち、志向的対象である、と。

あらゆる人が承認しなければならないのは、表象の志向的対象は、その〔表象の〕現実的対象と、場合によってはその外的対象と同じ対象であるということ、両者の間を区別することは反意味的であるということである。超越的対象は、表象の志向的対象でなかったならば、この表象の対象などではないだろう。そして、自明なのは、それは単なる分析命題にすぎないということである。表象の、志向の対象は、表象された志向的対象であり、〔それを〕意味する。（Hua 19/439 [II/127]. Hua 3/207–8 も見よ）

これは、すべての志向的対象が実在的であると言っているのではなく、志向される対象が実在的に現実存在するならば、志向的対象であるのはこの実在的対象であり、それ以外のものではないと言っているにすぎない。換言すれば、従うべき区別は、志向的対象と実在的対象の間の区別ではなく、単に志向的な対象と、実在的・志向的な対象との間の区別なのである。

対象が「単に志向的な」対象であるということは、当然、対象が現実存在するが、けれども、志向においてのみ（したがって志向の実的〔*reelles*〕成素部分として）現実存在するにすぎないとか、そのなかで、志向の実的成素部分の何らかの影が現実存在することとかを意味せず、志向が、そのような性状をもつ対象を思念することは現実存在するが、対象が現実存在するのではないことを意味する。他方で、志向的対象が現実存在するならば、志向、思念することだけではなく、思念されるものもまた現実存在するのである。

(Hua 19/439–40)

対象は、現実存在しないかぎりで、現実存在様態をまったくもたず、ただ志向される（思念される *vermeint*）にすぎない（Hua 19/386）。しかしながら、対象は、現実存在するならば、ただ志向されているだけではなく、与えられてもいる（原理上与えられることがある）。別様に述べれば、フッサールの単なる志向的対象と現実存在する志向的対象との間の区別は、記述的区別なのである。それは形而上学的重さを担っていない。現実存在する対象について語るとき、われわれは卓越した所与様態における対象について語っているのであり、心から独立した実在を所有する対象について語っているのではない。したがって、物自体（*das Ding an sich*）、すなわち、実在的対象は、志向的対象と対照をなしていない。物自体が現象学的脈絡でそもそも何らかのことを意味するならば、フッサールによれば、それは、知覚的志向の意味を充実するだろうものとして理解されねばならない（Hua 19/589）。これはまた、フッサールが対象の知覚的所与を対象の自己現出としてしばしば性格づける理由でもある（Hua 19/614, 646）。『論理学研究』の最後の文は次のとおりである。「当然、現実的［*wirklich*］とは、意識の外に存在することということではなくて、単に思念されるだけではないことを意味するのだということを見逃すことは許されないだろう」（Hua 19/775）(1)。

(1) フッサールの立言は、脈絡的には感覚についての議論に関係しているけれども、幅広く適用される。比較のために、第二研究での彼の並行する議論を見よ（Hua 19/139）。

フッサールの初期志向性理論の解釈についてはこれぐらいにしておこう。[2] その著作を観念論的趣旨で読もうとする試みはそれほど広がりをみせていない。おそらくフッサール自身が現象主義を明確に糾弾しているからだろう。

> 志向的体験としての現出［*Erscheinung*］と現出する対象（客観的述語の主語）との間を区別せず、それゆえ体験される感覚複合を対象的徴表の複合と同定するということが、現象主義的理論の基礎的欠陥である。
> (Hua 19/371)

しかしながら、フィリプセは、このような批判的評言には納得しておらず、こう強く主張している。『論理学研究』でも後の著作でも、フッサールは現象主義者であり還元的観念論者である、と（Philipse 1995）。フィリプセは、現象主義の立場が、質料的世界とはほかならぬ心のなかの現実的な感覚や可能的な感覚に存するという主張だと捉えられるならば、フッサールは現象主義をはっきりと拒否するということを認める。しかし、彼はさらにまた、『論理学研究』第一版のなかのある箇所（第二版で変えられた箇所）を指し示す。そこでフッサールはこう主張している。「現出する世界の事物はそのすべての組成に関して、われわれが感覚として意識内容に数え入れるのと同じ素材から構成されている」（Hua 19/764）。フィリプセにとって、この箇所は、われわれを解釈上の異議申し立てに直面させる。どのようにして、知覚される対象（とその全体性における現象的世界）が意識に対して超越的であるというフッサールの主張を、それが「感覚と同じ素材から構成」されているという彼の強い主張と調停することができるのか（Philipse 1995: 265）。フィリプセの解釈によれば、フッサールは内在の原理、すなわち「外部知覚の第一次与件は実際に意識に内在している」（Philipse 1995: 258）とみなす原理に与し、そしてさらにフッサールは知覚の投射理論もまた是認している。その上さらに、こうした二つの理論的関与《コミットメント》の接続は、形而上学的に語れば、フッサールがいかにして、同時に対象と体験の間の記述的あるいは現象学的差異を強く主張しながら、現象主義者でありうるのかを説明することができる。実際に現実存在するものは、意識とその志向的要素と構成要素である。しかし、フッサールの質料‐形式図式によれば、知覚的志向性は、対象化する志向的形式による感覚内容や質料の統握や解釈を含む。内在的に生起している感覚をこうして対象化し外在化する解釈の結果として、感覚は外へと措定され、錯誤的超越と共に賦与される。手短に言えば、知覚される対象は心的投射であり、フッサールの中心的構成概念は単純にそうした投射的解釈に論及しているにすぎないというのである（Philipse 1995: 263–5）。

フィリプセは、『論理学研究』におけるフッサールの記述的野心や、フッサールが形而上学的関心と前提をはっきりと括弧に入れていることとに気づいており、こう書いている。このことは、初期著作におけるフッサールが、形而上学的現象主義者であるよりもむしろ認識論的現象主義者であるという結論

（2）『序説』の公刊後、フッサールはプラトン主義者であると非難された。彼が実際にそうだったならば、これは彼をある形式の実在論に与させるだろうか。しかしながら、その後フッサールが強く主張したように、彼は理念性のもつ妥当性の擁護に従事しており、超自然的領界に理念的対象が現実存在することに賛成の論を唱えようと試みてはいなかった。手短に言えば、彼は論理的プラトン主義を唱道していたのであって、存在論的プラトン主義を唱道していたのではないのである（Hua 22/156）。

に至るかもしれない、と(Philipse 1995: 269–70)。しかし、フィリプセがさらに論じているように、そうした結論は、物自体が可能的な志向的対象として定義されている、第六研究での物自体についてのフッサールの議論を無視しているから、早計である(Philipse 1995: 274)。フッサールが『論理学研究』で物自体を扱っていたことを考えれば、彼の現象主義的立場は、形而上学的に中立的ではなかったが、しかしすでにその時、彼の初期の実在論的追従者の見解とは反対に、本格的な形式の還元的観念論に与していたのである(Philipse 1995: 276, 286)[3]。

ハーディが最近指摘しているように、フィリプセのフッサール解釈は、見事なまでに詳細であるかもしれないが、「完全に判断を誤って」もいる(Hardy 2013: 177)。私はどちらかといえば同意する。なぜかを示すために、いくらか詳細にフィリプセの論証を考察してみることにしよう。まず手始めに、なぜ、外部知覚の第一次与件は意識に対して内在的であるという見解がフッサールに帰せられるのか。フィリプセがこの見解を支えると捉えている一つの中心的箇所は『イデーンI』の第四一節に見出される箇所である。知覚される事物は(事物のあらゆる部分、側面、局面、特性もまた)それについての知覚を超越し、知覚のなかに含まれてはいないと論じた後で、フッサールは、知覚する過程は「連続的現出の多様と射映の多様の多重的体系」を含むと続け、さらにまたこうした射映は「「感覚与件」に数え入れられる」と書いている(Hua 3/85)。しかし、フィリプセが論じるように、質料的対象がつねに射映において、すなわち、パースペクティヴ的に、「われわれが家の周りを歩く」とき「家の諸々の異なる射映が秩序づけられた様式で互いに継起する」ように知覚されるならば(Philipse 1995: 257)、そして、諸々の射映が感覚と同定され、それが意識流の非空間的・内在的部分であるならば、実際、外部知覚の第一次与件は意識に対して内在的である（Philipse 1995: 258)。こうした論証の仕方のもつ問題は、フッサールがそのテクストの二、三行後で警告する曖昧な表現そのものにぶつかってしまうということである。そこでフッサールは、非空間的体験なものである形の射映や現出を、空間的なものである現出する形や射映した形と混同しないように警告するのとちょうど同じように、射映するあるいは現示する色、滑らかさ、形の機能を遂行する感覚を、事物自体の色、滑らかさ、形から截然と区別するようにわれわれに勧告する（Hua 3/86)。別様に述べれば、射映概念は曖昧なのである。この術語は、ある時には、対象の体験の局面、すなわち、その知覚的現出のもつ局面を指示するのに使われ、またある時には、現出する対象のもつ局面を指示するのに使われる。フィリプセが相互に継起する家の諸々の異なる射映について語るとき、彼は、後者の意味でその術語を使っている。フッサールが感覚与件に数え入れられる射映について語るとき、彼は前者の意味でその術語を使っているのである。

すでに『論理学研究』において、フッサールは、このことやそのほかの類似した曖昧さについて繰り返し警告していた。例えば、第二研究において、彼は「「色」「滑らかさ」「形態」について、ある時には、客観的特性という意味において語り、ある時には、感覚という意味において語る」ような「感性的に現出する事物規定と」「知覚の呈示する契機を同じ語で呼ぶ」という混乱を招く用法を指し示してい

（3）　そうするとフッサールの初期著作と後期著作の間の差異とは何なのか。フィリプセによれば、主として意識の地位の変化〔である〕。『論理学研究』でのフッサールがなお意識を自然の一部とみなしていたのに対して、彼は後にこう論じるに至った。構成する自我《エゴ》は自然的世界の一部ではなく、他のあらゆるものから独立に現実存在することができる何かである、と（Philipse 1995: 280)。

る（Hua 19/134）。実際、フッサールはまた次のように書いている。

感覚は、関係する事物知覚においてそれを生化する統握のおかげで、客観的規定を呈示するが、けっしてそれ〔客観的規定〕そのものではない。現に現出するとおりの対象は、現象としての現出にとって超越的である。（Hua 19/134）

直観的表象の対象、動物、木等々は、しかも、それらがわれわれにまさに現出するとおりに捉えられても〔…〕けっして「諸々の観念」の複合体として、したがって、それ自体「諸々の観念」として妥当することはない。それらは、意識において複合的な現象学的内容を形成し、その中でいまや実的与件として見出すことができるかのような、可能的な「内的知覚」の対象ではない。（Hua 19/134）

第五研究の第二節における同じ争点についての広範囲にわたるさらなる議論において、フッサールは、色をもつ対象の知覚現出を、知覚された、色をもつ対象から区別する。後者がまさに知覚されるのであり、生き抜かれるのではないのに対して、前者は私の知覚的経験の本有的部分であり、知覚されていないが、内在的に生き抜かれている。私が赤いトマトを見ているならば、それはこの外的対象であって、私の視覚的作用や私が知覚するその感覚ではない（Hua 19/165, 387, 424）。知覚するとき、後者はけっして志向されているものではなく、外部知覚の第一次与件ではなく、けっして作用が意識しているものではない。

感覚と同様に感覚を「統握する」あるいは「統覚する」作用は、この場合体験されるが、それらは対象的には現出しない。それらは見られず、聞かれず、何らかの「感覚」によって知覚されない。他方で、対象は現出し、知覚されるが、体験されない。

(Hua 19/399)

色感覚、すなわち、体験の部分と知覚される色、すなわち、対象の色は、ときどき混同される。もっとも、それらは決定的に異なっているのだが。この混乱の理由はまたしても、「感覚」という術語の両義性である。それは感覚することと感覚されるものの両方を指示する。フィリプセの解釈によれば、フッサールは、対象化する解釈や取り扱いは錯誤的外面性を所有するに至るけれども、対象は形而上学的に語れば内在的感覚の複合にほかならないとみなすから、還元的観念論者なのである。フッサールがそうした提案について言っていることは以下のとおりである。

知覚において意識される内容とそれ〔知覚〕において知覚される（知覚適合的に思念される）外的対象の間の区別は［…］単なる考察の仕方の区別にすぎないという主張は［…］現象学的に誤りである。

(Hua 19/359)

現象的な外的事物の現実存在や非現実存在の問いがどれほど決定的になろうとも、そのつど知覚される事物の実在を、知覚する意識において知覚される感覚複合の実在と理解することはできないことについては、

疑いはない。(Hua 19/764–65)

手短に言えば、事物が現出することは現出する事物ではなく、事物の現出について述定されるものは、現出する事物については述定されない(Hua 19/358-360)。いまや、実際、フッサールによる感覚についての初期の説明に結びついた、よく知られた困難が存在する。様々な異論が彼の質料‐形式(内容‐統覚)図式に対して立てられている。例えば、感覚的体験は対象化する解釈に服した後ではじめて志向的になるという提案は、どのようにしてそうした非志向的な、意味を欠いた感覚が解釈を導き、拘束することになるのかがまったく明らかではないという論証によって批判されている。しかし、こうした批判のうちのいくつかは確かに正当化されるけれども(一七八‐八〇頁も参照)、対象は、ある一定の感覚の複合が特定の解釈に服するときに、すなわち、感性的直観と志向の共同的共働を通してはじめて所与へともたらされるというフッサールの提案は、彼をフィリプセの内在の原理やある種の投射的知覚理論に与させはしない。フッサールが『論理学研究』第一版で「現出する世界の事物は[…]感覚と[…]同じ素材から構成されている」(Hua 19/764)とき、「から構成されている」という言い回しは、「からできている」ではなく、「によって構成される」と読むべきなのである。

さらにまた、フッサールの物自体への論及をみると、『論理学研究』における彼の説明はもはや形而上学的に中立的ではなくなっているというフィリプセの主張についてはどうだろうか。私はこの解釈に疑いを差し挟みたい。それは、フッサールが当該の中立性を肯定しているすべての箇所と矛盾する。はるかにずっと直截的な読解は、私がここまで提示してきたものである。フッサールの記述的現象学の制約の内部でさえ、物自体概念を用いることは許容可能である。しかし、その概念は形而上学的重みをもたず、単純に知覚的志向のもつ意味を充実するものを指示するにすぎないのである。

第三節　解放あるいは制限

フッサールの形而上学的中立性は、弱みとみなされるべきなのか、あるいは強みとみなされるべきなのか。『現象学・意味論・存在論』において、ジョスラン・ブノワは、第二の結論を選好している。彼の見解では、『論理学研究』の決定的な長所は、現象と現出についての新しい非唯心論的概念の発見である。この発見は、現象学的企てをあらゆる種類の表象主義と現象主義だけではなく、観念論と実在論の間のどんな論証をも超えたところにきっぱりと状況づける。

> 以下より以上に明晰であることはできない。認識についての「形而上学的問題」、すなわち、実在論と観念論の間の選択そのものが現象学によって宙吊りにされる。これがそうであるのは、純粋に記述的な態度をとることによって、現象学が問題の条件そのものを解体するがゆえなのである［…］。現出するものは、純粋な現出することであるかぎりで、内側にも、外側にもなく、自我でもなく、非自我でもない。それは、純粋な「現象」、純粋な「所与」なのである。
>
> （Benoist 1997: 228）

したがって、ブノワによれば、現象を唯心論的にあるいは心理学的に誤解しないことが決定的である。現象学は、心的成素の内観的概観に従事しているのではなく、所与の本性についての基礎的探究、つまり、実在性、理念性、主観性、客観性のような争点についてのその後のどんな議論にも先行し、可能にする探究に従事している（Benoist 1997: 285）。

ブノワの解釈と査定には、『論理学研究』をいっそう興味深い哲学的著作にしてくれる美点がある。フッサールの形而上学的中立性を単なる無力さの表現とみなすことは誤りだろう。形而上学的中立性は、一定の形而上学的立場を批判する能力の欠如を伴なわないし、それにたった今見てきたように、フッサールが現象主義を批判している点で明確である。しかしながら、以下では、三つの関心と異論を表明することにしたい。何よりもまず、そして、これはブノワによっても承認されているが、『論理学研究』のすべてが彼の解釈を支持するわけではない。第二に、ブノワの解釈には未解決の緊張が存在する。最後に、ブノワの読解を受け入れるとしても、フッサールの形而上学的中立性にはいくつか問題のある含意が伴い続けることになる。

(一) 一九一九年に遡って、ハイデガーはこう述べた。『論理学研究』におけるフッサールのもともとの自己解釈はまったく不十全であり、したがって、フッサールのメタ反省と彼の実際の分析との間を区別することが必要である、と（Heidegger 1993: 13–15）。こうした批判的評言の一つの理由は、フッサール自身による記述的心理学としての現象学の性格づけだった（Hua 19/24）。これは、フッサールがすでに一九〇三年に、十分な理由をもって、後悔し、拒絶すべきだった性格づけだった。なぜなら、それはその書物のなかで進行していたことを捕え損なっていたからである（Hua 22/206–208, Hua 18/12–13）。なぜこの最初のしくじりに言及するのか。それが、たった今論述した解釈とあまりうまく適合しないからである。ブノワ自身が認めるように、心理学的術語で現出の構造についての現象学的探究を解釈すると、唯心論者は、形而上学に逆戻りしてしまうのである（Benoist 1997: 215）。

しかしながら、これは『論理学研究』（の第一版）における唯一の内的緊張ではない。序論で、フッサールはまた現象学を、心的作用の内在的（実的）内容についての分析と同定し、こう立言する。理論的関心を対象から離して作用に向けねばならない、と（Hua 19/14, 19/28）。この方法論的制限は、第五研究と第六研究でも繰り返される。そこでフッサールは、作用の内在的内容と現象学的内容とを同等に扱い、それを志向的内容と対照するだけではなく（Hua 19/237, 19/411）、志向的対象の超越のゆえに、作用を記述する際、志向的対象を考慮に入れないことの重要性も強調する（Hua 19/16, 19/427）。換言すれば、フッサールの綱領的言明を見るならば、彼は志向的内容も志向的対象も両方、研究の領分から排除しているように思える（Hua 22/206）。現象学に残されたすべては、内在的内容についての、すなわち、後にヒュレー的分析とノエシス的分析と呼ばれるだろうものについての分析なのである。

しかしながら、まさに同じ序論に、かなり異なる方向を指し示す言明を見出すことができる。フッサールは、志向的作用は適格な（内在的）内容と理念的・志向的内容の両方を所有すると宣言し（Hua 19/21）、こう強く主張する。対象的関係は、志向的経験そのもののもつ記述的特徴である、と（Hua 19/25）。フッサールの最後のコメントは、第五研究に見出される志向性についてのその後の分析のうちに確認される。そこで彼は、分析のなかで志向的対象と志向的内容の両方に何度も論及する。

フッサールが、事実まさに『論理学研究』において作用と志向的対象の間の相関関係を探究していることを考えると、彼は彼自身の方法論的指針のいくつかと矛盾している。『論理学研究』――あるいは少なくともフッサール自身の方法論的反省――が、あまりにもノエシス的に定位しているということは、その著作の第二版の頃にはフッサールにとって明々白々となっていたことだった。彼は、第五研究の新しい脚注で次のように付け加えている。

> 本書の第一版では、それ〔作用の志向的内容〕は「実的あるいは現象学的内容」を意味する。事実「現象学的」という語は、「記述的」という語のように、本書の第一版では、もっぱら実的体験成素との関係で思念されており、この版でも従来おおむねこの意味で用いられていた。これは、心理学的態度からの自然な出発に対応する。しかしながら、遂行された研究を繰り返し考え抜くなかで、論じられた事象をいっそう深く考量する際に――とりわけそこから――感じられ、ますますいっそう感じられるようになったのは、志向的対象性そのものの記述は〔具体的作用体験そのものにおいて意識されているように捉えられるならば〕、他の方向を純粋に直観的・十全的に遂行することができる記述を、実的作用成素の記述に対して呈示しており、それ〔志向的対象性そのものの記述〕もまた現象学的と呼ばねばならないということである。こうした方法的予示を追求するならば、ここで突破へと至る問題領分の必要かつ重要な拡張と、諸々の記述的層の完全に意識された分断によるかなりの改善とが判明する。私の『純粋現象学へのイデーン』第一巻（特に第三部でのノエシスとノエマについての詳述）を参照。
>
> (Hua 19/411. Cf. Hua 18/13, 3/296)

この時点で、志向的対象性（*Gegenständlichkeit*）をもその研究領野に含むフッサール現象学の範囲の拡張と称されるものが、フッサールが同時に内在の重要性に対して行う強調と緊張関係にないのかどうかを尋ねるのが自然かもしれない。『イデーンI』でフッサールが、現象学者としてのわれわれは「意識自体に即して、純粋な内在においてわれわれに本質上洞察的にすることができるもの以外の何ものも要求すべきでない」(Hua 3/127)と書いたとき、彼は単純に『論理学研究』の第一版にも見出されるノエシス的かつ内側に方向づけられた定位を再肯定しているだけではないのか。フッサールの一九〇七年の講義『現象学の理念』を見れば答えを示唆することができる。そこでフッサールは二つのまったく異なる内在概念を区別する必要があると強く主張している。一方でフッサールは、意識に対して実的に内在的であるもの、すなわち、例えば、ある一定の体験的作用の一部であり、ある一定の体験的作用を作り上げるものを指示するときに、内在について語る。さらにまた、これが、意識に対して超越的なもの、すなわち、体験的作用に実的に含まれていないもの、例えば経験の対象と対照される。だから対象は、フッサールにとって、意識に対してあり、意識のなかにあるのではないことを忘れるべきではない。さらにまた、この対概念が内在と超越のもつもう一つのまったく異なる意味と対照される。その際、対概念は、翻って明証的に与えられる(直観される、直接的に統握される)ものと、単に措定されたにすぎず、それ自体与えられていないものとを指示する(Hua 2/35)。クローウェルの専門用語を採用すれば、こうした二つの内在概念はそれぞれ心理学的概念 対 規範的概念として明示されるかもしれない(Crowell 2008: 346)。重要なのは、こうした二つの概念が重なり合わないことである。フッサールが評言するように、それらが重なり合うと提案すること、最初の意味において内在的であるものだけが第二の意味において内在的であることができると考えること、体験的作用に固有であり、含まれているものだけが明証的に与えられることがあると考えるのは「致命的な間違い」(Hua 2/36)である。超越的対象でさえ、明証的あるいは「志向的」(Hua 2/57)内在によって性格づけることができる、すなわち、直観的にそれ自体与えられることがある。そうしてフッサールが後期の様々な著述において、内在的であるものに焦点を合わせるようわれわれに勧めるとき、彼は事実『論理学研究』第一版での間違いを繰り返したり、再肯定したりしているのではなく、単に現象学者は一人称パースペクティヴから明証的に接近《アクセス》可能なものに焦点を当てるべきであると言っているにすぎない(Boehm 1968: 141-85も見よ)。

(二)『論理学研究』における現象学的企図を、フッサールの後の著作への関係に対する態度を明確にすることなしに査定することはかなり難しい。フッサールの初期記述的現象学と後期超越論的現象学の間の関係性についての一つの解釈によれば、この展開は形而上学的実在論から形而上学的観念論への問題のある転回になる(Findlay 1972: 243)。すでに見てきたように、この解釈はフッサールが『論理学研究』において形而上学的実在論を唱道していないという単純な理由のために失敗している。

別の解釈はこう論じる。フッサールの超越論的転回は、『論理学研究』の短所のうちのいくつかを克服しようとする試みを表しているから、歓迎されなければならない、と。換言すれば、記述的現象学に本来具わる諸々の問題を解決するためにこそ、フッサールは超越論的観点をとるように強いられたのである。この読解は、フッサール自身の事柄についての説明に非常にうまく沿っている。『論理学研究』に続く数年間で書かれたテクストを見れば、その欠点を後悔する評言が散見されるだろう。例えば、一九〇六年九月のハンス・コーネリウスへの書簡では、フッサールはこう書いている。序論における現象学の本性についての彼の反省は、『論研』の実際の方法と意味についての非常に不十全な表現を含んでいた、と（Hua Dok 3-II/29, Husserl 1939: 109, 124, 329 もまた見よ）。そして、一九〇六－七年の『論理学と認識論入門』講義では、フッサールはこう論じている。作用、意味、志向される超越的対象の間の関係を真に明らかにすることを望むならば、記述的現象学の企図を排して超越論的現象学を選好して進むことが必要である、と（Hua 24/425-427）。

ときおり、フッサール自身はこう強く強調した。『論理学研究』は、事実、（原型的）超越論的要素をまさに含んでいた、と（Hua 24/425, Hua 2/91）。若きハイデガーもまた共有しているように思える主張である。だから、一九一九－二〇年の『現象学の根本諸問題』講義においてハイデガーは、「リップス学派」が『論理学研究』を記述的心理学の著作と捉えており、それによって「本来的に刺激的な超越論的動機」（Heidegger 1993: 15）を見過ごしていると批判した[4]。

ブノワの『論理学研究』についての解釈は同じ線に沿って進んでいるのか。その著作の超越論的読解を提示しているのか。ブノワの解釈のもつ独特さは、デ・ボアーの提示した解釈と比較するならば、い

（4）この評価は、フッサールの後のいっそうよく知られた解釈と矛盾しているから、少しばかり驚きである。それによれば『論理学研究』における記述的企図は、まさにどんな超越論的関心によってもまだ汚染されていないがゆえにこそ、フッサールの後期著作よりもましなのである。次のようにハイデガーは『思索の事柄へ』において定式化している。「『論理学研究』において——とりわけ第六研究において——本来的な存在の問いに近づいたフッサール自身は、当時の哲学的雰囲気の中で耐え抜くことができなかった。つまり、ナトルプの影響下にあり、『イデーン』においてその最初の頂点に達した超越論的現象学への転回を遂行したのである。しかし、それによって、現象学の原理は放棄されてしまった」（Heidegger 1972: 44）。

っそう明晰になるかもしれない。デ・ボアーはこう論じている。フッサールは『論理学研究』において、現象世界の背後の（物理学の世界の）客観的実在の現実存在を固く信じていたが、しかし、フッサールはこの信念を、彼自身の志向性についての心理学的分析をそこから分離することができるだろう形而上学的前提とみなしていた、と（De Boer 1978: 195–197）。この読解は、『論理学研究』の非超越論的解釈を明らかに代表している。デ・ボアーはフッサールの形而上学的中立性をブノワとはまったく別様に解釈しているだけではなく――フッサールは、彼が形而上学的問いのもつ適法性を疑問視するがゆえに形而上学的に中立なのではなく、形而上学的争点を現象学の範囲と領界を超えたところにあると捉えるがゆえに、形而上学的に中立なのである――、フッサールが記述的心理学に従事しているとも捉えている。それに反して、『論理学研究』の主要な寄与は、所与についての新しい概念、その内部で実在性、理念性、主観性、客観性のような争点についての議論が生じることができる枠組みを構成するほどまでに基礎的と捉えられる所与をそれが仕上げたことにあるというブノワの主張は、はっきりと超越論的に響く。類似したことは、『論理学研究』におけるフッサールの志向性についての説明は、単純に意識についての探究というよりもむしろ、志向性についての適格な説明が相関関係の両側面にまで必然的に伸びていなければならないから、対象の現象学的地位についても明晰であるというブノワの強い主張についても言われるかもしれない（Benoist 1997: 281）。手短に言えば、ブノワによるフッサールの形而上学的中立性についての読解は、『論理学研究』の超越論的再解釈とみなすことが自然であるように思える。

しかしながら、これはブノワがそれ〔超越論的再解釈〕を見ている仕方ではまったくない。フッサール自身は、自身の超越論的転回を『論理学研究』で着手された企図のいっそう徹底的な再考と解釈する傾向があるけれども（Benoist 1997: 208）、ブノワはこう強く主張する。フッサールの初期記述的現象学はどんな形式の超越論主義にも汚されていない、と。彼はある場所で次のように述べている。

それゆえ、相関関係という考えは、すでにそこにある――それは、何かを示すことがあるかぎりで、現象学そのものの構成要素である――そして、それは確かに「主観的」基礎や演繹にかかわるもののように、超越論的に解釈される必要はない。今は純粋記述の秩序の内にある。（Benoist 1997: 298）

ブノワの解釈の全般的主眼を考えると、私は『論理学研究』の超越論的解釈を阻もうとするこの試みを幾分奇妙であると思うが、それが超越論的なものについてのブノワのかなり狭隘なカント的定義によって部分的に動機づけられていると疑っている（Benoist 1997: 298）。しかしながら、私が第四章で論じることになるように、フッサールの超越論哲学の概念は、カントの超越論哲学の概念と合致しない。別様に述べれば、ブノワが打ち出したいと望んでいる論点が、『論理学研究』でフッサールの擁護した企図はカントの企図と著しく異なっているということであるならば、私はブノワとまったく同意見である。しかしながら私は、類似したことはフッサールの超越論的転回の後でさえ妥当すると考えているし、もしそうならば、フッサールの後期の著作を犠牲にしてまで『論理学研究』を強調する理由は存在しない。

㈢　おしまいに、私の最後の、最も重要な留保に向かうことにしたい。『論理学研究』で展開された現象学の形而上学的に中立的な構想が解放的であるのか制限的であるのかどうかをテストする一つの仕方は、それが原理的に取り組むことのできない何らかの重要な哲学的争点が存在するかどうかを尋ねることである。フッサールが外的実在の現実存在に関する問いを現象学に関連のない形而上学的問いとして拒絶したことはすでに見てきた。この拒絶に対しては、様々な仕方で応えることができる。

- 形而上学と形而上学的争点の拒絶は、この伝統的な枠組みとそれが生み出す問いがすでにあまりにも長きにわたって哲学者を呪縛し誤導してきたという単純な理由から、解放的動向とみなされるかもしれない。
- 単に記述的な企てにすぎず、すべての問いに対する普遍的な答えではないということを最終的に認めることが現象学になると主張されるかもしれない。換言すれば、現象学と形而上学の間には差異が存在し、前者は後者への道を準備するかもしれないけれども、形而上学的争点と渡り合う資源を含んでおらず、それゆえ語ることができないことについては沈黙すべきである。
- 諸々の異なる理由のためにフッサールの形而上学的中立性を歓迎する、こうした最初の二つの反応とは対照的に、形而上学的中立性は最後にまた、単純に残念に思われるかもしれない。形而上学的問題が本当の問題であることは認められるかもしれないが、現象学にはこの領域でなす重要な貢献はないと考えられるかもしれず、それゆえフッサールの形而上学的中立性は自ら課した不要な拘束衣として遺憾に思われるかもしれない。

私は三つすべての反応に共感する。けれども実際のところ私は、それらは一見して想定されるかもしれないほどには両立不可能ではないと考える。だから、いみじくもこう論じることができるだろう。多様な異なる形而上学的問いが存在し、あるものは第一のカテゴリーに符号し、あるものは第二の、あるものは第三のカテゴリーに符号する、すなわち、現象学が断念するのが賢明な形而上学的疑似問題、その範囲を超えたところにある形而上学的問い、それが取り組むことのできる形而上学的問いが存在する、と。しかし、たとえ第一のかなりウィトゲンシュタイン的な応答を心から選んだとしても、これはすべての困難を取り除くことにはならない。

フッサールが、現象学は志向的対象が心から独立した実在をいかなるものであれもつのかどうかという問いを度外視すべきだという見解を抱いていることは、すでに見てきた。同じくフッサールが——その後ずいぶん誤解されてきた定式を用いて——言うように、志向的対象の現実存在は現象学的には無関係である。なぜなら、作用の本有的本性は、その対象が現実存在しないのかどうかにかかわらず同じだからである（Hua 19/59, 360, 387, 396）。こうした姿勢は、フッサールの形而上学的中立性からかなり直接的に出てくるように思えるが、いくつかの重要な含意を伴う。それらのうちの一つは、現象学は幻覚と知覚の間を区別することができないということである（Hua 19/358）。だから、『論理学研究』でのフッサールの立場によれば、青い本についての知覚と幻覚との間に、現象学的に関連する差異は存在しない。両方の場合ともに、志向的対象が直観的な所与様態において現前呈示されている状況が扱われている。しかしながら、この対象もまた本当に現実存在するのかどうかは、方法論的に括弧に入れられた問いである。こうした結末は哲学的に満足のいくものなのか。形而上学に対する各人の態度にかかわらず、認識論において現象学に余地を残しておきたいと望むならば――そして先に指摘されたように、これはおおいにフッサールの野心だったが――答えは否定的であるはずである。真正な知覚と真正でない知覚を区別することができない知識の理論には欠陥がある。

第四節　形而上学と学問論

『論理学と認識論入門』講義は、超越論哲学についてのフッサールの最初の反省のうちのいくつかを含んでいる。フッサールの現象学的還元という概念のまさに最初の使用は、一九〇五年の有名なゼーフェルト草稿に見出すことができるが、現象学の企図を徹底化しようと努力するなかで還元という方法を用いようとする彼の最初期の試みは、一九〇六－七年のこれらの講義に見出すことができる（Hua 24/212を見よ）。加えて、その講義は形而上学の地位についての重要な考察、つまり『論理学研究』にも見出される散発的なコメントよりもいっそう入念な考察もまた含んでいる。フッサールは（実在、すなわち、空間・時間的存在にかかわる）形而上学と、はるかにずっと巨大な領域を覆う学問論（あるいは形式的存在論）との間の区別をなお扱っている。なぜなら、学問論はあらゆる類型の存在、実在的存在だけではなく理念的存在も同様に、すなわち、基本的に数、概念、命題、理論、美学的観念等を含む述定の主語でありうるあらゆるものを扱うからである。しかし、フッサールはまた二つの異なる類型の形而上学の間の区別を用いる。一方で、経験的に基づけられた、アポステリオリな、質料的形而上学があり、他方には、アプリオリな、形式的形而上学がある。フッサールによれば、第一の類型の形而上学――それを彼は根底的存在の学あるいは究極存在の学とも呼ぶのだが――こそが、語の適格な意味における形而上学となるが、それに対して第二の類型はちょうど同じように（あるいはいっそううまく）アプリオリな存在論と呼ぶことができるだろう（Hua 24/99–102）。しかしながら、重要なことに、前者の種類の形而上学は諸々の経験科学の研究を前提するだけではなく、現象学的に明晰化された認識論もまた前提する。

形而上学が、真の究極的な意味における実在的存在者についての学問であるならば、認識論は形而上学の前提条件である。認識論は、特定の学問の存在研究において事実的に呈示されるように、存在を捨象し、存在一般をその本質的意味に従って攻究するかぎりで形式的存在学である。純粋論理学に依拠する認識批判をまさに形式的形而上学（存在論）と呼ぶことができるだろうが、その一方で、こうした形式的形而上学に基づく本来の意味における形而上学は、いまや何が事実的にカテゴリー的意味において存在するのか、何が実在的存在に、一般的にあるいはそれ自体としてだけではなく、事実、特定の存在学の成果に従って帰せられるのかを確定するのである。（Hua 24/380）

フッサールはさらにこう強く主張する。認識の最深の問題は、すべてのなかで最も困難かつ重要な問題である超越論哲学的問題と抜きがたく結びついている、と。そしてさらにまた彼はこう付け加える。こうした問題に対する唯一の解決は、学問的形而上学を可能にすることだろう（Hua 24/139, 178, 191）。

なぜこの言明が重大なのか。『論理学研究』におけるフッサールが、形而上学を現象学から独立しており関係しない何かであるとみなしていたのに対して、いまや彼ははっきりと、それは超越論的現象学的明晰化を前提し、要求すると論じているからである。ずっと後で『ブリタニカ百科事典』論文でフッサールが用いることになる対概念を使えばこうである。超越論的現象学は第一哲学であるのに対して、形而上学は第二哲学である（Hua 9/298, Bernet et al. 1993: 229）。形而上学は「真正の実在の学」（Hua Dok 3-VI/206）である。つまり、形而上学は理念的可能性にかかわるのではなく、現実性にかかわり、形相的学問としての超越論的現象学が先行し、形而上学を可能にするのである。しかし、もちろん、現象学が形而上学に道を開くだろうと言うことは、現象学と現象学的分析が形而上学に直接的にかかわると言うこととはなお異なるのである。

第三章　超越論的転回

最終的に私は、誤解を生じさせないために、現象学によって、ただあらゆる素朴で反意味的な物自体を扱う形而上学が排除されねばならないが、しかし形而上学一般が排除されねばならないわけではないことを指示することにしたい。

（『パリ講演』）

第一節　現象学的批判

フッサールの先超越論的現象学は形而上学的に中立的であることを見てきたが、彼の後期の著作についてはどうなのか。『論理学研究』と『イデーンI』の間の一つの重要な差異は、その数年の間にフッサールが一定の形而上学的階梯——悪名高いエポケーと還元——こそ、現象学がその指定された課題を達成するべきだったならば要求されるということを認識するに至った点である。この両概念は『論理学研究』には不在であるのに対して、フッサールの超越論的転回後には決定的な役割を演じるに至った。実際、フッサールが繰り返し強く主張したように、エポケーと現象学的還元を関連のない特異なものと考えてしまえば、現象学とはいったいなんであるかを認識する見込みはまったくなくなってしまう(Hua 5/155, 3/200)。しかし、エポケーと還元を実行するとは、精確にはどのようになることなのか。エポケーと還元は現象学がそれなしで済ますことができない何かなのか、現象学を現象学たらしめる方法論的道具なのか、それとも、単純に何らかの形式の方法論的独我論へのフッサールの関与を露わにするにすぎないのか。

後のハイデガー論者とメルロ＝ポンティ論者の大多数が、エポケーと還元の必要性と有意義性を認めるのに苦労していることは議論の余地がない。実際、フッサール的現象学に対するデネットとメッツィンガーの批判的評価は、何人かのフッサール以後の現象学者の間に見出される放棄によって釣り合いが取れるより以上のものであると言ってもまったく誇張ではない。彼らはそのうえ、こう論じている。フッサールをこれ以上読む必要がない。なぜなら、彼の哲学的見通しと彼がわれわれに提示する綱領は時代遅れなので、最も慈悲深い行動指針は静かに葬り去ることだからである、と。こうした現象学的批判は、フッサールを内観的修練に従事していると捉えていないけれども、しばしば彼を根底的で問題のある内への転回に与していると非難する。ドレイファスとケリーがデネットのヘテロ現象学がフッサール的現象学の改善であり、いっそうよい代替案であるだろうと示唆しているのさえ見出される(Dreyfus and Kelly 2007: 47)。批判をいっそう詳細に吟味してみることにしよう。

まずテイラー・カーマンが提供した説明を考察しよう。彼の書『ハイデガーの分析論――『存在と時間』における解釈・語り・本来性』において、カーマンはフッサールに対するハイデガーの関係を詳しく述べ、ハイデガーが一九二三年にカール・レーヴィットに対して書き送った二つの悪名高い評言を引用する。一九二三年二月二〇日に、ハイデガーはこう書いていた。

ゼミナールの最後の時間に、私は、［私の研究の］全体にとっての本質的基礎がいまやきれいに際立っていると言えるほどまでに『イデーン』を公に焼き払い、破壊しました。そこから今『論理学研究』を振り返ってみるならば、私はこう確信しています。フッサールはけっして、彼の人生の中で一秒たりとも哲学者ではなかった。彼はますますこっけいになっています。（Quoted in Carman 2003: 57）

一九二三年五月八日に、ハイデガーは再びレーヴィットに書き、今回は以下のように言っている。彼はその学期の自分の講義――『存在論――事実性の解釈学』と題される講義――において

現象学に対して渾身の一撃を打っています。私はいまや完全に自分の足で立っているのです……。〈招聘〉はたぶんなくなるでしょう。そして私が公刊した後で、私の展望は絶たれるでしょう。おそらくそのとき老人は、私が彼の首を絞めていることに実際に気づくでしょう――そうして彼の後を襲うことはすっかりなくなります。しかし私は自分を抑えることができません。（Quoted in Carman 2003, 58）

カーマンは、両方の書簡の要旨——すなわち、フッサールの哲学的地位に対するハイデガーの査定——を正確だとみなしている。カーマンは、フッサールの哲学とハイデガーの哲学は、様式と実体の両方の点で別世界であり、彼らそれぞれのねらいと願望は深く異なっているとし（Carman 2003, 54）、したがって、こう強く主張する。「ハイデガーの基礎的存在論は、フッサールの哲学の単なる補足や継続ではなく、ましてや「翻訳」ではない」（Carman 2003: 62）。対照的に、ハイデガーは次のことを示してきた。

フッサールの現象学は、没批判的であると同時に不整合でもある。主観についてのデカルト的構想と現前（*Anwesen*）としての存在というプラトン－アリストテレス的解釈をわがものにしている点で没批判的であり、そうした先入見を、それらを当然のこととみなすことによってのみ理解できる厳格な哲学的方法において根拠づけると称するがゆえに不整合である。だから、フッサールの企図は、悪循環に囚われている。というのは、結果が方法を前提しており、方法が結果を前提しているからである。真に根底的でもなく実質的に前提から自由でもなく、フッサールの現象学は単純にそれがそうであると主張する「厳密な学」ではない。（Carman 2003, 54）

だから、カーマンの読解によれば、『存在と時間』の解釈学的現象学は、そのプラトン主義、唯心論、方法論的独我論もろとも（Carman 2003: 56）、フッサールの超越論的現象学の全面的な拒絶ということになる（Carman 2003: 62）。したがって、カーマンが、ハイデガーがフッサールの方法論の核となる要素、すなわち、超越論的還元を拒絶していると主張することもまた驚くべきではない。なぜなら、ハイデガーは超越論的還元を、世界内存在としての人間についてのどんな十全的理解に対する解釈学的制約も承認することに失敗したことを表していると捉えるからである（Carman 2003: 56）。しかしそうすると、カーマンはどのように現象学的還元を解釈するのか。彼が言うことは以下のとおりである。

> 超越論的還元は［…］意識に外的なあらゆるものから方法的に目を逸らし、その代わりに、意識にとって内的なものに焦点を当てることにある。だから、還元は、われわれの志向的態度の通常の対象が視界から消失し、その一方でこうした態度に内在する内容がわれわれの注意の新しい対象となるような特別な種類の反省ということになる。（Carman 2003: 80）

カーマンにとって、フッサールの超越論的還元は、本質的に、方法論的独我論の一形式ということになる。志向性は内的であり、意識は自己充足的であり、外的世界がどのようであるかは、その人の心的状態にとって差異をなさない（Carman 2003: 83, 86）。

カーマンの解釈には、ドレイファスに見出される解釈と多くの類似性がある。ドレイファスもまたこう論じる。フッサールの超越論的方法論は、経験の内的構造と志向性を可能にするとされる心的表象に焦点を当てるために、世界を無視し、外的実在に関するすべての問いを括弧に入れる方法論的独我論の一形式に彼を与させる、と（Dreyfus 1991: 50）。心を世界から切り離す方法論的手続きを用いることによって、フッサールは世界を見失うだけではなく、それを取り戻すこともできないままである。同じような理由のために、彼は、相互主観性と身体性について満足のいく説明を提供することもできなくなってしまう。

こうして批判が口に出されたあとのありがちな提案は、フッサールの超越論的現象学を放棄して、その代わりにハイデガーやメルロ＝ポンティに向かうべきだというものであった。後の現象学者だけが相互主観性、社会性、身体性、歴史性、言語、解釈という論題を真剣に捉え、そうする際に、彼らはフッサール的枠組みから決定的に訣別したのである。

しかしながら、こうしてハイデガーとメルロ＝ポンティを対にすることについては、少しばかり困惑させる何かが存在する。ハイデガーもメルロ＝ポンティもフッサールに論及するが、しかし、彼らが与える論述は、同じ著者に論及しているのかどうかときおり不思議に思えるかもしれないほど、まったく異なっている。だから、メルロ＝ポンティのフッサールについての解釈がハイデガーのそれと著しく異なっているのを見逃す者は誰もいない。それははるかに寛大である。事実、フッサール、ハイデガーそれぞれの長所を評価するときに、メルロ＝ポンティはしばしば標準的見解に大いに反している。これは、彼が『存在と時間』全体をフッサールの生世界概念についての説明であると宣言する、『知覚の現象学』のまさに最初の頁での有名な評言においてだけ言えるのではなく――もう一つだけ例を与えておけば――メルロ＝ポンティがフッサールは時間性という争点をハイデガーよりもいっそう真剣に捉えていると書いている彼のソルボンヌ講義の一つにも言える（Merleau-Ponty 2012: lxxi; 2010: 336）。

メルロ＝ポンティによるフッサールへの（けっして没批判的ではないけれども）たえざる、かなり熱狂的な関心――彼の生涯を貫いて続き、時がたつにつれて減少するよりもむしろ増大した関心――を考えると、どのようにして多くのメルロ＝ポンティ論者は、彼のフッサール解釈を真剣に捉えるのを拒否することになったのか。

例えば『メルロ＝ポンティの存在論』という本で、ディロンはメルロ＝ポンティの後期の論文「哲学者とその影」を議論している。そこで、メルロ＝ポンティはフッサールの後期哲学のもつ含意を掘り起し、フッサールの「考えなかった思考」を考えようと試みている。しかし、さらにまた次のようにディロンは書いている。「メルロ＝ポンティが彼自身の思想をフッサールの考えなかったもののなかに見出すのとちょうど同じように、彼が称賛する理由を見出すフッサールは、しばしばメルロ＝ポンティ自身の哲学を当てはめたものなのである」(Dillon 1988: 27)。したがって、ディロンは、そのテクストが真正のフッサール解釈として読まれるべきなのか、そして単にメルロ＝ポンティ自身の思想の開陳として読まれるべきではないのかどうかを問うている。フッサールが、『危機』で取りかかった生世界概念のもつ存在論的含意を厳密に追及したならば、「彼は（その潜示的独我論もろとも）彼自身の超越論的観念論を改め、メルロ＝ポンティの立場に類似する立場に辿り着いたかもしれない。しかし実際のところ、フッサールは、還元や還元が必然的に至る観念論をけっして放棄はしなかった」(Dillon 1988: 87)。

類似する解釈はドレイファスとラビノウの著作にも見出すことができる。彼らはこう論じる。最近の研究は、メルロ＝ポンティが書いていたフッサールは基本的に、メルロ＝ポンティ自身の考案したものであることを示している、と。メルロ＝ポンティは単純に、彼自身の考えを師の遺作に遡って読んでいるにすぎない(Dreyfus and Rabinow 1983: 36)。

さらなる例を見出すことは難しくないが、しかし、あと一つだけ言及しておくことにしよう。『意味と主観性――ウィトゲンシュタインとメルロ＝ポンティについての研究』において、ドゥワイアーはこう書いている。メルロ＝ポンティはときおりフッサールのために弁明しようと試み、彼の学説をいっそう好ましくするために歪曲しさえするけれども、事実は大部分、フッサールの著作はメルロ＝ポンティの著作と対照的であり続けている、と（Dwyer 1990: 33-34）。そうしてさらにドゥワイアーは次のように結論づける。「私の見解では、大部分、フッサールが「現象学」によって意味し、「現象学」として実践したことは「ごたまぜ」という語に新しい意味を与えることとしてしか記述できない。フッサールの哲学の詳細については話さなければ話さないほどよいのである」（Dwyer 1990: 34）。

しかし、なぜ一方のフッサールと、他方のハイデガーやメルロ＝ポンティとの間に深淵が存在することがそれほど確信されているのか。その理由は、多くの学者が、フッサールの超越論主義、彼のエポケーと還元の実行が、フッサールをして観念論と独我論に至らせると――そうではないことを証明しようとするメルロ＝ポンティの（破れかぶれの）試みにもかかわらず――確信しているということであるように思える。

フッサールが彼の生涯の終わりに至って苦々しくこぼしているように、彼の批判者たちの多くは、彼自身の著述についての研究によるよりも、彼の以前の弟子たちが彼の哲学について言わねばならなかったことのほうに、いっそう関心があったのである。

前もって、ひとは、すでに、それが何を問題にしているのか［…］を知っているとすでに思っている。最も好意的な場合には、私の著述を読むが、なおいっそう頻繁なことは、私自身によって教えられた者として、やはり信用できる案内を与えることができるだろう私の弟子たちに助言を求めた。そうして、シェーラーの、ハイデガーの、そして他の者の解釈と批判に従って方向定位し、私の著述のなるほど非常に困難な研究を省くのである。それに対して、私の抵抗に対しては応答がある。すなわち、老人は乗り慣れた思考の軌道に固執し、あらゆる反駁的批判を受け付けなくなっている。

(Hua 6/439)

それに反して、未公刊の研究草稿を含めて、フッサール自身の著述を読むことの重要性に十分に気づいていたメルロ＝ポンティを考察してみよう。実際、一九三九年四月にルーヴァンに到着したとき、メルロ＝ポンティは新しく設立されたフッサール文庫を訪問したまさに最初の外国人であった。メルロ＝ポンティは一九四二年の書簡でこう書いていた。「結局、フッサールの哲学は未公刊の草稿のなかにほとんどすべて含まれている……」(Van Breda 1992で引用)。

メルロ＝ポンティが『意味と無意味』でフッサールに対する二人のマルクス主義者の批判についてこう書いたとき、まさに正しかった、と私は考える。「そうするとナヴィルとエルヴェは、それぞれ自分の都合のために、翻訳されていない、三分の二が公刊されていないフッサールのテクストに習熟するのとは別にすることがあるのか。よろしい。しかし、それならなぜそれについて語るのか」(Merleau-Ponty 1964: 135–36)。

第二節　エポケーと還元

エポケーと還元は、フッサールの超越論的方法論における決定的な要素であり、したがって、超越論的現象学のもつ形而上学的含みを正確に査定すべきならば、こうした概念についての正確な理解を欠くことはできない。さてそれでは両概念をもっとよく見てみよう。

フッサールは、哲学そのものを実証科学によってなされる研究としばしば対照する。後者は自然的（あるいは社会的／文化的）世界についての探究に没入しているので、それら自身の前提や可能性の条件について反省するために中断しはしない。それらはすべて自然的（そして必然的）素朴性、つまり、心から独立して実在する現実存在への暗黙の信念に基づいて働いている。こうした実在論的想定は根本的かつ深く根づいているので、実証科学によって受け入れられるだけではなく、日常の先理論的生に浸透しており、そのためにフッサールはそれを自然的態度と呼ぶ。その態度がどれほど自然的であっても、単純にそれを当然と捉えることは、哲学的に受け入れることができない。哲学が徹底的な形式の批判的解明に等しいのであれば、自然的実在論を単純に前提することはできない。自然的態度で生き続けるよりもむしろ、哲学は、哲学に自然的態度の認知的・形而上学的前提を踏査することを許すだろう反省的動向に従事しなければならない。しかしながら、自然的態度が哲学的に探究されねばならないと論じることは、懐疑論を是認することではない。フッサールが書いているように、世界が現実存在するということは、どんな疑いも超えているが、（生と実証科学を下支えする）こうした疑う余地のなさを真に理解し、明らかにすることは哲学者としてのわれわれの義務なのである（Hua 5/152–53, 6/190–91）。

前もって結果の予断を回避するべきならば、どのようにしてそうした探究を進めることができるのか。フッサールの答えは、一見すると単純である。実証科学は、探究することができる対象が存在していることを当然と捉えるが、何かが探究の対象として与えられていることが何を意味するのかについても、こうした所与がそもそもいかにして可能であるかについても反省しない。世界とはなんであるかに焦点を当てるよりもむしろ、世界の所与性のいかに〔与えられ方〕に注目する必要がある。しかしながら、そうすることは、言うのは易しいが行うのは難しい。それは、数多くの方法論的準備を要求する。常識的素朴性（同様に実在の形而上学的地位に関する数多くの異なる思弁的仮定）を前提することを回避するためには、自然的態度の容認を宙吊りにすることが必要である。その態度は（探究が可能であるために）保たれてはいるが、その妥当性は括弧に入れられる。こうした手続きは、自然な実在論的性向を宙吊りにすることを伴うが、エポケーという名によって知られる。厳密に語れば、エポケーは、フッサールが超越論的還元と術語づけるものへの第一歩とみなすことができる。それは主観性と世界の間の相関関係についての体系的分析を表す彼の呼称である。

エポケーと還元の真の目的は、実在を疑うこと、顧みないこと、無視すること、放棄すること、あるいは、研究から排除することではない。むしろそのねらいは、実在に対するある一定の独断的態度を宙吊りにするあるいは中立化することなのである。こうした態度を宙吊りにすることによって、そして、実在がつねにあれこれのパースペクティヴから露わにされており、吟味されているという事実を主題化することによって、実在は視界から失われるのではなく、はじめて適格に理解されるのである（Hua

1/66, 6/154)。

広く認められているように、フッサール自身が誤解のうちのいくつかに対して部分的には責められねばならない。例えば、『危機』第五二節での彼の議論を考察してみよう。初めにフッサールは、エポケーはすべての世界内的関心を括弧に入れると書いている。

存在、現実存在、世界の非存在への関心、したがって、世界認識に理論的に向けられているあらゆる関心、しかしまた通常の意味で実践的なあらゆる関心は、その状況の真理という前提に結びつけられているが、われわれには禁じられている。(Hua 6/178)

しかし、さらにまた彼は一頁後で、この初めの論述が誤導的であると説明する。

エポケーという態度変更においては、何も失われず、世界生のすべての関心と目的のうちの何も失われず、そうしてまた認識目的のうちの何も失われない。ただし、すべてに対して本質適合的な主観的相関者が指示され、それによって、客観的存在と、そうしたすべての客観的真理のまったき存在意味、真の存在意味が際立たされる。(Hua 6/179)

実際、彼はさらに次のように説明する。「超越論的エポケーの非常にありふれた誤解」は、それが「すべての自然的な人間的生の関心」から「顔を背けること」を含むというものである、と (Hua 6/180)。

これは誤解である。というのは

> そのように考えられたならば、超越論的研究は存在しなかっただろうからである。どのようにしてわれわれは、知覚と知覚されるもの、想起と想起されるもの、客観的なものと、芸術や学問や哲学を含むあらゆる種類の客観的なものとの確証を、その種のものを範例的に、実際まったく明証的に生き抜くことなしに超越論的主題にすることができるのか。
> (Hua 6/180)

すでに『イデーンI』において、フッサールは、現象学は方法論的理由のために最初は括弧に入れたあらゆるものをついには統合し、含み込むということを明言している。

> 遮断は同時に、それに後続するものの価値を変容させる操作記号を介した変化という性格をもち、そしてこの変化でもって、価値変化したものを再び現象学的領分に組み入れる。より具象的に語るなら、括弧に入れられたものは、現象学的黒板から消し去られたのではなく、まさに括弧に入れられているにすぎず、それによって添え字を施されているのである。しかし、このことによって括弧に入れられたものは、研究の主題の内にある。
> (Hua 3/159)

いわゆる世界の遮断は、実際には世界の形而上学的地位に関する素朴な予断の排除なのである。

実在的現実は「改釈」されるのでもなく、まして否定されるのでもなくて、それに固有の、洞察的に明らかにされる意味に矛盾する実在的現実の反意味的解釈が脇に置かれているのである。(Hua 3/120)

こうした考え方は、『相互主観性の現象学Ⅲ』と『危機』からの以下の引用にもまた見出すことができる。

> 世界「そのもの」は、エポケーによって失われてはおらず、エポケーは、世界の存在と世界についてのあらゆる判断とに関する抑制ではおよそなく、相関関係判断の発見の道、すべての存在統一の私自身と、私の意味所持し、意味付与する、そうした可能性を具える主観性とへの還元の道なのである。(Hua 15/366)

> 特にとりわけ示すことが重要なのは、哲学する者にとって、エポケーによって新しい種類の経験すること、思考すること、理論化することが開かれるということである。その際、哲学する者は、その自然的存在と自然的世界とを超えたところに据えられ、世界の存在と世界の客観的真理の何も失わない［…］。
> (Hua 6/154–5)

これらのような言明を考えると、フッサール的還元はすべての現実存在にかかわる措定するはたらきを宙吊りにすることを含むというしばしば繰り返される立言は、疑いをもって考慮されるべきである。当該の宙吊りが単に準備的・暫定的なものにすぎないと考えるいくつかの理由が存在する。フッサールは一九三〇年の日付をもつテクストにおいて、次のように述べている。

> 超越論的現象学が、少なくとも最初の段階において、その仕事をなしたならば、少なくとも最も全般的に、普遍的存在構造と世界構造とを包摂したならば、はじめはその射程に関して理解できないままであったに違いないエポケーという方法のもつ意味もまた概念把握されている。エポケーは、私にとって最初の絶対的なもの、超越論的自我としての私に至り、それが原初性におけるこの自我の具体態の解示と他の人間としての他者の構成の解明と、さらに――その場合、それ自体、その超越論的意味を受け取る――世界のなかの人間としての私自身の構成の解明にまでさらに至ることによって、**世界の措定の抑制が体系的に破棄される**。世界措定の超越論的前提、それに対する超越論的基礎が体系的に露呈され、超越論的に妥当するものとして、超越論的明証において露呈される。そして、最終的に存在妥当において、それが素朴性においてもっていた存在妥当において存在する世界が、超越論的前提地平の露呈の下でたったいま生じるのである。
>
> (Hua 34/245, emphasis added)

一九二六年から一九三五年の間に書かれ、その後フッサリアーナ『現象学的還元について――遺稿によるテクスト』巻に集成されたテクストでは、フッサールは還元の非排除的性格について明確であり、また現象学的態度をとることと現象学的反省に従事することとによってはけっして内への転回が実行されるのではなく、むしろ世界内的対象にかかわったままであり続けるという事実についてもまったく明確である。自然的世界が「遮断される（*ausgeschaltet*）」と語られる時に、このことが意味しているのは、単に超越論的哲学者は世界を素朴に措定することをやめねばならないということにすぎない（Hua 34/21）。それは、世界を観察し、主題化し、世界に関する判断をし続けることができないということを含意しない。しかし、われわれは世界を志向的相関者とみなすという反省的な仕方でそうしなければならないのである（Hua 34/58）。別様に述べれば、エポケーと還元を遂行することは、主題的再定位を実行することである。今後世界は現象として露わにされ、そしてそれ自体としては、現象学的研究のまさに焦点であり続けるのである（Hua 34/204, 323）。

だが、「現象」としての世界、エポケーにおける世界としての世界は、一つの様態、世界をあらかじめ与えた同じ自我がこの先所与性と、先所与性のなかにあるものとを熟慮し、それゆえおよそ世界と世界の妥当とを放棄あるいはまったく単純に消してしまいはしない様態にすぎない。（Hua 34/223. Cf. Hua 34/83-84）

したがって、還元は、新しい洞察を可能にすることによってわれわれの理解を拡大する判明な「反省飛躍（*Reflexionssprung*）」（Hua 34/219）として正しく評価されねばならない。還元を実行することは、世界を隠れた抽象から解放することであり、世界をその具体態において構成された意味形成体（*Sinngebilde*）として露わにすることである（Hua 34/225）。しかし、もちろん重要なのは、フッサールが、意識のもつ真の意義は世界の現実存在が単純に当然のことと捉えられているかぎり隠されている、とも主張していることである。世界の現実存在への自動的信念を宙吊りにすることによってのみ、また（世界を疑うこととは異なる）世界を問題にすることによってのみ、意識の真の寄与を開示することができるのである。フッサールによれば、私の日常の自然な生とは、自己疎外（*Selbstentfremdung*）に生きる生である。なぜなら、日常的な自然な生はその超越論的能作について知らないからである。還元の遂行は、生のもつまったき具体的な超越論的性格を普段は隠している目隠し（*Scheuklappen*）を取り除く（Hua 34/226, 233）。それは自己疎外を克服し、主観性を新しいレベルの自己意識へと引き上げるのである（Hua 34/399）。

第三節　超越論的現象学と形而上学

フッサールの超越論的現象学は実在に関心がないとか、存在と現実存在とにかかわるすべての問いということになれば、エポケーの実行が存在論的関与《コミットメント》の自制と中立性とを要求するとかいったことは、真なのか。今までに明らかになったはずのように、これは、いまだエポケーと還元という概念を導入していなかったときの『論理学研究』におけるフッサールの超越論的立場に適合する記述であるかもしれない。そうした初期著作のなかで、フッサールはまさに事実繰り返しこう主張していた。対象の現実存在は現象学的には関連がない、と。しかし、現象学の形而上学的ねらいと範囲は、フッサールが記述的現象学から超越論的現象学へと歩を進めたときに変わったのである。

しかしながら、これは、すべてのフッサール学者によって共有される解釈ではない。一九九九年の『主観性の逆説』という書において、カーは、フッサールは形而上学的企図にはまったく従事していないという見解を唱道している。カーの解釈の一つの鍵となる特徴は、フッサールのエポケーについての彼の理解である。カーが書いているように、エポケーの目的は、世界の現勢的現実存在を考察から排除することである（Carr 1999: 74）。すなわち、超越的実在の存在へのすべての関係は排除され、代わりにその意味や意義に焦点が当てられる（Carr 1999: 80）。したがって、フッサールの超越論的現象学は、存在よりもむしろ意味にかかわるのである。まさに同じ理由のために、フッサールの観念論は実質的あるいは形而上学的種類の観念論であるよりもむしろ、方法論的種類の観念論である。カーによれば、そのねらいは、われわれをして世界を意味に他ならないかのように考察させることである（Carr 1999: 110）。だから、超越論的現象学はまったくもって形而上学的学説ではなく、それどころか単純に経験の可能性の条件についての批判的反省として理解されねばならない（Carr 1999: 134）。フッサールが諸々の研究において、主観性と世界の間の構成的関係について語るに至るとき、カーによれば、存在と意味を混同しないことが決定的なのである。その二つは、別々にされていなければならず、超越論的主観性が構成すると言うことができるすべてのものは世界の存在よりもむしろ、世界の意味なのである（Carr 1999: 108）。

ガダマーとフィンクを含めて（Gadamer 1972: 178, Fink 1995: 152）、多くの解釈者がこう主張している。フッサールの超越論的観念論は、形而上学的観念論と形而上学的実在論の間の伝統的な二者択一を超越している、と。しかしながら、そうした主張を別な仕方で解釈することができる。

・一つの可能性は、超越論的観念論がこうした伝統的二者択一を超えているのは、両方の立場からの要素を結合しようとしているからだと主張することである。

- もう一つの選択肢は、超越論的観念論が、それら両者を見当違いで誤って思い込まれた理論的企てとして拒否するかぎりで、両方の立場を超越すると論じることである。
- 第三の解釈はこう論じる。超越論的観念論は、単純にまったくもって異なる事柄にかかわっているという意味において、両方の立場を超えている、と。それは、将来の形而上学へのある種の予備学であるかもしれないが、しかし、それ自体としては、実在の領分にはかかわらない。

私がカーを正確に読解しているとすれば、彼は第三の解釈を選好している。彼は自身の著書の終わり近くで次のように書いている。「両哲学者［カントとフッサール］は、彼らの超越論的手続きが形而上学的主張への移行を認可しないことを認めていた、と私は考える」（Carr 1999: 137）。そうした言い回しが示唆するのは、カーが超越論的現象学は形而上学的争点と渡り合うための資源を欠いていると捉えているということである。

カーの関心のうちのいくつかは、スティーヴン・クローウェルによって共有されている。クローウェルもまた超越論的思考の非形而上学的方向を強調する。クローウェルによれば、現象学は何よりもまず意味の哲学である（Crowell 2001: 5）。意味は経験的概念ではなく、超越論的概念であり、それは、他の哲学的出発点に対して優先権をもつ概念である。事実、現代形而上学、認識論、心の哲学において前進がなされるべきならば、クローウェルによれば、意味にいっそう焦点を当てた探究が必要であり、それがまさに超越論的現象学が呈示できるものなのである（Crowell 2001: 18–19）。

この説明によれば、超越論的現象学は究極的には、世界内的対象の本性や存在論的地位についての直截的に形而上学的な学説というよりもむしろ、メタ哲学的あるいは方法論的努力とみなされねばならない。超越論的観念論は、前者ではなく後者が、対象の本性についての第一次的な主張をするという点で形而上学的観念論から区別されねばならない（Crowell 2001: 237）[1]。フッサールのエポケーと還元は、われわれに自然的態度から距離を取ることを許す方法論的道具であり、それによってわれわれに、普段は当然と捉えられているがしかしほとんど主題化されないもの、つまり、所与を分析することを許す哲学的反省を可能にする。現象学の課題は、諸々の対象を可能なかぎり精確かつ綿密に記述することではなく、その存在的多様のすべてにわたる現象の探究にかかわるべきでもない。むしろ、そしてこれもまた先にブノワによって打ち出された論点でもあるのだが、現象学は所与や現出の次元そのものに関心があり、その本質的な構造と可能性の条件を踏査しようとする。超越論的現象学はその所与、妥当性、理解可能性という点から諸々の対象を主題化し、そしてそうした探究は実証科学において必要とされるのとはまったく異なる反省的な姿勢を要求する。こうした探究を可能にするために、新しい類型の探求が、フッサールを引用すれば「すべての自然な認識と自然科学に先立ち、自然科学とはまったく異なる系統にある」（Hua 24/176）類型の探求が要求される。あるいは、クローウェルが述べているように、意味の空間には伝統的形而上学の資源を用いて取り組むことはできないのである（Crowell 2001: 182）。

　こうした観点からすると、フッサールの超越論的現象学の形而上学的解釈は、現象学がいったいなんであるのかについての劇的な誤解を伴う。それは、還元概念を誤解し、自然的態度と現象学的態度の間の決定的な差異を見過ごしてしまう。ハイデガー的術語を用いれば、現象学の形而上学的解釈は存在論的差異に対する無関心を伴うと言うことができるだろう。形而上学は先批判的あるいは素朴な企てにとどまり続ける。実在の建築資材を綿密に配置して示そうと試みる際に、形而上学はけっして自然的態度を去らない。形而上学は超越論的思考の決定的契機である反省的動向には参与しないのである。(2)

---

(1) カーとクローウェルの両者がアリソンのカント解釈に共感していることは何ら驚くべきことではないはずである(Carr 1999: 108–111; Crowell 2001: 238)。アリソンにとって超越論的観念論は、直截的な形而上学的学説としてよりもむしろ、形而上学的展望として正しく評価されねばならない(Allison 1983: 25)。それは、われわれがそのもとで世界を経験する認識的条件を探究するのであり、世界の中に存在するものについてのどんな第一次的な主張もなさない。それに反して、私は、私自身のフッサール解釈とアレーによって最近提案されたカント解釈(Allais 2015)の間に数多くの興味をそそる並行を見ている。ちょうどアレーがカントの超越論的観念論に出発点としての関係論的見方を用いて取り組むべきであると論じるように(Allais 2015: 12)、私は第四章で外在主義がフッサールの超越論的観念論についての生産的な視角を提供することができるのかどうかを吟味することになるし、ちょうどアレーのように、私もまた超越論的観念論は強い形而上学的観念論(実在的現象主義)と収縮的・非形而上学的読解の間に位置づけられる立場として解釈すべきだと考える(Allais 2015: 3 を見よ)。

(2) D・W・スミスに、類似した結論に至る幾分異なる論証の仕方が見出される。スミスの鍵となる提案は、現象学はフッサールの哲学体系のある特定の部分、つまり、彼の存在論、認識論、論理学、倫理学、価値論を含むフッサール哲学の他の部分から相互に独立した部分にすぎないというものである(Smith 2013: 40)。同じ理由のために、全体としてのフッサール哲学は、われわれの経験、われわれが生きている世界、われわれの身体、われわれ自身、われわれの認識、われわれの価値、われわれの社会的制度等々についての統一された説明を呈示するけれども、現象学は「一人称パースペクティヴから経験されるものとしての意識の本質についての研究」(Smith 2013: 1)を包カーとクローウェルが、とりわけ超越論的現象学の反省的定位を強調しているということになれば、私は、ある程度まで両者に同意する。しかし、その論点を打ち出すことと、現象学が消去主義や形而上学的実在論、主観的観念論を含む多様な異なる形而上学的見解と原理上両立可能で、平和的に共存しつつ生きることができるかのように、いかなる形而上学的含意ももたないと主張することとはまったく別のことである。こうした見解、そしてフッサールの方法は実在には関与せず、「何が本当に現実存在するのか」(Thomasson 2007: 91) についての形而上学的問いといかなる無媒介的関連ももたない意味についての分析にしかかかわらないという見解が、正しいはずがない。そうだったならば、フッサールは、カント的物自体も現象主義も彼がそうしているように明確には拒絶できなかっただろう。さらにまた、例えば、知覚的作用と知覚的対象の間のカテゴリー的差異への彼の現象学的な強い主張は、それらの形而上学的同一性にかかわる主張に対して何の重みももたなかっただろう。同様に、彼の現象学的探究が現実存在するものに対する含意を何ももたなかったならば、意識についての彼の豊かな説明は、経験についての消去主義と両立可能だっただろう。しかし、さらにいっそう重要なことには、私は、こうした静寂主義的解釈はフッサールの哲学的野心に逆行すると考える。『危機』においてフッサールが「従来の哲学の考えつくかぎり有意味な問題、超越論的現象学がその途上でけっして達する必要がなかっただろう存在問題はおよそ存在しない」(Hua 6/192) と宣言することは偶然ではない。実際、結局フッサールは現象学のどんな非形而上学的解釈についても拒絶する点で、まったく明確であった。

私の意味での超越論的現象学は、事実、哲学の普遍的問題地平を包摂し、そのための方法学もすでにもっており［…］、およそ可能的な意味をもつかぎりでのすべてのいわゆる形而上学的問題がその領野のなかにある。(Hua 5/141)

現象学は、空虚に形式的な仮定で動いているあらゆる形而上学を拒絶するかぎりでは、反形而上学的である。しかし、すべての真正な哲学的問題と同様、すべての形而上学的な問題は現象学的地盤の上で回帰し、こ

含するにすぎず、その大伽藍の唯一の基礎とみなすべきではない。フッサールが直截的観念論者であったならば、実際、現象学は彼の哲学の中心部分であっただろうが、しかし、スミスの読解によれば彼はそうではないから、現象学にその場所を帰する理由は存在せず、どんな全般的形而上学的含意を割り当てる理由も存在しないのである。しかしながら、現象学をせいぜい同輩中の首席（*primus inter pares*）として分類しようとするスミスの試みは、フッサールの著述から生まれたのではない。フッサールは、存在論的であれ倫理的であれ、諸々の異なる問いに対する彼の取り組みが現象学的取り組みであることを繰り返しはっきりさせているし、現象学への包括的導入を執筆しようとする継続的努力もまた、彼が哲学的に従事しているほかのどんな論題にとっても現象学が礎石と枠組みをなすと考えていたことを示唆している。テクスト上の証拠に関しては、多くのものの中から一例として『イデーンⅢ』からの以下の箇所を考察してみよう。「われわれの意味での現象学は「根源」の学、すべての認識の「母」の学であり、すべての哲学的方法の肥沃土である。すなわち、この地盤とそこでの仕事に、すべては遡りゆく。実践的生と独断論的学問の自然的認識は不十分であり、自然的認識は不明晰さを背負い込んでおり、すべての学問（すなわち独断的学問）の根本概念は「明晰化」を必要とすると哲学者たちが再三再四言明したり、あるいは語られないままそれによって導かれていたりするならば、ここで不足として感じられるものは、その究極的充実をいたるところで現象学に見出すのである」(Hua 5/80. 7/187–188 も見よ)。

こにその真正な、直観から汲み出された形態と方法を見出すのである。（Hua 9/253）

最終的に、誤解を生まないように指摘しておきたいのだが、現象学はただあらゆる素朴な、反意味的な物自体を扱う形而上学だけを排除するのであって、形而上学一般を排除するのではない。（Hua 1/38–39）

フッサールが一九二〇年のペーター・ヴスト宛ての書簡でも書いているように、現象学はそもそもの初めから、徹底的に真正な「厳格に学問的な形而上学」（Hua 42/lxiv）への道以外の何ものでもけっしてなかったのである。

これらのような言明が強く示唆するのは、フッサールの観念論をある種の洗練された現象主義に等しいと捉える、フッサールの観念論についての強い形而上学的読解に対抗したいならば、彼の超越論的企図についての収縮的・非形而上学的解釈を取ることは正しい取り組みではないということである。けれどもこれは、どうこじつけても、直截的にフッサールの親《しん》形而上学的言明を解釈することだとは言えない。なぜなら、「形而上学」は悪名高いまでに多義的であり、多様な異なる仕方で理解され定義されうるからである。例えば、この一覧を考察してみよう。

・形而上学とは、神の現実存在、魂の不死性等々にかかわる「最上」かつ「究極的」問いを扱う、思弁的に構築された哲学的体系である。
・形而上学とは、事実的人間的生のもつ意味にかかわる永遠の問いに答えようとする試みである。

・形而上学は、なぜ無よりもむしろ何かが存在するのかという問いに対する答えにかかわる。
・形而上学とは、実在の基礎的建築素材、基本的「材料」についての理論的探究である。
・形而上学とは、実在の地位と存在についての、そしてそれに関する基礎的反省である。実在は心から独立しているのか、独立していないのか、もし独立しているならば、どのような様式でか。

事柄をさらにもっと複雑にしているのは、フッサール自身が「形而上学」という術語を曖昧に用いたことである。例えば、後期の著作のいくつかでフッサールは、この術語を、倫理的‐宗教的領域に付属する問い、つまり誕生、死、運命、不死性等々にかかわる問いへの哲学的従事を指示するためにも用いた（Hua 1/182, フッサリアーナ第四二巻へのソーヴァとフォンゲーアの広範な序論もまた見よ）。しかしながら、以下では、私は主としてこの術語のこうした特定の用法にかかわるつもりはない。むしろ、現象学と形而上学の間の関係を議論し、現象学が実在の形而上学的地位に関して何か言うことがあるのかどうかを考察するとき、私は（もし特段の注意がなければ）形而上学をもっぱら実在論‐観念論という争点、すなわち、実在が心から独立しているのかどうかという争点に付属するものとして理解することにしたい。これはフッサールの先超越論的現象学では排除されていた種類の形而上学であり、またこの種の形而上学こそが、学者たちがフッサールの形而上学的中立性について語るときに、概して論及されているものでもある。

たった今見てきたように、多くの解釈者が、フッサールの方法論、彼のエポケーと還元の使用を、措定することの自制、現実存在と存在に関係する問いの括弧入れを含むと捉えており、まさにその理由のために、現象学が何らかの形而上学的含意をもつことを否定してきた。しかしながら、超越論的現象学を単に主観性の構造についての理論として、あるいは、われわれがどのように世界を経験し理解するのかについての理論として解することは、間違った解釈である。すなわちもし、そうした理論が、世界自体がどんなものであるのかについてのさらなる形而上学的探究によって補完されるのだとしたら、超越論的現象学がわれわれにとってあるがままの世界についての理論であると述べるのは間違いですらあるだろう。フッサール的現象学をそうした仕方で解することは、現象学を、決定的なものがその持ち駒《レパートリー》から失われてしまうという異論、つまり、存在と実在は他の学科にゆだねられるだろうという異論に対して脆弱にするだろう。しかし、こうした解釈は、事柄についてのフッサール自身の立言を尊重も反映もしていない。彼が『デカルト的省察』の第二三節で宣言しているように、現実存在と非現実存在、存在と非存在という論題は、現象学にとってすべてを包括する主題、理性と非理性という標題で幅広く理解される題目のもとで取り組まれる主題である（Hua 1/91）。実際、フィンクは一九三九年の論文で次のように指摘している。現象学のねらいについての根本的な誤解だけが、フッサールの現象学は実在や存在の問いに関心がなく、ただ志向的意識における主観的意味形成にのみ関心があるという、間違っているにもかかわらずしばしば繰り返される主張に至るだろう（Fink 1981: 44）。

すでに見てきたように、エポケーと還元へのフッサールの方法論的関心に対する標準的な異論は、彼の現象学的後継者のうちの誰もさほど両者を用いていないので、現象学的に哲学することにとってはどちらも本質的とも不可欠ともみなすことができないというものであった。しかしながら、トゥーゲントハットは『フッサールとハイデガーにおける真理概念』という古典的著作で次のように指摘している。

フッサールの超越論的エポケーと還元についての非常に表面的な読解だけが、それらの目的が世界を括弧に入れることだという想定に至るだろう。括弧に入れられるのは、素朴に措定された世界であり、まさにこの手続きを通してこそ、現象としての世界が発見され、主観性に本質的に相関する世界、主観性が本質的に関係している世界が開示されるのである。さらにまたトゥーゲントハットはこう続けている。

したがって、まさにエポケーによってフッサールはハイデガーの世界内存在の次元に踏み入る。ハイデガーは、与えられ方の次元に到達するためにもはやエポケーを必要としない。なぜなら、彼は、与えられ方の次元がフッサールによって開かれた後で、はじめからそのなかに立ち、この次元をいまやその固有のかかわりから——もはや対象の世界にもっぱら定位することによってではなく——展開することができるからである。（Tugendhat 1970: 263）

トゥーゲントハットの当該の箇所が明らかにしているように、ハイデガーがエポケーと還元に稀にしか論及しないことが、それらを両方とも拒絶しているという事実のせいであるのか、あるいは単純にそれらを当然と捉えていたという事実のせいであるのかどうかは論争されるべき事柄である。しかしながら、異論の余地がないことは、二〇年代半ばの講義のいくつかで、ハイデガーが括弧に入れることと還元をまさに実際に議論していることである。さらに言えば、彼はまた両者についての驚くほど正確かつ精確な性格づけを提供していた。

> 素朴に把握された存在者から存在へと研究する視線を連れ戻すという意味における現象学的方法の根本部分は、現象学的還元と呼ばれる。（Heidegger 1982: 21）

> 存在者のこうした括弧入れは存在者自体から何も取り去らず、存在者が存在しないと想定することも意味せず、この視線の向け変えには、まさに存在者の存在性格を現前的にするという意味がある。超越的定立のこうした現象学的遮断には、唯一、存在者をその存在に関して現前的にするという機能があるだけなのである。それゆえ、遮断という表現は、現存在定立の遮断において、そしてそれを通して現象学的考察がまさにもはや存在者と関わらないと思われるかぎりで、つねに誤解されやすい。まったく反対に、まさに極端かつ唯一的に、存在者そのものの存在の規定が問題なのである。（Heidegger 1985: 99）(3)

ハイデガーが正しい方向を向いていることは、方法論についてのフッサールの後期の反省のいくつかによって確認される。フッサールは、一九三一年にフランクフルト、ベルリン、ハレで行った『現象学と人間学』講演において次のように指摘する。エポケーの結果として排除される唯一の事象は、ある一定の素朴性、単純に世界を当然のものと捉える素朴性、それによって意識の寄与を無視することである (Hua 27/173)。フッサールはこの一九三一年の講演で繰り返し次のように強く主張する。世界についての素朴な踏査から意識領野についての反省的な踏査への転回は、世界に背を向けることを伴なわず、むしろ転回こそが、世界についての真に徹底的な探究と認識とをはじめて許すのである（Hua 27/178）。フッサールにとって、実在は、心から独立した対象ではなく、構成された妥当性の網状組織《ネットワーク》である。

実在についての適格な哲学的踏査は、宇宙の内容の一覧表を作ることにではなく、何かが実在的なものとして現出することができる諸条件を説明することに存する。実在性を視界から消すことよりもむしろ、還元はまさに、実在が哲学的に探究されることを許すものである。

フッサールは、エポケーの遂行を二次元的生から三次元的生への移行にときおり比較する(Hua 6/120)。そうした動向を通してのみ、その真の意味の開示を許すことになる仕方で実在に取り組むことができるだろう(Hua 8/457, 465, 3/120)。そして、フッサールが最後には付け加えることになるように、こうした脈絡において実在の意味について語ることは、実在の存在、すなわち、実在的に現実存在する世界が、現象学的探究領分から何らかの仕方で排除されることを含意しない。結局、現象学者の唯一ではないにしても主要な関心は、「世界の存在の普遍的な自明性——現象学者にとってはすべての謎のな

(3) ハイデガーのエポケーと還元の用法をめぐる問いへのいっそう広範な関わり合いに関しては、Tugendhat 1970: 262–80, Courtine 1990: 207–47, Caputo 1992, Marion 1998, Crowell 2001: 182–202, Overgaard 2004, O'Murchadha 2008 を見よ。オムルシャダは次のように書いている。「フッサール現象学の基礎的な要素——還元、志向性、世界——はハイデガーによってすべて取り上げられ、変貌させられている。この変貌は、内側から外側へ、認識論から存在論へ、観念論から実在論への動向という術語によっては実り豊かには理解されず、むしろ客観的認識(エピステーメー、学知)の可能性の条件を問うこととしての哲学それ自身の可能性の条件に関して問うことへの変貌として実り豊かに理解される。その変貌は哲学者がもはや論理学の根拠づけにかかわるのではなく、むしろ哲学そのものの根拠づけにかかわる際の変貌である。この意味においてハイデガーは(少なくとも『存在と時間』においては)フッサールの企図を徹底化しているのであり、掘り崩してはいないのである」(O'Murchadha 2008: 392)。

かの最大の謎――を理解可能性へと」（Hua 6/184）変貌させることにある。したがって、フッサールが『第一哲学II』において指摘するように、「遮断」（*Ausschaltung*）という術語を用いることは回避した方がよい。なぜなら、この術語の使用は、世界の存在がもはや現象学的主題ではないという誤った見解に容易に至るだろうからであり、それに対して真理は、超越論的研究が「それが真にそうであるすべてのものを伴った世界自体〔その真の存在を具えた世界そのもの〕」（Hua 8/432）を含むのである。

実在の地位、すなわち何かにとって現実存在することと実在的であることとが意味することを理解したいならば、現象学――志向性の構造と経験の対象の間の相関関係をめぐる体系的探究として理解された――は何かを提供してくれるのだろうか。これに応える一つの仕方は、全域的《グローバル》懐疑論の幅《スペクトル》を考察することである。どのようにフッサールは「悪しき霊」や「水槽のなかの脳」といった仮定《シナリオ》に応えるのだろうか。どのように彼は、われわれが生きる世界は大きな幻想にほかならないかもしれないといった提案に応じるのだろうか。フッサールは、経験の対象は、われわれを触発するがそれについてさらなる認識をもつことができない、心から独立した何かについての心に依存した表象にほかならないという提案に対して、すなわち、われわれは現出という覆《ヴェール》いの背後に永遠に閉じ込められているが、その一方で実在的世界は認識不可能なままであるという提案に対して何を語るのだろうか。彼は仮説をすっかり拒絶するだろうか、あるいは、むしろその可能性を認め、現象学は（あるがままの現出の世界に制限されて）それに対抗する仕方をもたないということを認めるのだろうか。

例えば、『イデーンI』と『第一哲学I』の読解が裏づけることになるように、フッサールは二世界論の擁護者ではまったくない。フッサールはこう論じる。懐疑的仮定《シナリオ》と全域的《グローバル》認知の失敗の可能性は、われわれによって理解されるとおりの世界と、それ自体であるがままの世界との間の、原理に基づいた区別の可能性を前提している、と（Hua 1/32, 117, 8/441, 462）。（私が第四章で立ち戻るつもりである）カントに対する類似性と差異は水際立っている。一方でフッサールは、接近《アクセス》不可能かつ把握不可能な物自体概念を理解不可能かつ無意味なものとして拒絶する点では断固としている（Husserl 1/38–39, 11/19–20）。実際、フッサールはここでヘーゲルの側につくだろう。原理上われわれに接近《アクセス》不可能な事物は「われわれにとっての無」のようなものであるとカントが主張するであろうのに対して（Kant 1998: A105）、ブレイヴァーが述べるように、ヘーゲルは「われわれにとっての無」を「まったくの無」に格下げするだろう（Braver 2007: 81）。他方でフッサールは、客観性を位置づける正しい場所は、超越論的に構造化された体験的〔現象的〕実在を超えてであるよりもむしろ、そのなかであるという点で、カントに同意する。より明確には、フッサールは、完全に立ち入り禁止の、つまり意識的主観にとって原理上接近《アクセス》不可能な諸々の形式の実在が存在しうることを除外しているだけではない。彼はこうも強く主張している。経験の世界は要求される実在性と客観性のすべてをもつことができる、と。体験的接近《アクセス》と正当化を体系的に回避するような隠された世界を措定すること、その世界を本当に実在的な実在（really real reality）として明示することは、フッサールからすると、「実在」という術語の濫用を含むことになろう。

真の存在の宇宙を、可能的意識の、可能的認識の、可能的明証の宇宙の外部にある何かとして捉えようとすること、両者を単に外的に頑強な法則によって互いに関係づけようとするのは、無意味である。本質適合的には、両者は共属しており、本質的に共属的なものは具体的には一つでもあり、超越論的主観性という唯一の絶対的な具体態において一つなのである。超越論的主観性が可能的意味の宇宙であるならば、外部はまさに無意味である。（Hua 1/117）

こうした体系的な具体態において完遂されると、現象学は、それ自体、超越論的観念論である。もっとも、根本本質的に新しい意味においてであり、つまり、心理学的観念論という意味においてではなく、意味を欠いた感覚的与件から有意味な世界を演繹しようとする観念論という意味においてではないのだが。少なくとも、限界概念として物自体の世界の可能性を未決定なままにしておくことができると信じているカント的観念論でもない。（Hua 1/118）

『デカルト的省察』からのこうした二つの引用が示唆するように、そして私が第四章でいっそう詳細に論じるつもりであるように、フッサールの超越論的観念論の是認は、経験の世界の客観性を救出し、ある形式の全域的《グローバル》懐疑論を撃退しようとする彼の試みと緊密に結びついている。われわれが探究することのできる世界と実在的世界の間の原理に基づいた隔たりの可能性を除外すれば、全域的《グローバル》懐疑論は何の足掛かりも得ることができなくなる。

形而上学的実在論は、真理についての非認識的説明に与しており、真理と合理的正当化の間の截然とした分割を強要する（Sankey 2008: 112）。真にするもの《トゥルースメーカー》は「人間の思考や経験から独立して手に入れられる事態の現実存在によってのみ規定される」（Sankey 2008: 113）という意味において心から独立しているのではなく、実在論的説明によれば、信念の全体性にとって理念的に正当化されることもまた可能であり、なお真であり損なうこともまた可能である（Sankey 2008: 113）。すなわち、科学的探究の究極的な終末で到達する理想的理論でさえ、偽であるかもしれない。この可能性は、徹底的・全域的《グローバル》懐疑論の可能性と連動している。形而上学的実在論は、確かに、経験超越的存在者が存在するとか、あるいは、われわれは原理上実際にあるとおりに実在を認識することを妨げられているといった主張に与してはいない。しかし、形而上学的実在論はこうした見解を伴なわないけれども、それらを排除することもまたできない。

フッサールはまた、明証と真理の間の原理に基づいた隔たりも許すのか。われわれの可謬性と有限性のまったく些末な結果は、対象は、実在的に現実存在しているとおりに経験されることもあるだろうし、なおかつ現実存在し損なうこともあるだろうということである。同様に、対象は現勢的に現実存在することがあるだろうし、なおかつ現実存在するものとしては与えられ損なうこともあるだろう（Hua 4/76）。しかし、フッサールはまた対象が理念的に最善かつ調和的な仕方で現実存在するがままに与えられることがあり、なお実在しないと判明することがあるということもまた受け入れ、相関的に、対象が、原理上われわれの認知的範囲を超えたところにあっても実在的であるかもしれないということを受け入れるだろうか。ハーディはこう論じている。明証は、フッサールにとって、真理のために必要かつ十分であるよりもむしろ、正当化のために必要かつ十分であるにすぎない、と。明証は命題を真にはせず、われわれをして命題が真であると信念させる際に正当化されるにすぎない。関連する繋がりが明証と正当化の間にあり、明証と真理の間にはないと強く主張することは、真理は意識に対する対象の所与によって構成され、所与に依存しているという主張を拒絶することをハーディに許し、それによってフッサールの真理論の、真理が意識から独立しているという本格的な実在論との両立可能性を肯定することを許す（Hardy 2013: 83, 96）。しかしながら、ハーディは、フッサールにとって真理と明証の間に必然的な相関関係が存在することを認めるように強いられるものの、彼の見解によれば、フッサールが与しているすべては以下の原理なのである。「pは、pに相関する事態が何らかの可能的意識に対して与えられていることが可能である場合、その場合にかぎり真である」（Hardy 2013: 100）。実在的に現実存在するどんな対象も経験可能でなければならないと主張することは、人間存在にとって必然的に経験可能でなければならないと主張することではなく（これは稚拙な形式の人間中心主義だろう）、単に何らかの可能的意識によって経験可能でなければならないと主張することにすぎない。

しかしながら、この解釈には欠陥がある。なぜなら、フッサールは繰り返しこう強く主張するからである。経験の可能性は経験の現実性と関係していなければならない、あるいは、別様に述べれば、目下経験されていないが経験することができるだろう対象は、現実的経験の地平に属しているに違いない、と[4]。これはすでに『イデーンⅠ』で明晰に言明されている。

> それ自体で存在する対象は、意識と意識自我とにまったくかかわらないような対象ではけっしてない。事物は、周囲世界の事物であり、見られていない事物でもあり、実在的に可能で、経験されていないけれども経験可能な、ないしはひょっとすると経験可能な事物でもある。経験可能性とは、けっして空虚な論理的可能性ではなく、経験連関において動機づけられた可能性を意味する。（Hua 3/101）

『超越論的観念論』の巻に目下収録されたテクストのなかには、フッサールがそれに関してさらにいっそう明白な箇所もある。

自然は、自然の可能的な経験の共に現実存在する諸々の主観なしには思考可能ではない。つまり、諸々の可能的な経験の主観では十分ではないのである。(Hua 36/156)

事物の現実的存在、したがって、実在的世界の現実的存在は、理念的に可能的な自我と自我意識より以上のものを要求し、〈理念的に可能な〉経験するはたらきと理念的に可能な経験の連関より以上のものを要求する。というのは、それでもって、われわれは理念的に可能な、あるいは同じことであるが、案出可能な事物を超えることができないからである。それは内容的に傑出した現勢的自我、現実的な経験と経験の定立を具える現実的に存在する意識を要求するのである。(Hua 36/78)

(4) カントは、『純粋理性批判』で類似の思想を表明している。「たとえ彼ら〔月の住人〕を人間がかつて認識したことがなくとも、月に住人が存在することができるだろうということは、なるほど容認されねばならないが、しかし、それは次のことを意味するにすぎない。われわれが、経験が可能的に進歩していくなかで彼らに出会うこともできるかもしれない、と。というのは、経験の継続の法則に従って、知覚と関連するすべてのものは現実的になるからである」(Kant 1998: A493/B521)。

> 現実的世界は、必然的に志向的相関者として現実的自我ないしその現実的意識流に属する。世界は、体験する自我の対立者としてのみ、あるがままにあるのである。つまり、世界が含んでいるすべては、直接的に経験されるものであるか、現勢的に経験されるものの規定可能な未規定性の地平に属しているかのいずれかなのである。（Hua 36/121）

> したがって、世界は、それを経験する自我が存在するということなしに現実存在できるだろうといっても無意味である。というのは、「世界が現実存在することができる」という真理は原理的な根拠づけ可能性なしには無であるからである。しかし、こうした根拠づけ可能性は、主題的に世界に関係づけられている現勢的な自我を前提する。（Hua 36/119）

フッサールにとって、理性、存在、真理は抜き難く結びついている。すでに『イデーンⅠ』において、彼は「真に存在する対象」と「理性的に措定することができる対象」は等価であるという見解を擁護していた（Hua 3/329）。

> 原理的に（無制約的な本質一般性のアプリオリにおいて）あらゆる「真に存在する」対象には、そこで対象がそれ自体原的に、そしてその際完全に十全的に把握可能であるような可能的意識という理念が属している。逆に、この可能性が保証されているならば、対象はそれ自体真に存在しているのである。
> （Hua 3/329）

同じ考えは、彼の一九二二―二三年の『哲学入門』講義において分節化されている。

しかし、真の存在もまた、理性の特別な志向性の相関者としてのみ、したがって、理念的統一としてのみ、本質適合的に自我と自我意識と不可分にその意味をもつにすぎないという、さらなる明証を免れることはできないだろう。［…］真の存在、そして特に例えば自然の真の存在は、単に志向的な存在と並ぶ第二ののなのではない。われわれによって今まさにそのように不完全に、推定の下で思念されている自然と自然自体との間を分離しなければならないにしても、このことは妥当する。［…］しかし、自然自体は、すべての一面的で不完全な所与性に対する対照として、すべての意識一般とすべての可能的な認識措定への反意味的な彼岸なのではない。［…］そうではなくて、エゴ自体のなかで発出し、いつでも構成することができる統制的理念なのである。

(Hua 35/276–277)

こうした言明を、形而上学的実在論や真理についての非認識的構想と和解させることは難しい。私は、フッサールがいつどんな条件の下で、われわれが対象の現実存在を措定する権利を与えられるのかに関心があるという点で、またフッサールが理性と実在の繋がりを議論するとき、彼の議論が明証的・正当化的脈絡の内部に位置づけられるという点で、ハーディに同意する。しかし、このことからこう結論するのは誤りだろう。フッサールが結局、現実存在と実在にではなく、単に現実存在と実在の意味にしか関心がなく、フッサールによれば、意識に依存するのは対象の実在自体よりもむしろ、それでもってわわれわれが対象の現実存在を措定する正当化だけである、と（Hardy 2013: 192）。[5] このことが真であったならば、なぜフッサールが『イデーンI』の英訳への序論で、あらゆる形式の哲学的実在論を原理的にばかげたものとみなしていると書くのかを理解するのは難しい（Hua 5/151）。

フッサールは経験世界の超越と実在を擁護したいし、この世界が結局は内在的幻想にほかならないかもしれないという提案を拒絶したい。そのようにする彼の仕方は、現出世界を超えた世界を実在的世界と宣言することの無意味さを示そうと努めることと、認識不可能な物自体（*Ding an sich*）概念は無意味（*sinnlos*）だと公言することとによる（Hua 39/726）。

懐疑論に対するフッサールの拒絶は急ぎすぎだという異論があるかもしれない（Crowell 2008: 349）。懐疑論は実在に対する興味深い問題——われわれは心から独立した実在について何かを知ることが本当にできるのか——であるにすぎず、観念論を選好しても、その問題に真剣に従事することには失敗すると論じられるかもしれない（Stern 2000: 49–50）。実際、実在論は不可避であるから、実在論は懐疑論の論駁不可能性と連動するから、懐疑論を論駁しようとするどんな理論もそれ自体論駁されるとさえ論じる者もいる（Strawson 2008: 98）。

しかしいま一度、フッサールは、懐疑論者に我慢がならないことに関しては確かに独りではない。懐疑論的懸念に対する似通った拒絶は、デヴィットソンとマクダウェルにも見出すことができる。

私は懐疑論者を「論駁する」つもりはないが、私が言語論的コミュニケーションの基礎と、真理、信念、認識にとっての基礎の含意とについての正しい説明だと考えることについての素描を与えるつもりである。

この説明の正しさが認められるならば、懐疑論者に消え去るよう告げることができる。（Davidson 2001: 157）

ここでのねらいは、懐疑論的問いに答えることではなく、どのようにして懐疑論的問いを等閑視することが知性的に尊重できるのかを調べることに着手し、それらを実在しないものとして、常識がつねに求めてきた仕方で扱うことである。（McDowell 1994: 113）

しかしながら、いまのところ決定的な争点は、フッサールが全域的《グローバル》懐疑論を拒絶する点で正当化されたかどうかではなく、単純に、彼がまさに根本的に不可知な実在の可能性そのものを拒絶したということである。ともあれ、接近《アクセス》不可能な物自体を拒絶することによって、フッサールは、現象と実在の間の関係性に対する立場をはっきりと取り、そうすることによって、現象学が形而上学的中立性への関与《コミットメント》によって制限されないこともまた明らかにしている。現象の構造と地位についてのその徹底的な踏査のなかで、超越論的現象学は、現象と実在の間の関係性に関する問いに対して中立的あるいは無差別であり続けることを自らに許すことができない。その関係性に対して立場を取らねばならないこと

（5）ハーディがこのように論じることは、還元についての彼自身の解釈とノエマについてのフレーゲ的解釈の容認とを考えると驚くべきことではない。ハーディによれば、現象学的還元の実行は、対象への指示をノエマの指示へと変換し、それによって作用が対象へのその指示を達成することを伴う（Hardy 2013: 191）。以下の章で、私はこの解釈に反論することになる。

によって、現象学は形而上学的含意を必ずもつのである。

おそらく、私がここまで言ってきたあらゆることが認められたとしても、なおこう異論を唱えることができるだろう。フッサールは形而上学と存在論を区別しており、この点で彼に従う必要がある、と。『デカルト的省察』『イデーンⅢ』『第一哲学Ⅱ』『形式論理学と超越論的論理学』のような著作では、フッサールは現象学のもつ超越論的次元について語っており、形式論理学を質料的（あるいは領域的）存在論から差異化している。形式的存在論は、対象であることが何を意味するのかを探究する学科を表す名である。それは、形式的企てとみなされる。というのは、それが内容にかかわるすべての考察を捨象するからである。それは、石、木、ヴァイオリンの間の差異に関心はなく、様々な類型の対象の間の差異に関心はなく、どんなものであれどんな対象にも妥当するものに関心がある。したがって、形式的存在論は、性質、特性、関係、同一性、全体、部分等々のようなカテゴリーについての分析に従事する。対照的に、質料的（あるいは領域的）存在論は、一定の対象領域に属する本質的構造を吟味し、必然性をもって当該の領域のどの成員にも妥当するものを規定しようとする。[6] 例えば、社会的作用や心的出来事《エピソード》と対照して、数学的存在者そのものを性格づけるものは何か。存在論についてのこの定義を考えると、（質料的本性と形式的本性の両方についての）存在論的分析はフッサールの現象学的著作のなかに遍在しており、フッサールが「存在論は現象学と並んで存在するのではなく、学問的存在論がほかならぬ現象学なのである」(Heidegger 1985: 72) というハイデガーの言明に同意しただろうことに疑問は存在しない。しかしながら、重要なことに存在論は、ある一定の領域や対象が現実存在するかどうかについてのどんな主張もしない。フッサールの探究が存在論的含みをもつかもしれないにもかかわらず、フッサールの探究は、現実存在についての問いを頑なに顧みず回避するから、形而上学的衝撃力を欠き続けていると論じることができるだろうか。

　しかしながら、こうした逆捩《さかね》じが無視し続けていることは、フッサールがまさに実在と現実存在についての問いを扱い、分析していることである。諸々の異なる所与様態についての彼の注意深い分析をちょっと考えてみればいい。私はアナコンダについての詳細な線画を見ることができる。あるいは、私はアナコンダを自分で知覚することができる。対象を志向するこうした異なる仕方には互いに関係がないわけではない。それどころか、諸々の様態が、可能なかぎり直截的・原本的に対象をわれわれに与えるそれらの能力に応じて順位づけることができるという意味で、それらの間には厳格な階層的関係が存在する。対象は多かれ少なかれ直截的に与えられうる。すなわち、多かれ少なかれ現前的であることができる。単にアナコンダについて考えることとアナコンダを見ることの間には、瞭然たる差異が存在する。後者の場合には、蛇は単に思念されているだけではなく、現前として与えられている。知覚はわれわれにその有体的現前における対象そのものへの接近《アクセス》を提供する。しかし、それ自体で、すなわち有体的現前として、与えられる空間‐時間的対象について語ることは、まさしく現実存在する対象について語ることである。もちろん、究極的には、単なる直観的所与は、現実存在と実在についての問いを解決しない。合理的整合性と相互主観的確認という争点を考察することも必要である。事実、相互主観性の問題

（6）　第一章で議論された現象学についての内観主義的誤読との関連では、こうした分析の範囲と妥当性がけっして心的領域に制限されないということが明らかなはずである。

を、フッサールがそうしたように真剣に捉える主な理由のうちの一つは、まさしく――第四章で見ることになるように――彼が実在と客観性を相互主観的に構成されたものと捉えていたがゆえなのである。したがって、真正の知覚と非真正の知覚の間の差異が、志向的対象の現実存在そのものと同様、『論理学研究』の先超越論的現象学の関心ではなかったのに対して、この限定はもはやフッサールの成熟した哲学には妥当しないことを認識することが決定的である。これはまた、フッサールにとって究極的な、相互主観的確認という強い条件に見合った対象がなお非実在的だと証明できると仮定することが意味を成さない理由である。スミスが述べるように、その可能性を真剣に思い抱くことは、「実在と非実在というわれわれの概念を、こうした概念がその意味と意義のすべてをそこから得ている確認と否認のうちなる基礎から根こぎにすること」（Smith 2003: 179）だろう。

しかしながら、批判者はこう言い張り、主張するかもしれない。たとえ上記が正しくとも、フッサールは単に与えられた対象が現実存在し実在的であることが何を意味するのかという問いを扱っているにすぎない、すなわち、彼はなお実在の意味を扱っているにすぎず、そうしたどんな探究も、何らかの（事実的）現勢的現実存在についての形而上学的主張をしようという試みからは截然と区別されねばならないとなお論じることができる、と。後者は現象学には立ち入り禁止である。しかしながら、この時点で、形而上学的に思考することや超越論的反省を通してではなく、経験的に確立されるべき事実についての問いを単純に指摘するのが適切かもしれない。オムルシャダは正しく次のように指摘している。

フッサールにとっての哲学的問いとは、例えば、知覚された木が現勢的に現実存在しているかどうかではなく、むしろこの木が現実存在するということが何を意味するのかである。もしその木の現勢的現実存在が哲学的問いであったならば、哲学者の関心を木樵の関心から区別することは難しいだろう。
（O'Murchadha 2008: 381）

しかし、超越論的現象学は、コペンハーゲンという自治体に見出すことができる木の数を特定することには関心がないのに対して、対象が実在的であるとは何を意味するのかとか、それが存在すると判断する際にどんな場合に正当化されるのかといった問いに非常に関心がある。「知覚が経験した「括弧入れ」は、知覚された現実についてのあらゆる判断を妨げる［…］。しかし、括弧入れは知覚が現実についての意識であるということについての判断を阻止しない」（Hua 3/209）。

超越論的現象学が――少なくともフッサールが関心をもつかぎりで――形而上学的含意をもつと示すことは一つの事柄である。こうした含意が精確にはどのようなものであるかを詳述することは別の事柄である。フッサールがある形式の超越論的観念論を選好していることを見てきた。しかし、これは精確にはどのようなことなのか。最も重要なことに、ある形式の観念論こそがわれわれの実在論的直観のうちのいくつかを収容することができるのではないか。これが、以下の章にとっての論題になる。

第四章　内在主義・外在主義・超越論的観念論

汝自身を知れというデルフォイの言葉は、新しい意味を獲得した。実証的学問は世界喪失のなかにある学問である。世界を普遍的な自己熟慮において再び獲得するためには、エポケーによってまず世界を喪失しなければならない。アウグスティヌスは言う。外に出て行こうとせず、君の内に戻り行け。真理は人の内部にある、と。

（『デカルト的省察』）

超越論的自我は世界の内にも世界の外にもなく、世界もまた超越論的自我の内にも外にもない。

（*Ms A VI 21*）

フッサールは超越論的観念論者である。しかし、この事実は、私が先行する章で退けようと試みてきた批判を擁護するのではないか。フッサールの超越論的観念論に対する悪びれることのない是認は、彼をして内在主義と独我論のきわめて論争の余地のある混同に与させはしないか。私が本章で論じることになるように、正しい答えは「まさしく逆」である。

第一節　内在主義と超越論的独我論

「内在主義」と「外在主義」は傘のような術語である。したがって、誰かが内在主義者であるのか外在主義者であるのかを一般的に尋ねることは、ほとんど意味をなさない。というのは、その答えは、念頭に置いている特定の種類の内在主義や外在主義に依存することになるからである。まず第一に、ローランズの用いているいくつかの区別を考察してみることにしよう。『外在主義――心と世界をもう一度まとめ上げる』において、ローランズは彼が古典的（デカルト的）内容内在主義の二つの主要構成要素と捉えているものを、所有主張と局所主張と名づけている（Rowlands 2003: 13）。

㈠ 所有主張：主観によるどんな心的現象の所有も、主観の境界に対して外的などんな特徴にも依存しない。

㈡ 局所主張：どんな心的現象も、それを所持したり被ったりする主観の境界の内側に空間的に局所づけられる。

外在主義はこうした想定を問いに付す。事実、外在主義者とみなされるためには二つの主張のうちの一つを拒絶することで十分である。ローランドに従えば、所有主張に反論する立場は「反動的外在主義」と呼ぶことができるだろうし、両方の主張を拒絶する立場は「徹底的外在主義」と呼ぶことができるだろう（Rowlands 2003: 137）。さらにまたこの区別は、もう一つの区別、「内容外在主義」と「運搬外在主義」の間の区別に容易に結びつけることができる。内容外在主義は、心的内容は内容を所有している主観に対して外的な諸々の要因に依存するという見解である。したがって、内容外在主義は、所有主張に反論するが、進行中の内的心的過程の現実存在を問わないから、局所主張とは十二分に両立可能であり続ける。別様に述べれば、心的状態が外的に個体化されると主張することは、それらがなお内的に局所づけられるかもしれないという可能性を排除しない。これが、内容外在主義が、外在主義を表す標語としてときおり用いられている主張、「心は頭のなかにあるんじゃない（"mind ain't in the head."）」という主張を実際には確立しない理由である。それに反して、運搬外在主義は（知覚的経験であれ認知的過程であれ）内容を所持する過程についての外在主義である。運搬外在主義が真であるならば、心的現象はその個体化のために、環境のなかで進行していることに依存するだけではない。むしろ心的現象はそもそも内的過程ではないのである。心的現象は、主観の内部に現実存在せず、経験する有機体が外部世界に対して負う関係性のうちにのみ現実存在する。ナイサーはかつて次のように述べている。「知覚と認知は通常、単に頭のなかの働きであるのではなく、世界との交流なのである」（Neisser 1976: 11）。

内在主義と外在主義の間の区別は現象学にどのように適用されるのか。ローランズによれば、フッサールが伝統的なデカルト的内在主義者であるのに対して、サルトルは、所有主張も局所主張も拒絶するから、徹底的外在主義者である（Rowlands 2003: 55, 59, 74）。サルトルの外在主義は、志向性についての彼の解釈から直接的に帰結する。サルトルによれば、意識の志向性を肯定することは、（どんな種類の感覚与件やクオリアも含めて）どんな種類の心的内容の現実存在も否定することである（Sartre 2003: 15）。意識のなかには何も存在しない。意識には内容がない。意識は完全に空虚である。これが、サルトルが、志向的意識の存在はそれが超越的存在であることの露呈に存すると論じることができる理由である（Sartre 2003: 17）。したがって、後の現象的外在主義者のように、サルトルは、現象的特性を世界内的対象のもつ特性であると捉えている。同じ理由のために、現象的特性が頭の内側に局所づけられているということは、意味をなさない。

ローランズただ一人だけが、フッサールを原型的内在主義者とみなしているのではない。ドレイファスは、類似する解釈を長年にわたって擁護してきた。すでに見てきたように、ドレイファスによれば、フッサールはある形式の方法論的独我論に与しており、心は、世界がどのようにあるのかにかかわらずすべて機能を有する数多くの心的表象を含んでいるという見解を抱いている。心的表象はすべて純粋に心的であり、それゆえに、世界へのどんな指示もなしに分析可能かつ記述可能なのである。だから、ドレイファスの読解によれば、フッサールは心と世界を二つの完全に独立した領界と捉え、われわれが志向的に方向づけられているものが現実存在するかどうかを考慮せずに心的内容を探究したのである（Dreyfus 1991: 74, Dreyfus and Hall 1982: 14）。しかしながら、さらにまたドレイファスがハイデガーを真似て述べているように、何らかの自己包含的な心的内容を用いて主観と対象の間の隔たりを架橋しようとする試みは、それが解決するより以上に多くの問題を生じさせる（Dreyfus 1991: 51）。要求されていることは、対象を関係づける能力そのものが「内的表象」を要求するという伝統的見解の拒絶である(Dreyfus 1988: 95)。

フッサールの現象学に対するドレイファスの批判的評価は、フッサールの核概念のうちの二つ、すなわち、還元とノエマについての彼の特定の解釈によって主として動機づけられている。

一．一方で、ドレイファスはこう論じる。不可疑的基礎を求める際にフッサールは厳密に内的なパースペクティヴから意識を探究したかったし、したがって、純粋化の手続きの実行が必要であることを見出し、それはすべての外的あるいは超越的構成要素を意識から排除することだった、と。したがって、ドレイファスは還元を、志向性を可能にする抽象的心的表象に焦点を当てるために、われわれをして注意を世界のなかの対象から逸らさせ、対象に向けられている心理学的経験から逸らさせる態度の変化として解釈する(Dreyfus and Hall 1982: 6) これが、さらにまたドレイファスがフッサール的現象学を、還元の遂行が世界と現実存在に関するどんな関心も括弧に入れた後で意識のなかにとどまり続ける心的表象にしかもっぱら関心がない企てとして解釈することができる理由である(Dreyfus 1982: 108; 1991: 50)。ドレイファスはこう論じさえする。この動向の結果としてフッサールは、もっぱらどのように対象が志向されるかに関心があるために、どのように対象が与えられたり現前呈示されたりするかを説明する試みを断念しなければならなかった、と(Dreyfus 1982: 108)。

二．他方で、ドレイファスはフェレスダールのフレーゲ的ノエマ解釈を是認する。ドレイファスは次のように書いている。フェレスダールこそが、フッサールが実際に何をしているかを初めて認識したのである。フェレスダールこそが、フッサールのノエマが、そのおかげで心が対象に方向づけられている抽象的な構造であることを指摘したのである。フェレスダールの著作のおかげでこそ、フッサールはいまやついに、すべての心的能動性もつ方向性を説明しようとする、心的表象についての一般理論を展開した最初の人とみなされているのである（Dreyfus and Hall 1982: 2）。

還元についてのこの解釈とフレーゲ的ノエマ解釈との間のかなり緊密な結合を確立するのは難しくない。こうした（誤）解釈に基づいた還元の目的が、そのおかげで当該の対象に方向づけることのできる内容そのものの吟味を許すために、意識に対して超越的なすべての対象を捨象することであるのに対して、ノエマは意識にその推定された超越的対象へと方向づけられることを許す意味論的内容と捉えられる。

ドレイファスと同様、カーマンとマッキンタイアもまた、フレーゲ的ノエマ解釈に同意し、したがって、フッサールを内在主義者として解釈する（McIntyre 1986: 102, Carman 2003: 31）。カーマンは次のように書いている。フッサールにとって「心的状態という内的内容こそが外的対象についての意識を可能にする」（Carman 2003: 31）。同様に、マッキンタイアはこう論じる。フッサールは志向性の問題を、どのように心的状態が世界にかかわるのかという問いとはみなさず、むしろどのように心的状態が内的表象的性格をもつに至るのかという問いとみなし、「それが、心の外の事物があろうがあるまいが、心的状態が心の外の事物に現実的に関係しているかのようにする」（McIntyre 1986: 108）。マッキンタイアは、エポケーと還元の目的そのものが心の外のあらゆるものを括弧に入れることであると強く主張し、方法論的独我論のフッサールの変奏は現代の表象主義者によって思い抱かれているものよりもいっそう徹底的であり、それがフッサール現象学の超越論的変奏を究極的には結果すると言うところにまで踏み込みさえする（McIntyre 1986: 102）。

しかしながら、カーマンとは対照的に、マッキンタイアはこう認めもする。フッサールの説明には幾分異なる方向を指し示すように思える諸々の要素が存在する、と。フッサールは意味が指示を規定すると論じるけれども、彼の理論が、こうした類型の指示作用の意味内容がその特性を記述的に詳細化することによってある一定の対象を予描するところで、そうした指示を扱うことに合わせて調整されているだけだと考えるのは誤りであろう。対照的に、すでに早くからフッサールは、「これ」が帰属的に指示するよりもむしろ直接的に指示していることを意識しており、さらにいっそう重要なことには、フッサールはまた、どの程度まで知覚が意味の指示内容を含むのかもまた認識していたのである。私は、対象を知覚するとき、この対象を志向しており、ただ類似した特性を具えた何らかの対象を志向しているのではない。しかし、マッキンタイアがさらにまた指摘するように、指示の環境的対象への事実上の関係のような諸々の外的要素への訴えは、フッサールの方法論的独我論と両立可能ではないし、志向的指示は現実存在独立的であって作用の「現象学的内容」によって純粋に規定されているという彼の主張とも両立可能ではない（McIntyre 1982: 226, 229–231）。実際、マッキンタイアは以下のように続ける。

したがって、指示詞の指示に基づいてモデル化された志向性理論は、作用の意味内容にだけ訴える純粋に現象学的な理論ではないだろう。むしろ、作用の志向性に必須なものとして、言語の哲学者が「意味論的」よりもむしろ「遂行論的」と分類する諸々の要因――作用の主観にかかわる脈絡的要因、作用が起きる個別の機会や作用が生起する経験的状況――が理論にもまた持ち込まれるだろう。しかし、まさにこの種の要因こそを、志向性についてのフッサールの現象学的構想と現象学的還元という方法は考察から除去するように策定されていたのである。（McIntyre 1982: 229–230）

マッキンタイアは、フッサールが最終的には、現象学的内容という概念を、地平や過去の経験等々を含むまで拡張するに至ったということを認めるが、彼が結論づけているように、こうした修正はフッサールの志向性についての構想そのものが直面している基本的問題を解決しない。どれほど（狭い）内容を含んでいようとも、意識という現象学的内容に制限された志向性理論は、現実存在する実在とのわれわれの現実的な関わり合いを説明することがけっしてできないだろう――それはまさに実存論的現象学者がつねに強調してきているることである（McIntyre 1982: 231）。

ドレイファス、カーマン、マッキンタイアはフッサールの理論についての究極的な査定において異なっているけれども、彼らの批判は、フッサールの超越論的現象学が心‐世界の関係性について考える仕方への共有された不満に動機づけられている。

私が以下で行いたいことは、フッサールを伝統的内在主義者として分類するのはかなり誤導的だと示すことである。論証はいくつかの階梯で進んでいくことになる。すなわち、私はまずフッサールのノエマ概念をいくらか詳細に議論することになる。ドレイファス、カーマン、マッキンタイアらはすべてフェレスダールのノエマ解釈（のある変奏）を選好している。しかしながら、フェレスダールのノエマ解釈は、フッサールを内在主義者にするように思えるけれども、他の利用可能な諸々のノエマ解釈が存在する。[1] 私のねらいは、本来、こうした代替案のうちの一つのもつ釈義的正確性を擁護することではなく――私の関心があるかぎりでは、これはすでにドラモンド（Drummond 1990）とソコロフスキ（Sokolowski 1984, 1987）によって説得的になされている――㈠こうしたノエマ解釈を採用するならば、フッサールが内在主義者にちがいないということははるかに明白でなくなることと、㈡それらのノエマ解釈は、私がフッサールのエポケーや還元についての正確な理解と捉えているものにはるかにずっと沿っていることを示すことである。さらなる一歩によって、私は直接的にフッサールの観念論に従事することになるだろう。私はこう論じることになる。ある形式の超越論的観念論に彼が与することは、まさに彼の理論がその術語のもつどんな通常の意味においても内在主義的であることを妨げるものである、と。私は、フッサールの超越論的観念論がある一定の形式の外在主義とより多くの共通点をもつかどうかを議論することになるが、究極的には、心-世界関係性についてのフッサールの構想は、内在主義-外在主

（1）複数あることが強調されねばならない。ときおりなされてきたように、フレーゲ的解釈に対する唯一の解釈がグールヴィッチの新現象主義的ノエマ解釈であると考え（cf. Beyer 1997: 167–168）、グールヴィッチの解釈と東海岸解釈を同一視することは間違いである。グールヴィッチの立場と東海岸解釈の間の一つの決定的な差異は、（手短に述べれば）グールヴィッチが志向される対象とノエマの間の関係を全体と部分の関係とみなしているが、それに対して、東海岸解釈はそれを同一性の多様に対する関係とみなしているということである。この差異についての広範な議論に関しては、Drummond（1990）を参照。

義論争の枠組みの内部では十全的に捕らえることはできない、と論じるだろう。そして最後に、フッサールが方法論的独我論者であるという主張に向かい、どのようにこの解釈が超越論的相互主観性についてのフッサールの根底的な説明と平仄を合わせ損なうのかを示すことになる。

第二節　志向性とノエマ

フェレスダール、ドレイファス、ミラー、スミス、マッキンタイア（しばしばカリフォルニア学派、あるいは西海岸解釈として記述される人々）は、フッサールの志向性理論のフレーゲ的解釈を擁護してきた。彼らによれば、ノエマは、作用と対象の両方から截然と区別されねばならない。ノエマは作用と対象の間の志向的関係を媒介する抽象的な意義や意味である。だから、非常に重要なことには、ノエマは、意識が方向づけられているものではなく、それを用いて意識が方向づけられるもの、それのおかげで外的対象への指示が達成されるものと捉えられる。したがって、フレーゲ的取り組みの決定的特徴は、意識の志向性が言語的表現の指示との類比で考えられていることである（Føllesdal 1974: 96）[2]。両方の事例において、指示は意味によって規定されており、両方の事例において、指示は意味を経由して実行されている。スミスとマッキンタイアが述べるように、そして以下で私はフレーゲ的解釈の彼らによる彫琢に主として焦点を当てることになる。すなわち、ノエマは対象そのものをわれわれが志向する際の道具となる、抽象的な媒介する存在者である[3]。彼らは次のように書いている。「フッサールの志向性理論は、対象理論ではなく、媒介者理論である［…］。すなわち、フッサールにとって、作用は、中間にある「志向的」存在者、作用の「ノエマ」を経由して対象に方向づけられている」（Smith and McIntyre 1982: 87）、あるいは、マッキンタイアは後の論文で次のように述べている。「志向性、あるいは表象は、再びまた「媒介された」事態である。すなわち、心的状態は対象をそのノエマを「経由して」のみ表象する」（1986: 105）。

それに反して（しばしば東海岸解釈として知られる）ソコロフスキ、ドラモンド、ハート、カブース ティーヴンスは、志向性は意識的経験の基礎的特徴であると論じ、それゆえ、カリフォルニアの人々によって選好される媒介者理論から帰結するように思えるもの、つまり、作用が志向的に方向づけられていることはその内容の指示性に由来し、つまりは諸々の個別的特性を具えた内容を所有していることのおかげでこそ、作用は世界内的対象や事態に方向づけられうるということを否定する。彼らの解釈によれば、ノエマは理念的意味、概念、命題として理解することはできず、主観と対象の間の仲介者でもなく、（ノエマの導入に先立つ意識が世界との関連をまったくもたない閉じた容器であるかのように）意識に志向性を付与する何かではない。そうではなくて、ノエマは現象学的反省において（単純に心理学

（2）この解釈をフレーゲ的と語ることは、フッサールの志向性理論がフレーゲ的枠組みを超越する要素を含むことはないという解釈を含意することを意図してはいない。論点は、単にそれがノエマをフレーゲ的な意味（‘*Sinn*’）概念に沿って解釈するということにすぎない（Smith and McIntyre 1982: 81-82, Dreyfus 1982: 100）。

（3）フェレスダールとスミスとマッキンタイアによるノエマ解釈の間の差異についての、簡潔だが啓発的な議論はDrummond（2012）を見よ。

的あるいは言語論的反省においてではなく）考察される対象そのものなのである。それは、知覚されたとおりの知覚された対象、想起されたとおりの想起された出来事、判断されたとおりの判断された事態等々なのである。志向されているとおりの対象は、抽象的に考察された（つまり、われわれの自然的態度を性格づけている措定するはたらきからの抽象における）志向されている対象であり、だから、現象学的あるいは超越論的態度においてのみ与えられることがある何かである（Sokolowski 1987: 526–527）。彼らの見解では、エポケーと還元の目的は、焦点を世界内的対象から心的表象に再定位することでは確かにない。還元の後も、われわれは世界内的対象に関わり続けているが、今はもはやそれを素朴に考察しておらず、むしろまさにそれが志向され与えられるとおりに、すなわち、体験の相関者としてあるものとしてそれに焦点を当てている。しかしながら、ソコロフスキが強調するように、志向されているとおりの対象、すなわち、対象をわれわれにとってのその有意味性において吟味することは、対象そのものを吟味することなのである（Sokolowski 1987: 527）。こうした現前論的説明によれば、意味、志向的内容は、志向される対象に属する（Drummond 2012）。それは心のなかに含まれておらず、心と相関している。

こうした背景に基づいて、東海岸解釈は西海岸解釈を批判し、それが通常ではない（現象学的）態度において抽象的に考察された通常の対象を、通常ではない抽象的存在者と混同してしまっているとする（Drummond 1992: 89）。ノエマについての探究が、その顕現そのものにおいて、意識にとってのその有意味性そのものにおいて考察された何らかの種類の対象、局面、次元、領域についての探究であるかぎりで、対象とノエマは別様に考察された同じものであることが判明する。事実、対象とその意味の間の差異は、経験的区別ではなく、一にして同じ対象が、まずは直截的経験において、そうして再びまた反省的探求において捉えられる仕方の差異なのである。クローウェルは次のように述べている。「意味は現象学的反省に対して現前呈示されるとおりの事象である」（Crowell 2001: 89）、そして再び「ノエマ［…］は、いっそうよく、その自己所与様態という点から考察された対象そのものとみなされる」（Crowell 2015: 252）。このことは、志向されているとおりの対象と志向されている対象との間に（反省的姿勢の内部での）区別は存在しないということを含意しないが、この区別が、存在論的差異であるよりもまさに構造的差異であるということを含意する（Drummond 1990: 108–109, 113）。

志向性理論の内部での古典的な区別のうちの一つは、（二項的理論としても知られる）対象理論と、（三項的理論としても知られる）媒介者理論の間の区別である。ブレンターノはたいてい、第一の類型の取り組みの提唱者とみなされる。彼にとって志向性は、体験と対象の間に存立している二項的関係である。それ自体では、志向的関係は通常の関係であり、そして通常の関係として、両方の関係項の現実存在を前提する。しかしながら、この見たところきわめて罪のない想定は、いくつかのかなり問題のある帰結をもつ。牧神ファウヌスを想像しているとき、あるいは、私がピンクの象を幻視しているとき、私は志向的に方向づけられ続けているが、ファウヌスもピンクの象も実際には現実存在していない。したがって、対象理論的取り組みは、ファウヌスやピンクの象は非常に特異な形式の（志向的内）現実存在を具えた対象であると主張するように強いられる。これは、あまり都合のよい解決ではないし、統一された志向性理論が必要なことを考えると、真正な知覚についての説明に対しても問題を引き起こす。花咲く林檎の木を見ているとき、私は実際には非常に特異な存在論的地位を具えた志向的対象（私が単に林檎の木を幻視していたならば見ているだろう同じ対象）を見ているのか、そして、幻視する対象と知覚する対象との間の唯一の差異は、この事例では、志向的対象が通常の実在的対象にたまたま対応するという（現象的に検知できない）事実なのか。この説明によれば、われわれは実在への無媒介的・直接的接近《アクセス》をけっして享受しないだろう。せいぜい世界そのものは志向的対象という覆い《ヴェール》を経由して接近《アクセス》可能であるにすぎないだろう。

たいてい、フッサールはブレンターノによる二項的対象理論に反対していると捉えられている。フッサールにとって、志向性は通常でない対象への通常の関係ではなく、通常の対象への通常でない関係、つまり、たとえ対象が現実存在しなくとも存続することができる通常でない「関係」なのである。「非実在的」対象に向けられた志向はといえば、志向はそれが通常の知覚であるのと同じくらい、超越的対象へとそれらが向けられていることによって性格づけられている。しかしながら、正常な知覚とは対照的に、指示されるものは、心内部的にも心外部的にも、現実存在しない。錯覚の事例においては、ピンクの象は意識の内側にも外側にも現実存在しないが、しかし、幻覚作用はなお超越的で心外部的な対象に向けられている（Hua 19/206）。この説明は、作用の志向性を保持するために、幻視された対象に特別な種類の現実存在を帰属させる必要なしで済ますのである。

しかしながら、フレーゲ的西海岸解釈によれば、フッサールの志向性理論についての彼らによる再構築とノエマ解釈だけが、フッサールにこうした仕方で幻覚を説明することを可能にするのである。ノエマと対象の間の存在論的差異を強調する媒介者理論だけが、経験が志向的である（ノエマをもつ）が対象が現実存在しないこうした事例について、説得的に説明することができるのである。見たところ、束海岸解釈に残された唯一の代替案は、ブレンターノ的解決を選好することだが、これは特段魅力的な選択肢ではない。別様に述べれば、フレーゲ的解釈はたいていこう論じている。東海岸解釈には幻覚の事例を説明するという難しい仕事があるが、それに対してフレーゲ的解釈は、それ自身で簡単に説明することができる、と。

こうした論証の仕方が少し聞き慣れたように響くとしたら、偶然ではない。それは、多くの内在主義者の選好する、錯覚からの論証とかなり著しい類似性を帯びている。（今日では、実際にはむしろ幻覚からの論証に近い）錯覚からの論証は、幻覚と知覚が、時には、主観的に区別不可能なことがあるという観察から始まる。さらにまたその論証はこう言い張る。二つの心的状態の間に区別可能な差異は存在しないから、両者については大まかに類似した論証を与えなければならない、と。このことは、真正な状態は二つの要素、幻覚の事例でも手に入れられる要素（共通の要素）と、われわれが運がいい場合にだけ手に入れられる要素（外部対象の現前）からなると提案する。したがって、一般的に語れば、錯覚からの論証は二つの状態、成功しているものと失敗しているものの区別不可能性から、「接続テーゼ」と呼ばれているものへと論じる。成功する際に得られるものは、二つの独立した要素、すなわち、(一)成功と失敗が共通にもつものと(二)成功した事例でのみ現前するものとの接続である。

こうした争点の見方を現在の議論に転用するならば、きれいな対称が見出される。フレーゲ的解釈は知覚と幻覚は志向的体験であると論じるだろうし、この両方の類型の体験はノエマ（共通の要素）をもつと論じるだろうし、最後には、指示された対象は知覚においては現前的であるが、幻覚においては不在であると論じるだろう。この対称は、それ以前の診断を裏づけてくれるとみなすことができる。すなわち、ノエマについてのフレーゲ的解釈はフッサールの内在主義的読解である。しかし、その対称は、東海岸解釈からの逆捩じがありうることもまた示唆する。錯覚からの論証は、内在主義やある種の表象主義を支持する論証としてたいていは使われてきた。しかし、その論証の妥当性は、外在主義者と非表象主義者によって同様に疑問視されてきている。したがって、興味深い可能性が呈示される。ひょっとすると錯覚と幻覚を扱う東海岸解釈の能力は、錯覚からの論証に対する外在主義的応答についてのいっそう綿密な研究、より一般的には、幻覚についての生態学的説明から利益を得るかもしれない。別様に、もっと露骨に述べれば、フッサールは選言主義者なのだろうか。この解釈はA・D・スミスによってはっきりと擁護されてきた。彼はこう論じている。フッサールの志向性理論についての適格な分析は、フッサールが知覚と幻覚の間の差異を単純に環境に対する心外部的因果関係の現前や不在より以上のものとみなしていることを示している、と。フッサールにとって、幻覚と知覚は、単純に体験として考察されるときでさえ、種類において異なっている（Smith 2008）。その論証はどのようなものなのか。スミスの基本的動向はフッサールが意識状態は何らかの対象や他のものをもたねばならないと論じているだけではなく、どんな意識状態の個別の対象もその状態の本質的存在に属していると強く主張してもいる箇所を際立たせることであった。例えば、フッサールは『デカルト的省察』で次のように書いている。

> われわれもまた言うように、あらゆるコギト、あらゆる意識体験は何らかのものを思念しており、こうした思念されるものという仕方で自己自身の内にそのつどのコギタートゥムを担っており、そしてあらゆるコギトがそれをそれなりの仕方で行っている。家知覚は家を思念する、いっそう厳格には、この個体的な

家として、そしてそれ〔個体的な家〕を知覚という仕方で思念する［…］。(Hua 1/71)

したがって、対象を知覚することは、単純にある一定の類型の対象を知覚することではなく、この個別の対象を知覚することである。(4) 私がハインツ・トマトスープの缶を見ている状況を考察してみよう。そこで、私は、目を短い間だけ閉じ、再び開いてみるのだが、そうするともう一度ハインツ・トマトスープの缶が見える。どちらの機会にも、私は同じ対象を見、志向しているように思える。しかしながら、実際には、その缶は知らない間に置き換えられていた。私がたまたま二つの知覚が似ていたと思った場合でさえ、フッサールによれば、それらはなお、意味同一性 (*Sinnesidentität*) を欠いている (Hua 16/155)。手短に言えば、精確には同じ対象を志向していない体験は同一的ではない。これはまた関連する知覚‐幻覚の事例にも妥当する。現存する対象についての知覚が現存しない対象についての幻覚から主観的に区別できなかった場合でさえ、それらは本質的・本有的に異なる種類の体験となろう (Smith

(4) すでに言及したように、これがフッサールの主張であるということは、まさにマッキンタイアも認知している。マッキンタイアは、このことが「どのように意味が志向的関係を規定するのかについてのわれわれの原本的フレーゲ的理解を深刻に修正する」ように思えることを認めている (1982: 228)。しかし、このことをフッサールが結局は内在主義者ではないという証拠として解釈するよりもむしろ、マッキンタイアは単純にこう論じている。それは、すべての指示は定義からして世界独立的な現象学的内容にのみ依存するというフッサールの主張に矛盾する、と。したがって、マッキンタイアはフッサールの思考のなかの最も不幸な矛盾を露わにしたと主張するのである (McIntyre 1982: 230–231)。

2008: 331)。

さらには――そしてこれは論証の次の階梯とみなすこともできるだろうが――対象の地平を踏査し始めてみれば、知覚と幻覚はけっして体験的に区別不可能ではないことが判明する（この理由のために、結局フッサールを選言主義者と呼ばない方がよいかもしれない）。知覚と幻覚は、はじめは区別不可能に思えるかもしれないが、それらの地平的埋め込みと時間的開展から切り離し、抽象して考察される場合にだけそうなのである。別様に述べれば、どのようにして現象学者は知覚と幻覚の間の差異を承認し、ましてや分析し始めさえするのか。なるほど、確かに、直観的に与えられる経験の対象がそれ自体で現実存在する対象と見合ったものであるかどうかを規定するために「現出という覆い《ヴェール》」を貫くことができる神秘的な「どこでもない場所から眺める者」に訴えることによってではない。そうした取り組みが中途半端にですら理解可能かどうかは疑わしく思われるかもしれないが、それはどんな場合でも、エポケーの実行後に追求できる取り組みではない。現象学者にとって、そしてこれはノエマの役割に関心のあるどんな人をも含んでいるのだが、知覚と幻覚の間の差異は体験内部的・体験相互的に確立されねばならない。真に現実存在する対象はさらなる現実的・可能的経験において同定し、再同定することができるのに対して（Hua 9/174）、幻覚的対象はさらなる経験によっては確認されず、他者によって共有されることはない。したがって、ある経験のもつ幻覚的性格は、体験が進んでいくなかで露わにされるが、それは幻覚が実際に真正の知覚から体験的に区別可能だというにすぎないのである(5)。

ひょっとすると、こう異論を唱えることができるかもしれない。万事うまくいっているけれども、東海岸解釈は困難に直面し続けている、と。どのようにして、幻覚が、ノエマを所有してはいても対象を欠いているときに、志向的経験のノエマが現象学的反省において考察される対象そのものであると主張することができるのか。一つの可能な答えは、予想とは反対に、幻覚は何らかの真正の知覚と同じように世界に方向づけられ、世界にかかわっていると強く主張することだろう。ホップは次のように述べている。

それ［幻覚的体験］は、世界内的事実に正真正銘達しないならば、どんな世界内的事実についてのどんな種類の錯誤としても適格とはみなされないだろう。なぜなら、真正にではない仕方で、または誤って何らかの対象や事実を表象するためには、ある人の経験や思考は最低限それについてのものでなければならないからである。私は、私の靴が紐を結べていないと思っているとき、チンギス・カンについての偽信念を

(5) スタイティはこう論じている。単に経験の瞬間的横断面を考察している場合に、錯覚について語ることは意味をなさない、と。なぜなら、錯覚は知覚、空想、描像的意識、想起と並ぶ作用ではなく、むしろ以前の経験連続の回顧的性格づけだからである。彼は次のように書いている。「経験の幅だけが錯覚としての資格を与えることができ、確実性が回復された後ではじめてそのようなものとして資格を与えることができるのである」(Staiti 2015: 132)。少なくとも、ミュラー＝リヤー錯視のような知覚的錯覚は実際には錯覚とレッテルを貼るべきではないという、スタイティの幾分論争の余地のある主張を受け入れる場合、このことには何らかの真理が存在するかもしれない(Staiti 2015: 134)。しかし、錯覚と幻覚を区別する必要があるし、少なくとも、本当の幻覚、精神病患者によって経験される幻覚が語られて、哲学者が通例語っている種類の幻覚が語られているのではないならば、幻覚が事後になってはじめてそれとして認知されるといったことは明らかではない。

思い抱いていない。なぜなら、私の信念は彼についてのものですらないからである。しかし、幻覚は誤りである。幻覚はそれらがあるがままに現出を現前呈示しない。それらはあるがままにではなく、世界を現前呈示する。（Hopp 2011: 155; cf. Ali 2017）

幾分類似した論証がドラモンドによってなされている。彼は、現存しない世界内的事物や事態が志向されているそうした場合でさえ、われわれは部分的に現実的世界に方向づけられ続けているとし、だから指示がある一定の点では失敗するかもしれないけれども、別の点では失敗しないと書いている。現実存在しない何か、例えば、砂漠の蜃気楼を志向するとき、私は現実存在する何か、砂漠を、現勢的に現実存在するのとは異なる仕方で現勢的に統握する。私が現勢的に現実存在する対象について何かを誤って信じる事例のような、そうした事例においては、私が対象について当該の特定の仕方で誤ることがあるという事実が対象についての何かを現勢的に露わにする（Drummond 2012: 129–130）。私がペガサスのような想像的対象を志向する諸々の事例に関しては、ドラモンドはこう論じる。そうした想像的現前呈示もまた、その質料と有意味性を現勢的世界から引き出している、と（2012: 131）。

したがって、東海岸解釈はこう論じる。フッサールの志向性理論は、第三の要素が志向的作用と志向される対象の間に導入されないから、二項的理論であり続けている、と（Drummond 2012: 124）。心的作用は、直接的かつそれ自身の権利で、すなわち、どんな表象的内容からも独立に、世界に対して開かれている。しかしながら、このことは、フッサールの理論をブレンターノの対象理論へと折り畳むことではないし、フッサールの志向性理論に内容のための役割が存在しないということも意味しない。けれども、内容は、まさに志向されているとおりに、対象そのものである。どのようにわれわれが対象を統握するか、すなわち、対象がわれわれにとってどのような有意味性をもつのかは脈絡依存的である。対象はわれわれに対して、（時間的・空間的）地平の内部に埋め込まれたものとしてつねに与えられる。対象についてのわれわれの統握、対象との関連のためにわれわれが担うパースペクティヴは、興味、関心、態度によっても、以前に積み上げられた経験によっても、伝統や文化によっても様々な仕方で影響を受け、制約され、可能にされる（これについていっそう詳しくは第四章第六節を見よ）。しかし、当該の内容、意味は、世界内的な意味であり続ける。それは心のなかに内的に含まれてはおらず、何らかの別の世界内的領界に属してもいない。対象がわれわれに特定の仕方で現前するという事実、われわれがそれを、個別的な仕方で考えたり知覚したりするという事実は、対象へのわれわれの接近《アクセス》が何らかの仕方で間接的で、何らかの仕方で表象的に媒介されているということを意味しない。

こうした事柄についてはさらに言うことができるだろうが、おそらく幻覚的経験が、西海岸解釈の提案者たちによって言われるほどまでには東海岸解釈にとって致命的ではないということは、そろそろ明らかなはずである。

二つの競合するノエマ解釈は、彼ら自身の選好する読解を、フッサールの著作のなかの特定のテクスト上の箇所を指示することによってそれぞれ裏づけようとしてきた。西海岸解釈が『イデーンⅠ』と『イデーンⅢ』でのフッサールの議論を概して選好しているのに対して、東海岸解釈は『形式論理学と超越論的論理学』でフッサールが呈示した分析を選好している。

西海岸解釈を支持すると捉えられる一つの箇所は、『イデーンⅢ』の第一五節である。そこでフッサールは、現象学の領域は空間的形態、物理的事物、心理等々（の形相的性格）ではなく、むしろ超越論的意識であると書いている。その管轄範囲は、空間的形態の直観、物理的事物の経験等々である。したがって、現象学は存在論的概念や本質にも、存在論とはまったく異なる仕方で関心をもつのである。物理的事物についての意識の現象学的探究に従事するとき、われわれは、物理的事物の本性にではなく、物理的事物についての意識の性格に関心がある（Hua 5/84）。しかしながら、フッサールが付け加えるように、そうした探究はどのように事物が現前し顕現するのか、そしてまた事実的に現実存在する何かをどのように適法化することができるのかについての考察を含むことになる。したがって、意識の探究は意識作用だけではなく、意識の相関者をも包含するのである。その場合、後者は意味されるものそのもの、知覚されるものそのもの、名づけられるものそのもの等々である（Hua 5/84）。フッサールがその節をこう終えているように、意識の相関者を探究することは、物理的事物そのものを探究することではない。「相関者としての「事物」は事物ではない。それゆえの引用符である。したがって、たとえ本質関係が行ったり来たりしようとも、主題がまったく異なるのである」（Hua 5/85）。類似した考え方は『イデーンI』に見出すことができる。それは「ノエマ的言明と現実言明。心理学的領分におけるノエマ」と表題がつけられている。

> 木そのもの、自然のなかの事物は、知覚意味として知覚に不可分に属しているこうした知覚された木そのものにほかならない。木そのものは焼失し、化学的要素へと分解されたりする等々。しかし、意味――この知覚の意味、必然的に知覚の本質に属しているもの――は消失することはなく、化学的要素、力、実在

的特性をもたないのである。（Hua 3/205）

なぜこうした箇所が、ノエマが作用と対象の両方とまったく異なるという考えを支持すると捉えられているのかを理解するのはたやすい。ノエマによって表象される木が焼失することがあるのに対して、木のノエマが焼失することはない。知覚される対象、木そのものは、手短に言えば、知覚されたものとしての木、知覚意味とはカテゴリー的に異なるのである（Smith 2013: 55）。興味深いことに、『危機』において、フッサールは彼の以前の定式化を擁護する必要を感じていた。

したがって、現象学的エポケーをめぐるそこでの叙述の連関から引きはがされて、不興を呼び起こしたことがあった私の『純粋現象学と現象学的哲学のための諸構想《イデーン》』の命題はまったく正しい。木そのものについてこう言明することができる。それは焼失するが、知覚された木「そのもの」が焼失することはない。（Hua 6/245）

東海岸解釈の擁護者による標準的な返答は、対象そのものとノエマに帰せられる諸々の特性のなかの差異に関してフッサールによって打ち出された論点は、たとえノエマがまさしく志向されたとおりの対象であると立言されようとも、維持されねばならないというものであった（Drummond 1990: 116）。例えば、志向されるものとしての対象は、対象そのものが破壊されてしまった後でさえ、想起にとって利用可能であり続けることができる。同様に、対象を志向される対象として探究するときには、対象そのものの体験的あるいは認知的利用可能性に、すなわち、対象そのものが意識的体験において与えられる仕方に焦点が当てられるのであって、そこでは「可燃的」のような述語はまったく引っかかりをもたない。

驚くべきことではないが、東海岸解釈の擁護者にもまた、彼ら自身の選好する諸々の引用がある。『イデーンI』のたった今引用された箇所ほどにはよく知られていない、一九二一年頃の箇所は以下のとおりである。

> 意識自体がその内在的ノエマ的意味（ないしそのノエマ的諸規定と存在するものとしてのその措定様態における意味極X）を通して超越的対象に「関係する」と言うことは、憂慮すべき、しかも厳密に捉えれば、誤った語り方である。私の思念はけっしてそのようには理解されていない。脈絡上、確かにこうした本来の意味をもたなかっただろうこうした言い回しが『イデーン』に見出されたならば、私は訝しく思うだろう。(6)
> （Ms. B III 12 IV, 82a）

『イデーンI』では、フッサールはこう書いている。ノエマ的相関者は、その語の非常に拡大された用法における意味と呼ぶことができる、と（Hua 3/203）。関連する問いは、どのように拡張されてきたのか。一つの答えは、一九三三年の論文「現代の批判のなかのエトムント・フッサールの現象学的哲学」――フッサール自身が「私ははっきりと、この論文のなかの一つ一つの文を、私自身の確信と立場を表現するものとして認める」（Fink 2000: 71）という語で導入した論文――において、フィンクによって与えられる。フィンクは『イデーンI』について、現象学と心理学の間、ノエマの心理学的構想と超越論的構想の間を十分に注意深く区別していないと批判し、さらにこう書いている。

> 心理学的ノエマが、志向性が関係する存在自体から区別することのできる現実の志向性の意味であるならば、対照的に、超越論的ノエマはこの存在そのものである。（Fink 2000: 117）

> 心理学的ノエマは、そのノエマのなかで告示され証示される、ノエマから独立した対象を指示する。超越論的ノエマは、無限の同一化するはたらきにおいてこの無限性にとって彼岸の、ノエマから独立した存在者を指示することはできない。超越論的ノエマは存在者そのものであり、しかも、その隠された存在意味の従来けっして認識されなかった深みにおいて、超越論的妥当としての存在者そのものである。（Fink 2000: 118）

フィンクの論点は、心理学的姿勢の内部にあり続けるかぎりで、ノエマと対象そのものの間は区別されるかもしれないのに対して、そうした区別は、超越論的態度をとるときにはもはや適切ではないとい

（6） "Zu sagen, daß das Bewußtsein sich durch seinen immanenten noematischen Sinn (bzw. den Sinnespol X in seinen noematischen Bestimmungen und seinem Setzungsmodus als seiend) auf einen transzendenten Gegenstand 'beziehe', ist eine bedenkliche und, genau genommen, falsche Rede. Ist so verstanden nie meine Meinung gewesen. Ich würde mich wundern, wenn diese Wendung sich in den 'Ideen' fände, die im Zusammenhang dann sicher nicht diesen eigentlichen Sinn hätte" (Ms. B III 12 IV, 82a).

うことである。こうしたパースペクティヴからすると、対象の構成される妥当性と有意味性の間や、その実在と存在の間には、もはやどんな存在論的区別も存在しない（ついでながらカーとクローウェルの解釈に支障をもたらす言明である）。同じ論文において、フィンクはこうも論じている。唯一可能なのは、超越論的なものを、すなわち、真に現象学的なノエマ概念を現象学的還元に照らして理解することである、と。彼は、エポケーが「（そのなかにある「世界表象」込みの）心理的な内部領分」（Fink 2000: 117）への還元を含むはずだという提案を退けて、こう書いている。ノエマと対象の間の差異は実際には、ノエマに内的な差異である。なぜなら、志向されている対象はノエマ的同一性にほかならないからである（Fink 2000: 117–118）。

「フッサールのノエマ概念」という論文において、ルドルフ・ベルネットはこう論じている。フッサールの初期のノエマ概念はきわめて多義的であり、『イデーンI』だけでも少なくとも三つの異なるノエマ概念、すなわち㈠具体的現出として理解されるノエマ、㈡理念的意味として理解されるノエマ、㈢構成された対象として理解されるノエマを区別することが可能である（Bernet 1990: 71）。だから、有和への試みとして、こう主張されるかもしれない。フッサールのノエマ概念は非常に曖昧なので、いくつかの異なる解釈に対して差し出されている、と。ある一定程度まで、心理学的ノエマ概念と超越論的ノエマ概念の間のフィンクの区別は、類似の論証として役に立ちうる。しかし、もちろんそこで中心的な問いは、どのノエマ概念がフッサールの成熟した見解を表しているのかである。最後にもう一つだけ解釈に言及しておけば、シュトレーカーにとって、フッサールのノエシス概念とノエマ概念は超越論的－現象学的概念であり、彼女の見解によると、適格に語れば、志向される対象がノエマ的領分を超えたところになくてはならないと仮定することは意味がない。なぜなら、超越論哲学の主張とはまさしく、そうした彼岸などは存在せず、構成された超越だけが存在するということだからである。しかしながら、シュトレーカーによると、それにもかかわらず、ノエマがただそれによってわれわれが超越的対象を志向するものだという テーゼへの支持を見出すことが可能であった理由は、まさに、フッサール自身の『イデーンI』での論述が自然的態度と(超越論的)現象学的態度の間でたえず揺れ動いているがゆえなのである(Ströker 1987: 194–200)。

こうした様々な評言によってほぼ正確に際立たせられたことは、フッサールのノエマについての解釈が、それ自体では存立できないということである。それは、フッサールの超越論哲学についてのいっそう一般的な解釈に必然的に統合されねばならない。フッサール自身、『イデーンI』第三部においてノエシスとノエマの間の関係についての議論を導入的に評言する際に次のように指摘している。「というのは、超越論的態度の固有性を把握しなければならず、純粋に現象学的な地盤を現実にわがものとすることなしに、事象をもたないまま、なるほど現象学という語は用いられるだろうからである」(Hua 3/200)。別様に述べれば、ノエマは、エポケーと還元のおかげではじめて発見される何かであり、還元についてのある一定の(誤)解釈がその人のノエマ解釈にどのように影響を与えることがあるのかはすでに見てきたのである。

第三節　超越論的観念論

東海岸解釈からすると、フッサールは結局、内在主義者か外在主義者かのいずれかとして性格づけられるべきなのか。内在主義が、世界への接近《アクセス》が内的表象（についての意識）によって媒介され条件づけられると主張する理論として理解されるならば、フッサールは確かに内在主義者ではない。表象主義を退ける際に、東海岸解釈は、対象に関係する能力が心のなかの内的表象の現実存在を要求するという見解の、ドレイファスによる拒絶を十分に共有する（cf. Drummond 2012）。しかし、それはまた、フッサールの志向性理論が現実存在する実在とのわれわれの関わり合いを無視しており、ノエマには、世界がどのようであるか〔世界の存在仕方〕にかかわらずもつ機能がそなわっているという主張を強く疑問視する。結局、ノエマは世界内的に志向されているとおりの対象にほかならない。実際、ノエマが心のなかにあるのか世界のなかにあるのかが尋ねられるならば、その答えは、問いそのものがわれわれに誤った二者択一を提示しているという点で、設定され損なっているというものでなければならないだろう。フッサールは意味を心のなかに含まれているとは捉えておらず、対照的に、彼は意味を世界のなかに埋め込まれ、心と相関しているとみなしている。志向的存在として、われわれは、開示の中心であり、世界内的対象に対象自身である意味と共に現出することを許す。

しかしながら、この時点で、フッサールを内在主義から救い出そうとするこの努力は、ある重大な難点に苦しむことになると論じられるかもしれない。それは、フッサールのいっそう全般的な超越論的企図をまったく考察し損ない、そうなるや否や、彼の観念論を真剣に捉えるや否や、彼の思考のもつ内在主義的性格が露わになるだろうというのである。なぜこの異論が誤っているのかを見るために、観念論についての問いに移り、直接取り組んでみることにしよう。

解決を要する第一の争点は、ある種の観念論をフッサールに帰すことが正しいのかどうか、そして当該の観念論は彼の現象学についての構想の不可欠な部分とみなされねばならないのかどうか、である。これがそうであることにほとんど疑いを差し挟むことはできないが、しかし念のため、二つのかなりはっきりした言明を以下に示そう。

> こうした体系的具体態において完遂されたならば、現象学はそれ自体超越論的観念論である。もっとも、根本本質的に新しい意味においてではあるが。[…] したがって、この観念論の証明は現象学そのものである。志向的方法の最も深い意味や超越論的還元の最も深い意味、あるいは、その両方を誤解する者だけが現象学と超越論的観念論とを切り離そうとすることができるのである。(Hua 1/118–119)

> 根本的に捉えれば、すでに現象学的還元、正しく理解された現象学的還元に超越論的観念論への行進の道筋は、現象学全体がこの観念論の最初の厳密に学問的な形態にほかならないように、あらかじめ兆している。(Hua 8/181)

これで争点が解決したと結論づけるのは早計だろう。フッサールは一九三七年付の後期のテクストのなかで、次のように書いている。

> 私はここで始めに、これに関する予断、思い込まれたあらかじめの知、私によってまったく新しい意味を整えられた諸々の語、すなわち、現象学、超越論的、観念論［…］が意味することを胸の内に固く閉ざしてもつことだけを要求する［…］。さしあたり、ひとは眼前にあるものを聞き、見て、それが至るだろう先、それでもってなされるだろうことに同行し、それを注視する。（Hua 6/440）

別様に述べれば、争点は、フッサールがある形式の観念論に与しているかどうかではない。争点は、この観念論が正確にはどのようなものになるのかである。

二、三の学者がこう提案している。フッサールは、観念論について語るとき、単純に理念的なものの不可欠性を強く主張しているにすぎない、と。実際、『論理学研究』でフッサールはこう書いている。理念的対象の現実存在、あるいは、理念性を擁護する立場を観念論と呼ぶことができ、そうした観念論は整合的認識論にとっての要件である、と（Hua 19/112）。だからウィラードは、フッサールは彼が普遍を受け入れている場合を除いてけっして観念論者ではなかったと論じ（Willard 2011）、D・W・スミスは、フッサールの超越論的観念論が、志向的な方向づけがどのように理念的意味に拠っているのかについての理論として解釈できると論じている（Smith 2013: 166）。しかしながら、これがフッサールが観念論によって意味しているすべてであるという主張は、維持しがたい。疑いなく、何か別のことが以下の箇所では賭けられている。

したがって、世界の即自存在は、なるほど十分な意味をもつだろうが、しかし、一つ絶対的に確実なのは、それが現勢的に存在する意識から独立した世界という意味をもたないことである。原理的には、世界があるがままにあるのはもっぱら、経験する、世界に関係づけられる意識の、そして単に可能的意識のではなく現実的意識の相関者としてだけなのである。（Hua 36/78）

フッサールが観念論によって意味していたかもしれないことをよりよく把握するために、『超越論的観念論――遺稿によるテクスト（一九〇八―一九二一年）』巻に見出されるいくつかのテクストを考察することにしよう。一九一五年の夏に行われた「精選現象学的問題」講義に由来するテクスト六番で、フッサールは、私が意識している対象は私の意識の外側にあるということ以上には自然なものは何もないと述べることによって始めている。私の体験――知覚であれ他の種類の志向的作用であれ――が、私に対象を現前呈示するとき、これがどのようにして起きることができるのかを尋ねなければならないのだが、その答えは平易であるように思える。すなわち、何らかの表象的媒介によって、である。私が意識している対象は意識の外側にあるが、意識の内側に、私はこうした対象の表象（描像や記号）を見出し、こうした内的対象こそが私に外的対象を意識することを可能にするのである。しかしながら、フッサールはそこで次のように続ける。そうした理論は経験的に誤りであるだけではなく、完全に無意味である、と。それは意識を外的事物に類似した表象を含んでいる箱とみなしているが、どのようにして主観が、表象が事実外的対象の表象であることを知るようになるのか尋ねるのを忘れている。

だが、自我は、箱のなかにいる小人ではない。諸々の像を見て、時には箱の外に這い出て、外の事物を内なる諸々の像と比較するような小人ではない。こうした像を見ている自我は、実際その像が再びまた、それに対する内側の像をその意識の内に求めねばならないだろう外であり、そしてそうしたことが無限に続くのである。（Hua 36/106）

フッサールはこうしたホムンクルス・モデルに対する彼の軽蔑に関して、われわれにいかなる疑いも残していない。彼は次のように続ける。描像や記号は対象ではなく、対象は形式、大きさ、色のような対象の他の性質と並んで、描像性質や記号性質をもつのである。描像はそれが描写するものに類似する何かであって、この類似こそが描像にその描像的あるいは表象的性質を浸み込ませるのだと論じる者もいる。しかし、単なる類似はそのようにしない。野原は、たがいに類似しているおびただしい草の葉を含んでいるかもしれないが、そのことは一つの葉を他の葉の描像や記号にはしない。さらには、類似は相互的な関係であるのに対して、表象はそうではない。むしろ、フッサールによれば、描像は他の何かの表象として機能するためには描像として意識的に統握されねばならないことを認識すべきである（Hua 36/106–107）。それは、その表象的性質を特殊な認知的統握を用いて獲得するだけなのである。いっそう明確には、まず記号や描像として機能することができる対象を知覚し、その後はじめてその表象的性質を対象に授与するのである。これが知覚の表象理論が拒絶されねばならない理由である。この理論は、説明しようとするものを前提してしまっている。

知覚はわれわれを対象の描像や想像にではなく——もちろん、絵画や写真を知覚している場合を除いて——対象そのものに直面させる。事実、これはフッサールにとって知覚のもつ決定的な特徴である。われわれは対象を考え、それによって、対象が不在の際ですら対象を志向することができるのに対して、知覚的志向性ということになれば、状況は異なる。知覚はわれわれにその有体的現前において対象そのものを現前呈示する。したがって、何かが知覚的に現出すると言うとき、知覚的に与えられたものが他の何かの描像や記号であるという意味で理解すべきではない（Hua 36/107）。だから、フッサールが以下の見解を退けるだろうことは明らかである。それはかなり数多くの神経科学者によって現在擁護されている。

> あなたと私がわれわれの外側にある対象を見ているとき、われわれは、それぞれの頭の中で類似点のある想像《イメージ》を形成している。われわれは、あなたと私が対象を非常に類似した仕方で、きめ細かな詳細に至るまで記述することができるがゆえに、このことを知っている。しかし、それはわれわれが見ている想像が外側の対象であるようなものの複製《コピー》であることを意味しない。それがどのようなものであるか、絶対的には、われわれは知らないのである。　(Damasio 1999: 320)

フッサールの観念論の適格な本性を理解すべきならば、心はそれ自体では対象そのものへの道にはまったく到達することができないという表象主義的主張に対する不退転の拒絶について明晰であること、それゆえ、志向性を理解し説明すべきならば、心と世界の間のある種の表象的接触面を導入する必要があるということの理解が、何よりも肝心である。

表象主義は懐疑論を招くことで悪名高い。すなわち、なぜある事物についての意識（内的対象）がまったく異なる事物（外部対象）についての意識を可能にしなくてはならず、そもそもどのようにして内的に接近《アクセス》可能なものが外的な何かに実際に対応していると知ることができるのか。しかしながら、フッサールの反表象主義的見解によれば、心と世界の間の——知覚と実在の間の——適合と結びつきは、単に外的でも偶然的でもない。すなわち「意識（体験）と実在的存在は等しく秩序づけられた存在様式にほかならず、確かに並行して住まっているが、時として互いに「関係する」あるいは相互に「結びつく」」(Hua 3/105)。それは、あたかもまったくの偶然によってお互いに適合する二つの独立的に可変的次元があるかのようにではなく、あたかも現出の多様が統制された仕方で与えられるかのようにして、対象がなお現実存在し損なうのではなく、あるいは、あたかも対象がそうした所与の可能性の不在においてさえ現実存在するかのようにではない (Hua 36/30, 36/56)。むしろ「対象、対象的存在、意識はアプリオリに破棄しがたく共属している」(Hua 36/73)。この主張は、フッサールの著作を貫いて鳴り響いているものである。数年後、彼が『デカルト的省察』において書くであろうように、意識と真の存在について、それらが本質的に相互依存的で統一されていることが真理であるときに、両者を単に外的に関係しているかのようにみなすことはばかげている (Hua 1/117)。どのようにそれらは共属しているのか。フッサールの根本的主張は、コギトとコギタートゥムは構成的に結びつけられているというものである。それは『論理学研究』においてすでに次のように言い表されている。

われわれが「意識」する諸々の対象は、箱のなかに単純にそこにあるように意識のなかにあるのではなく、したがって、対象はそのなかに単に見出され、それらへと手を伸ばすことができるというわけではない。そうではなくて、対象は様々な形式の対象的志向において、われわれにとってあり、妥当するものとして何よりもまず構成されているのである。（Hua 19/169）

意識と実在の間に成り立っているとされるこの構成的関係性はどのようになっているのか。フィリプセとスミスの二人は、それは形而上学的依存として解釈されねばならないと論じ、そうしてこれが、彼らがフッサールは形而上学的観念論者であると論じる理由なのである。

われわれはすでにフィリプセの解釈に遭遇している。彼の長大な論文「超越論的観念論」において、フィリプセはこう主張する。フッサールは、彼の初期著作でも後期著作でも還元的観念論者である、と。世界は意識に存在論的に依存している。なぜなら、前者は後者の投影にほかならないからである（Philipse 1995: 266）。

『フッサールとデカルト的省察』において、A・D・スミスは、フッサールの超越論的企図が現実存在と実在にかかわる問いを排除したと考えたならば、フッサールの超越論的企図の根本的要点を誤解してしまうということを明らかにしている。スミスが指摘するように、現象学は、単にどのように意識が何らかの対象意味の構成にかかわりあうのかという問いにかかわるだけではなく、与えられた類型の対象にとって、現実存在することや実在的であることが何を意味するのかという問いにもかかわる（Smith 2003: 159）。そのかぎりで、実在という論題は、フッサールの超越論的探求にとって決定的である

2003: 167)。フッサールにとって、実在とは統制的理念である。つまり、それは、究極的な相互主観的確認の理念的相関者なのである。フッサールにとって、こうした究極的な、相互主観的確認という強い条件に合う世界がなお非実在的であることが判明すると仮定することは意味をなさない。しかしながら、スミスによれば、このことから帰結することは、ただカントのような超越論的観念論者であるよりもむしろフッサールは、事実、絶対的観念論者であるということである。意識が不在の際には何も現実存在しないだろうと主張する者である(Smith 2003: 179)。いっそう明確には、スミスはこう提案する。フッサールの観念論は、物理的事実と存在者は意識に付《スーパーヴィーン》随し、それらは体験的事実を上回るものではないという主張になる、と(Smith 2003: 183–185)。たとえこのことが、物理的対象は単純に心的状態にすぎないとか、心的状態からの構築物にすぎないということを伴わないとしても、物理的対象が心的状態に依存する仕方はなお、スミスがある形式の洗練された現象主義をフッサールに帰していると言われかねないようなものである。

フィリプセとスミスは二人とも、構成的関係を形而上学的依存関係として解釈する。しかしながら、形而上学的依存という概念そのものもまた様々な解釈に対して開かれている。そうした解釈の多くは即座に除外することができるものである。例えば、形而上学的依存は因果的依存に等しいという主張がそうである。もしそうであったなら、それは超越論的主観を何らかの原動力に変えてしまうだろうし、超越論的現象学を宇宙の誕生に関する様々な天文物理学的理論の直接の競争相手にしてしまうだろう。フッサールが多くの機会に因果性を志向性から区別しており、心理物理学的因果関係と志向的相関関係の反意味的混合をはっきりと警告していることを考えると(Hua 19/405, 17/223)、私は、差し支えなくこの解釈を脇においておくことができると考える。そうした決定はまた『イデーンI』に見出される評言からも支持される。フッサールはそこで、意識は、神的存在が絶対的であると言われるかもしれないのとはまったく異なる意味において絶対的であるということを明らかにしている（Hua 3/125）。もう一つの可能性は、形而上学的依存をある形式の還元可能性として解釈することである。しかし、フッサールがしばしばかなりはっきりと現象主義から距離を取っていたことを考えると、これもまた実行可能な選択肢ではない。フッサールが指摘するように、物理的対象を注意深く分析するならば、それはついには意識には解消されず、原子や分子へと解消されるのである（Hua 3/355, 36/28）。彼はまた一九〇八年と一九二三年からのテクストで次のように書いている。

> 自然客観は、自明なことだが、真の客観である。その存在は真の存在であり、自然は真正かつまったき意味における現実である。［…］自然科学は自然とは何の関係もなく、自然科学が従事している真の客観は感覚であり、事物、原子等々と名づけられるものは感覚や感覚の連関を表す単なる記号、思考経済的簡略化であると言うことは、極めつけの誤謬である。（Hua 36/70-71）

> なるほど、いわゆる質料を打ち殺し、経験される自然を単なる仮象を表すと説明し、心的な存在だけが真の存在を表すと説明する観念論は、間違っている。（Hua 35/276）

自然は語の真のまったき意味において実在的であって、何か別のところにある尺度を使って自然の存在を測定し、その地位の信用を幾分失わせるようなことはまったくの見当違いだろう（Hua 36/70–71）だからフッサールは、植物学的事態や地理学的事態についての言明を心的過程についての言明として今後は再解釈することができるなどとは、けっして提案しないだろう。実際、フッサールが観念論によって何を意味したにせよ、それは確かに心と世界、主観と客観の間の差異の否定を伴なってはいなかった。彼が『イデーンI』で指摘したように、質料的事物は「原理的に体験ではなく、まったく異なる存在様式の存在なのである」（Hua 3/71）。

第三の選択肢は、スミスに従うことである。彼は、ちょうど見てきたように、構成的関係を付随性《スーパーヴィニエンス》の問いとして解釈する（Smith 2003: 183, cf. Meixner 2010）。この提案の一つの魅力的な特徴は、意識の対象は意識の作用に構成的に依存しているということを、前者が後者と同一的だとか後者の点から定義可能だとか主張することなしに維持できることである。形而上学的依存性は、還元的であるというよりもむしろ、基づける関係にもっと似ているだろう。しかしながら、フッサールは実際、諸々の異なる作用類型の間にも諸々の異なる種類の対象の間にも存立している基づけるという関係についてよく語っているのに対して、作用と対象の関係を基づける関係としては性格づけていない。健全な理由があってのことであると私は考える。日常の対象、例えば、一塊のパンの構成を明らかにすべきならば、構成的分析は小麦、イースト、塩のような巨視的な構成素への指示を含むことはないだろうし、原子や分子のような微視的構成素へのどんな指示もなされないだろう。構成的分析は、様々なノエシス、知覚、地平、統覚、措定、キネステーゼ的感覚等々への指示をむしろ含むことになる。しかし、それらの含入の理由は、原子や分子が例えば、アポロンの粘土像のもつ美学的特性がそれを構成する粘土の塊のもつ特性に付随《スーパーヴィーン》するのと同じ仕方で意識的過程に付随《スーパーヴィーン》するという事実のせいではない。構成する主観と構成される対象との間に成り立つ関係が、基づけや付随性《スーパーヴィニエンス》という関係であると主張することは、思うに、対象についての十分に徹底的な探究がわれわれをその付随性《スーパーヴィニエンス》の基礎と形而上学的源泉、つまり、超越論的主観性に導くことを伴うだろう。しかし、そうした主張は誤って導かれたものである。超越論的主観性が開示されるべきならば、それは反省的措置という手段によってであり、対象についての綿密な探究と解剖という手段によるのではないだろう。その提案はまた、超越論的観念論と形而上学的観念論の間の区別を蝕み、なぜフッサールが二つの間を区別し、後者を拒絶しながら前者を喜んで心に抱いていたのかを説明不可能にするのである。

もちろん、われわれは、フッサールの観念論についてのもう一つの選択肢である収縮的解釈にすでに遭遇している。それは、超越論的還元を、形而上学的中立性と実在の意義と意味への関心を含んでいるような仕方で解釈することにある（Carr 1999: 74）。そうした読解によれば、フッサールの観念論は実質的あるいは形而上学的種類のものであるよりもむしろ方法論的種類のものであると捉えられ、超越論的主観性が構成すると言えるようなものすべては世界の意味であり、その存在ではない（Carr 1999）。

しかしながら今までに明らかであるはずのように、私は、これはフィリプセとスミスの解釈を迎え撃つ誤った仕方であると考える。私は、超越論的現象学を形而上学的に中立的であり、客観主義、消去主義、主観的観念論のような多様な異なる形而上学的見解と原理上両立可能であるかのように解釈することが正しいとは考えない。フッサールの観念論は、それが形而上学的な衝撃を欠いているから、形而上学的であるよりもむしろ超越論的であるのではない。フッサールの観念論は、フッサールが物自体概念を保存しており、カントのように「われわれは実在の本有的本性についての認識をもつことができない」（Allais 2015: 232）と信じていたがゆえに、形而上学的であるよりもむしろ超越論的であるのではない。いや、フッサールの観念論は、彼が依存性の関係を解釈する仕方のゆえに、形而上学的であるよりもむしろ超越論的なのである。比較のために、実在は言語依存的であるという（かつて広く受け入れられた）主張を考察しよう。そうした主張を、例えば、物理的対象は言語に還元可能であるか言語に付随する《スーパーヴィーン》かのどちらかであるという意味の提案であるかのように解釈するのはかなり奇妙だろう。実在の心への依存性は、世界内的対象が、心的状態がそこからつくられる「素材」に還元されるかもしくは付随する《スーパーヴィーン》という事実による、といった主張に等しいものとして超越論的観念論を解釈することは、等しく奇妙であり、カテゴリー・ミスティクである。超越論的観念論は、一元論者と二元論者の間の論争に関与も寄与もしていない。その敵は唯物論ではなく、客観主義である。そのねらいは実在の地位と客観性の本性を理解することであり、その主張は、以下の相関主義的原理が妥当するということである。

> 対象は、この対象を現実的な認識するはたらきのなかで実在化する能力のある現実的主観性なしには、現実として思考可能ではない。いみじくもこう言うことができる。客観なしに主観がないように、主観なしには客観はない。その場合、客観は最広義での対象を意味する。（Hua 35/277–278）

そうした言い回しは直接的には同等性を示唆しているだろうが、しかしもちろん、フッサールが心なしの世界の現実存在を否定しているかもしれない一方で、世界なしの心の現実存在を除外してこなかったことで彼は（悪）名高い。フッサールは、悪評の高い『イデーンI』第四九節で次のように書いている。純粋意識は存在から独立した領分とみなすことができる。つまり、たとえ、対象の世界が無化された場合に意識が変様されようとも、意識は、それ自身の現実存在に関して影響されないだろう（Hua 3/104–105）。これを、孤立した大失態として退けることはできない。フッサールが『イデーンI』で行ったことは、繰り返し、意識の現実存在は現勢的に現実存在する世界を要しないと主張する一九一三－一五年の時期からの様々な他の言明に見出すことができる（Hua 36/78–79）。意識の現実存在は絶対的・必然的であるのに対して、世界の現実存在は偶然的・相対的であるにすぎない（Hua 36/111）。これもまた、フッサールによれば、意識があらゆるほかの形式の存在の根（*Wurzel*）や源泉（*Quelle*）とみなされねばならない理由なのである（Hua 36/70）。

そうした言明を、フッサールが内在主義者でも形而上学的観念論者でもないという主張と宥和させることが本当にできるのか。いっそう綿密に見てみることにしよう。

はじめに、フッサールによって世界の想像される無化が、ある種の全域的《グローバル》懐疑論の是認とみなされるべきではないということを明らかにしておくことが重要である。フッサールは、世界はあるがままに現出することができるにもかかわらず、実在的に現実存在しないかのように、われわれに対して与えられる世界と実在的世界の間に楔を打ち込もうとはしていない。手短に言えば、要求される経験の規則性が成り立ち、「統一的世界の現出のために必要であろうものが何も欠けていない」（Hua 3/105）ならば、「対応する超越的世界がないということはなお思考可能であり、もはや反意味的ではない」（Hua 3/105）のではないか。この問いのもつ修辞的性格については誰であれ不確かであるにちがいないが、フッサールは後期のテクストではなおいっそう明晰である。そこで再び、彼は整合的に秩序づけられ理性的に動機づけられた志向的体験の現前が、現実存在していない世界（あるいはまったく異なる存在）と両立可能であるかどうかを尋ねている。彼の返答は、そうした提案――それを彼はデカルト的二元論や伝統的実在論と同一視しているのだが――は、完全な反意味（*vollkommener Widersinn*）であるということである（Hua 34/402, 39/248）。だからあらためて、第四九節を前代未聞の強い形式の内在主義かある種の稚拙な現象主義かのどちらかを立証するものとして読むよりもむしろ、私は、それは志向的体験のもつ世界関与的性格へのフッサールの強いこだわりを立証していると考える。例えば、知覚の場合には、知覚的作用は、知覚される対象の意識に対する現前を含む作用であり、それが、前者〔知覚的作用〕が、後者〔知覚される対象〕が不在の際に生起することができない理由である。しかしながら、フッサールはまた非志向的意識の可能性を強く主張してもいる。だから、広く受け入れられている誤解釈とは反対に、フッサールは、意識は志向性によって本質的に性格づけられていると言っているのではないし、それにまた、世界の現実存在や非現実存在は志向的意識に対して差異をなさないと言っているのではない。世界無化は、あらゆる類型の体験が世界の不在と両立可能であるとか、あらゆる類型の体験は、世界が現実存在しなかったとしても同じであり続けるだろうとかいったことを示そうとしているのではない。論点はまったく異なる。つまり、ある形式の意識は、世界開示的でないときでさえ、すなわち、まだ（例えば、幼児の経験において）、あるいはもはや（例えば、精神障害において）世界内的対象の構成を許す調和的・整合的に統制された一組の経験が存在しない場合でさえ、現実存在し、存続することができるだろうということである。だから、「実在的存在、意識適合的に諸々の現出を通して呈示され、証示されるような存在は、（体験流という最広義における）意識自体の存在に対して必要ではない」(Hua 3/104) と書くとき、フッサールは非志向的体験の可能性を肯定しているのである。

前進する前に、私は、『イデーンI』第二編第三章（第四七－五五節）におけるフッサールの説明に問題があるということを議論しているのではないと、強調しておきたい。何よりもまず、これはすでに初期に批判を受けたものであったが、ある人の対象経験の瓦解や崩壊は、その人の世界経験における瓦解の可能性もまた伴うのかどうかはけっして明白ではない。こうした行論は、対象と世界の間の差異を無視することである。しかしながら、このことは後にフッサールによって認知されており、例えば、彼は一九三七年のテクストにおいて、疑いと非存在の可能性そのものが世界の存在を前提し (Hua 39/254)、あらゆる単一の対象を疑うことの可能性が世界の全体性もまた疑わしいということを伴うわけではないと言明している (Hua 39/256)。世界内的対象に関する可謬性は、難しい話を抜きにして、世界そのものへと転用することはできないのである。

『イデーンI』におけるフッサールの議論のもう一つの問題含みの特徴は、存在から独立した領域としての超越論的主観性への繰り返される論及である (Hua 3/108, 3/159)。そうした言い回しは、超越論的主観性についての探究は、例えば、理念的対象や物理的対象の領域についての探究と比較可能な、領域的-存在論的探究であることを示唆している。しかし、この取り組みは、超越論的探究に関する独自かつ独特であるものをほぼ間違いなく見逃してしまう。私は先に、フッサールの『イデーンI』における論述は、彼が自然的態度と超越論的態度の間で揺れ動く傾向があるという事実によって損なわれているというシュトレーカーの主張に論及した。こうした裁定はまた、第四九節以降における彼の説明にも妥当するのだが、私は、なぜ彼がときおり不十全的な仕方で自分を評言するのかを説明することができると考える。例えば、「それにもかかわらず、意識は、「純粋性」において考察されるなら、それ自体閉じた存在連関として妥当しなければならず、何もそのなかに侵入することができず、何もそこから抜け出ることもできない絶対的存在の連関として妥当しなければならない」（Hua 3/105）というフッサールの言明と、体験的領域は「それ自身の内で固く隔絶されている」（Hua 3/108）というフッサールの言明を考察しよう。切り離して読むとき、両方の言明は過度にデカルト的であるように見えるし、フッサールが、心が孤立した実体であるという見解を採用しているという疑いを裏づけるように見える。しかしながら、いっそう注意深く考察してみると、フッサールは、無骨な言い回しにもかかわらず、実際にはまったく異なる考えを分節化しようとしていることが明らかになる。最初の引用は「[…]空間時間的外をもたず、空間時間的連関のなかにあることがない」（Hua 3/105）と続くのに対して、第二の引用の続きはこうである。「だが、それを他の諸々の領域から隔てることができるだろう限界なしに」（Hua 3/108）。両方の事例において——そしてこれは私が第四章第五節において立ち返り、いっそう詳細に擁護することになる解釈なのだが——フッサールは、意識と意識とは別のものとの間の、すなわち、超越論的存在と超越的存在との間の関係は、「内」と「外」という空間的比喩の助けによって十全的に性格づけられるという考えを拒絶しているのである。超越論的主観性は、諸々の他の領域と並ぶ（あるいはもしかするといっそう基礎的な）存在の領分なのではなく、どんな種類の相互領域的あるいは領域内部的（相互）依存性関係をも構成的に根拠づける、顕現の与格なのである。付随性《スーパーヴィニエンス》という点から構成的関係と志向的相関関係とを考えることは、まさにこの論点を見過ごしてしまうことなのである。

最後に、もっぱら孤立した主観の寄与に焦点を当てることによって、『イデーンI』のこれらの節で信奉されているように見える超越論的観念論が、相互主観性の問題に適格に取り組み損なっていることもまた承認しておくことにしたい。けれども、この限定は、フッサールの当時の確信の表明というよりもむしろ、部分的には自分で選択したものであることを認識することが重要である。しかしながら、すでに一九一三年までに、フッサールは相互主観性のもつ超越論的意義を意識していたし、彼が特に『イデーンI』の英語訳のために執筆された序論（一九三一年）で説明しているとおり、彼のもともとの論述が超越論的相互主観性を説明しておらず、それによって観念論の基礎についての包括的分析のもつ決定的な分析を省いていた理由は、この説明が『イデーンII』によって補完されることになっていたがゆえなのである。『イデーンII』は『イデーンI』と同時に執筆されており、フッサールは後者のすぐ後に公刊されるのを期待していた（Hua 5/150）。蓋を開けてみれば『イデーンII』は、死後、ほぼ四〇年ほど遅れて一九五二年に公刊された。そして、フッサールが一九三一年の序文で後悔と共に評言しているように、彼の観念論とその独我論と呼ばれるものとによって引き起こされた醜聞の多くは、『イデーンI』で提示された説明が不完全でなかったならば回避されていたかもしれない（Hua 5/150–151）。本章の第六節で見ることになるように、ある形式の独我論に与しているよりもむしろ、フッサールの観念論は決定的な超越論的役割を諸々の身体化された諸主観からなる相互主観的共同体に割り当てるのである。しかしながら、今のところは、第四九節に立ち戻ることにしたい。

その節で、フッサールは非志向的体験の可能性について語っているだけではなく、対象が相対的存在を所有しているのに対して、主観は絶対的存在を所有しているとも主張している（Hua 3/105）。そうした主張は、フッサールが形而上学的観念論者あるいは絶対的観念論者ですらあると論じる人々を支持しているのではないか。事柄を決定するためには、フッサールが「絶対的」と「絶対的存在」とによって精確には何を意味しているのかを明らかにすることが肝心である。ここでは現象学的脈絡を忘れないことが決定的である。フッサールは絶対的所与についてしばしば語る（Hua 3/92, 97, 105）。したがって、一つの提案は、フッサールが意識を絶対的と呼ぶことによって意味しているすべては、空間的対象とは対照的に、意識はパースペクティヴ的あるいは射映的には現出しないということかもしれない。けれども、この答えでは不足である。いっそう十全な答えは、フッサールの内的時間意識についての議論のなかに見出すことができる（例えば以下を見よ。Hua 10/73, 75, 83, 112）。フッサールが『イデーンＩ』に書いているように、内的時間意識についての分析だけが真に絶対的な次元を開示するからである（Hua 3/182）。

そもそもフッサールが時間意識を探究する理由を思い起こしてみよう。彼の分析は二重の目的に適うと考えられていた。われわれがどのように時間的延長を具えた対象を意識することができるのかだけではなく、自己自身の体験流をどのように意識することができるのかを説明することが意図されていた。フッサールが現象学的絶対について、より一般的には、現象学の基層を構成するものとしての時間性の分析について語る理由は、まさしく対象の時間的所与についての探究より以上のものがそこにあるがゆえなのである。それはまた、意識自体の時間的自己所与についての説明でもある。

サルトルとは異なる仕方で、フッサールは、体験的次元はそれ自体、先反省的所与によって性格づけられるという考えに与していた（Zahavi 1999, 2003a, 2004, 2005 を見よ）。彼の説明によれば、反省的自己意識は基づけられている。反省するとき、われわれがそれについて反省している体験は、単純にここといま現実存在するものとして与えられるだけではなく、反省に先立ってすでに与えられていたものとしても与えられる。すなわち、把握することに先立って、把握することから独立にすでに与えられていた何かを把握することが反省の本性にはある。志向的作用が反省の対象になることができる理由は、まさしくそれがすでに意識的であるがゆえなのである。実際、究極的には、フッサールはこう論じるだろう。体験的次元自体は本来的に自己顕現的である、と。

> 私が「私」と言うならば、私は私を端的な反省において把握している。しかし、この自己把握［*Selbsterfahrung*］はあらゆる経験［*Erfahrung*］と同様、そしてさしあたりあらゆる知覚と同様、すでに私にとって現にあり、すでに意識されているけれども主題的には経験されていないもの、注意されていないものへと私を向けることにすぎないのである。（Hua 15/492–493）

> われわれはあらゆる作用を反省することができ、それを内在的「知覚」の対象にすることができる。（コギトという形式が属している）この知覚以前に、われわれは、こうした形式を欠いた「内的意識」をもつ。（Hua 4/118）

内在的な時間構成する意識の流れは、ただ存在するだけではなく、そのうちで必然的に流れの自己現出が存立し、それゆえ流れ自体は必然的に流れることのなかで把握可能でなければならないというような、非常に注目に値するが理解できる仕方で存在する。流れの自己現出は第二の流れを要求せず、現象としてそれは自らを自己自身の内で構成するのである。（Hua 10/83）

絶対者という概念が自己意識、自己現前化、自己顕現という争点と密接に結びついているということは、フッサールによって夥しい機会にはっきりと肯定されている。

絶対的存在者は、それ以外のどんなものがそれ自身意識されていようとも、同時に自己自身の意識である志向的生という形式において存在している。（Hua 17/279）

したがって、このように主観だけが現実化され、現実に自立的な存在をもつ。すなわち、われわれはこうも言えるのだが、絶対的存在はまさに対自存在における存在としてある。（Hua 35/278）

あるいは、数頁後では以下のように言い直されている。自我の実在は「絶対的存在、自己自身を体験し、自らを自己自身に対して構成する存在」（Hua 35/282, 15/371–372 もまた見よ）である。手短に言えば、主観性は対自的であり、自己顕現的あるいは自己構成的であるが、それに対してこうした規定は、フッサールにとって、すべての対象が定義上欠いているものなのである（Hua 35/278）。対象は主観によって構成される。つまり、対象の顕現はつねに誰かにとっての顕現なのである。これが、主観性が絶対的であり、対象が相対的かつ依存的である理由である。

フッサールは、絶対者という概念をこうした仕方で用いた唯一の現象学者ではなかったと立証するのはたやすい。例えば、『存在と無』の導入部における、サルトルによる以下の言明を考察しよう。

> 意識は実体的なものをもたず、それは現出するかぎりにおいてしか現実存在しないという意味において、純粋な「現出」である。しかし、まさに意識が純粋な現前であるがゆえにこそ、(世界全体が意識の外側にあるので)意識が全体的な空虚であるがゆえにこそ、現出と現実存在との意識におけるこの同一性のゆえに、意識は絶対者とみなすことができるのである。 (Sartre 2003: 12. Merleau-Ponty 2012: lxxii も見よ)

絶対者についてのこうした構想のなおいっそう明晰な分節化は、アンリの著作に見出すことができる。アンリが指摘するように、現象学は、物理学、化学、生物学、歴史、法のような実証的学問とはまったく異なる。個別的対象や現象を研究するよりもむしろ、現象学はその課題が顕現の可能性の条件を開示し分析することであるような、紛れもなく超越論的企てなのである。彼自身の探究の途上で、アンリは、構成された対象のもつ現象性と構成する主観性のもつ現象性の間の根底的かつ決定的な差異、すなわち、対象顕現と自己顕現の間の根底的差異とみなしているものに深く立ち入り (Henry 1973: 40–41)、対象顕現が自己顕現を前提するのに対して、逆の依存性は妥当しないと論じる。自己自身に対してすでに与えられているがゆえにのみ、われわれは世界によって触発されることができる (Henry 1973: 467, 479, 490)、あるいは、アンリは次のように書いている。「自己顕現は顕現の本質である」と (Henry 1973: 143)。アンリのさらなる主張のうちの一つは、自己顕現は、無媒介的、非対象化的、受動的生起であるということであり、それゆえ純粋に「内的自己触発」として最もよく記述されるということであり（Henry 1973: 234-236, 243）、この脈絡においてこそ、彼は絶対者について語るに至るのである。彼の見解では、主観性は、その根底的内面性において非関係的かつ完全に自己充足的であるという意味で絶対的なのである。

触発性は、絶対者の自己への完全な固着、絶対者の自己との合致にほかならないがゆえに、根底的内在の絶対的統一における存在の自己触発であるがゆえに、絶対者をその全体性において開示する。（Henry 1973: 682）

絶対者について語るとき、アンリは自己顕現の自己充足性について語っている。絶対者について語ったとき、フッサールは類似した主張をしていた。しかしながら、すぐに見ることになるように、フッサールが後にこの主張を重要な仕方で修正するに至ったと考える諸々の理由が存在するのである。

第四節　事実性と構成

フッサールにとって、実在は意識によって構成される。そのかぎりで、スミスが、フッサールにとっては何ものも意識が不在の際には現実存在しないだろう――何ものも実在的ではないだろうし、何ものも対象的でも心から独立でもないだろう——と言っている点は正しい。しかし、これは本当に「極端な」観念論的主張なのか（Smith 2003: 179）。結局、意識が必要条件であるという主張と、フィリプセのフッサールの読み方である意識が十分条件であるというはるかに徹底的な主張（Philipse 1995: 311）との間には、かなりの差異が存在する。それに反して、もともと一九五九年に公刊された論文にこう書いていたベームと比較しよう。

> 絶対的意識がなかったならば、何も存在することができなかっただろう。しかし、それは、絶対的意識によって、存在するすべてのものが存在するということではない。[…] 絶対的意識なしには何も存在しない。もっとも、絶対的意識と共には何もないのであるが。つまり、意識は、他のすべての——すべての実在的な——存在の「絶対的に」必然的な基礎であるかぎりで、超越論的絶対者なのである。しかし、けっして、すでに他のすべての存在は、単に絶対的意識が存在する場合に、存在する——あるいはただ存在することができる——のではない。[…] 超越論的意識は、自らすでに他の——実在的——存在を創造することができるような存在ではない。
> (Boehm 2000: 184)

フッサールがどのように対象が意識において構成される〔自らを構成する *konstituiert sich*〕のかについてよく語っていたことは偶然ではない、と私は考える（e.g., Hua 1/102, 1/120, 1/137, 3/117, 3/275, 4/23, 15/19）。構成的能作のもつ性格を適格に理解するためには、その相関関係を念頭においておくことが必要である。現出は誰かにとっての何かの現出なのである。顕現の与格だけではなく、顕現の属格もまた存在し、レヴィナスはかつて、フッサールについての記念号のために書いた「表象の没落」というぴったりの表題をもつ論考において、次のように述べていた。

> 志向性は、すべての意識が何かについての意識であることを意味するが、しかしとりわけ、あらゆる対象が、それを通してその存在が輝き出で、そうすることで現出する意識を引き起こし、言わば生じさせることを意味する。
>
> (Levinas 1998: 119)

彼自身の著述のなかで、フッサールはしばしば、具体的自我はそれに対して異他的なものとの関係から独立に考えることはできないことを明らかにした (Hua 14/14)。これはすでに、彼の志向性理論においてはっきりと説明されていた。

> 志向的関係(それはまさに意識と意識客観との間の関係である)の本質には、意識、すなわちそのつどのコギタチオは、それ自身ではないものについての意識であるということが、本来的に属している。
>
> (Hua 13/170)

> 自我は、それが志向的に関係している非自我なしには思考可能ではない。
>
> (Hua 14/244)

自我はそれだけである何かではなく、自我異他的なものは自我から分離されるものではなく、両者の間には、向き合うための余地がない。そうではなくて、自我とその自我異他的なものとは不可分なのである。
(Hua Mat 8/351–352)

意味付与(*Sinngebung*)(e.g., Hua 3/192–194)へのフッサールの論及は、構造と意味を自由に課す能動的な主観という描像をまさに喚起し、それによって、マクダウェルが警告している種類の「真空での摩擦なき旋回」(McDowell 1994: 11)を結果する。しかし、以下の引用が示すように、フッサールは受動性のもつ重要性をまさに十二分に認識していた。

自我的能動性は受動性――自我的受動性――を前提しており、両者は、究極的にヒュレー的な基盤という形式における連合と先意識を前提する。
(Hua Mat 8/53)

そうして、こう言わねばならないだろう。具体的自我は、意識生としてのその生において恒常的にヒュレーの、非自我の核をもつが、本質的には自我帰属的にである、と。非自我として構成された、先所与性の領界、構成された統一の領界なしには、自我は可能ではない。
(Hua 14/379)

『論理学研究』や『イデーンI』のような初期の著作において、フッサールはこう論じた。感覚体験は対象化的解釈によって生化された後ではじめて志向的になる、と(Hua 3/192)。しばしばこう主張されてきた。非志向的感覚体験という概念へのフッサールの信任は、適格な現象学的分析の成果であるよりもむしろ、英国経験論の感覚主義に彼が負っていることを露わにしている、と。つねにすでに有意味な体験に直面している通常の生において、こうした意味を欠く（と思われている）感覚体験を同定し認知することは困難であるだけではなく、感覚体験がそれ自体意味を欠いているという提案はまた、そもそもそれらがどのようにして解釈を導き、制約することができるだろうかを認識不可能にしてしまう。しかしながら、学術論文で報告されてきたように、フッサールは感覚と志向の間の厳格な分割をついには放棄するに至り（Sokolowski 1970: 142–143）、前者を本有的に有意味的とみなすに至った（Sokolowski 1970: 210–211, Holenstein 1972: 86–117）。彼が『デカルト的省察』において、彼自身の形式の観念論を、「意味のない感覚与件から有意味な世界を導出しようと」試みる「感覚主義的心理主義」の観念論から区別することに熱心だったのは偶然ではない（Hua 1/118）。フッサールの後期の見解によれば、われわれの感覚体験は自己閉鎖的ではなく、むしろ、たとえまだ十二分に構成された対象の世界ではなくとも、世界に対する開放性とみなされている。感覚されたものとして、受動的にあらかじめ与えられるヒュレー的与件は、すでに顕現した世界内的存在なのである。「印象的あるいは知覚適合的に世界内的に現出するもの一般という拡張された意味におけるヒュレー」（Hua Mat 8/70）。それにもかかわらず、区別は依然として有効である。感覚されるものは、規定途上であり、ごちゃごちゃである。つまり、それを何かとして統握し解釈することによってのみ、本格的な対象が構成される。われわれは、大きくなっていく音を聞くことと接近してくる車を聞くことの間を、あるいは、局所づけられた痛みを感じることと針の指す痛みを感じることとの間をなお区別することができるのである。

フッサールのヒュレーへの論及をどのように思おうとも、一つのことが明らかなはずである。構成についての彼の説明は、彼をして、経験の内容は何らかの仕方で形式的な自我構造から演繹することができるという見解に与させはしない。事実性の役割への彼の頻繁な指示は、まさにこの見解を除外することを意図しているのである。

> 印象という語は根源的な感覚〔するはたらき〕にのみ適切である。印象はおのずから、しかも根源的に「現」にあるもの、つまり、自我にあらかじめ与えられているもの、自我異他的なもの［*ichfremd*］として触発するものという仕方で、自我に提示されるものをよく表現するのである。　(Hua 4/336)

> 意識は印象なしには無である。何かが持続する場合、aはxa'へ、xa'はyx'a等々へと移行する。しかし、意識の産出はaからa'へ、xa'からx'a"へ向かう。それに対して、a, x, yは意識産出されたものではなく、独自の意識自発性によって産出されたものに対して、原産出されたもの、「新しいもの」、意識異他的に生成されたもの、感じられるものなのである。しかし、この意識自発性の独特さは、それが原産出されたものを生長、開展へともたらすが、「新しいもの」を創造しないということである。　(Hua 10/100)

ヒュレーは、われわれの制御を免れ、自我《エゴ》によるどんな能動的参与や寄与もなしに受動的にあらかじめ与えられる事実性の領域である (Hua 13/427, 11/386)。そして、フッサールは一九三一年の草稿において次のように論じている。構成の独立的かつ唯一の原理であることから離れて、構成する自我《エゴ》は非自我《エゴ》との関係に依存しており、ヒュレーという原事実に拠っており、それなしには世界と相互主観性は可能ではないだろう。フッサールが書いているように、ここでは究極的事実あるいは原事実が扱われているのである（Hua 15/385）。だから、構成には二つの原源泉、原自我と原非自我があるとさえ論じられるかもしれない。両者は不可分的に一つであり、だから、それ自体で考慮されるならば抽象である（Hua Mat 8/199）。両者は、構成過程、現出にもたらす過程における還元不可能な構造契機である。フッサールはときおり非自我を世界と同定するから（Hua 15/131, 15/287）――それによって、彼が『イデーンI』の第四九節において無化しようと試みた対象的実在という概念よりもむしろいっそう根本的な世界概念を取り扱っており――そして、超越論的非自我としての世界について語りさえするから（Hua Mat 8/120）、フッサールは、確かに主観性を顕現の可能性の条件と捉えているけれども、それを唯一の条件とはみなさなかったと結論することが自然であるように思える。すなわち、それは必要条件であるけれども、十分条件ではない。究極的には、構成の過程は、いくつかの絡み合った超越論的構成素が関与する過程とみなされねばならない。主観性と世界は両方必要であり、互いを分離して理解することはできない。一方が他方なしにどのようなものであるのかを尋ねることは、背景がそれ自体で、前景から独立にどのようなものであるのかを尋ねるようなものである。したがって、フッサールの立場は、メルロー＝ポンティが以下の箇所で分節化している立場とかなり近いように思える。

> 世界は主観から、まさに世界の企投にほかならない主観から分離することはできないし、主観は世界から、まさに主観自身が企投した世界から分離することはできない。主観は、世界内存在であり、世界は、「主観的」であり続ける。なぜなら、その織り目と分節は、超越という主観の運動によって突き止められるから

である。

(Merleau-Ponty 2012: 454)

これまで、私はこう論じてきた。フッサールは顕現の与格としての超越論的主観性は十分な構成的原理であると主張しなかった、と。しかしながら、彼の分析がついには、意識が絶対的であるよりもむしろ不可欠であるとみなされる立場、すなわち、その自己顕現の自己充足性を問う立場へと彼を至らせないものかどうか、不思議に思われるかもしれない。フッサールが内的時間意識についての探究を真に絶対的な次元についての探究として性格づけたことはすでに見てきた（Hua 3/182）。しかしながら、『受動的綜合の分析』において、彼はまた、それ自体で捉えられた内的時間意識は純粋であるが抽象的な形式であるとはっきりと言明している。

> さて、時間意識が同一性統一や対象性の構成の、そしてまた、すべての意識される対象性の共現実存在と継起の結合形式の原場（Urstätte）であるならば、［…］時間意識はやはり一般的な形式を確立する意識にすぎない。単なる形式はなるほど抽象であり、時間意識とその能作についての志向的分析ははじめから抽象的な分析なのである。
>
> (Hua 11/128)

時間意識についての分析は、志向的意識の一定の形式的構造にのみ取り組むという意味で、抽象的である（Hua 11/163–4, 174）。内的時間意識の三項的構造（予持‐原印象‐把持）は自己顕現の（微視）構造についての説明として真価を認められねばならないが、内容なしに原印象は存在することができず、最も基本的内容は感覚的触発性によって提供されるのである（Hua 5/11）。これが、フッサールが「感覚することと（Empfinden）をわれわれは根源的時間意識とみなす」（Hua 10/107）と書くことができ、ついには内的時間意識の現象学が、内容に付随する綜合を統御する根本的な法則と形式を扱う、連合の現象学によって補完されねばならないと強く主張する理由なのである（Hua 11/118, 11/128, 1/28）。こうしたことを背景にすると、さらにまた、意識の自己顕現は、フッサールが『イデーンI』のような著作で描き出したのと同じく自己信任的・自己充足的であるのかどうか、あるいは、自己顕現はつねに異他顕現と連動しているのではないのかと、不思議に思われるかもしれない。シュトラウスの記憶すべき言葉はこうである。「感覚経験において、私は、つねに私自身と世界を同時に経験しているが、私自身を直接にではなく、他者を推論によってではなく、他者より先に私自身をではなく、他者なしに私自身をでもなく、私自身なしに他者をでもなく経験している」（Straus 1958: 148）[7]。

　私は、フッサールが世界なしの自我《エゴ》を構成の唯一かつ至上の根拠とみなしているという主張を拒絶してきた。しかし、フッサールの事実性への論及、そして超越論的非自我としての世界、つまり、寄与する要因としての世界への彼の訴え、そしてまた、「～によって構成される」ということが「～から組み立てられる」とか「～に付随している《スーパーヴィーニング》」とか「～に因果的に依存している」とかを意味しないという事実は――シーボルトとハーディの二人が最近提案したこととは反対に（Sebold 2014: 230, Hardy 2013: 101）――フッサールの超越論的観念論が形而上学的実在論と究極的に両立可能であることを伴わない。フッサールの客観性の構成についての説明は、単純にどのように認識的行為者としてのわれわれがすでに独立に現実存在している客観的実在への接近《アクセス》を得るに至るのかについての説明であるだけではない。

サルトルはフッサールの志向性理論についての初期のテクストで次のように書いていた。

経験批判論、新カント主義という消化力のある哲学に対して、すべての「心理主義」に対して、フッサールは、事物を意識に解消することはできないとあくまで言い張った。確かに、あなたはこの木を見ている。しかし、あなたはちょうどそれがそこにあるようにそれを見ている。すなわち、道端に、土埃のただなかに、一本だけ暑さのなかで茹だるように、地中海沿岸から八キロ離れたところに。それがあなたの意識のなかに入ってくることはできないだろう。というのは、それは意識と同じ本性をもたないからである。［…］しかし、フッサールは実在論者ではない。ごくわずかな乾いた大地の上のこの木は、その後私とコミュニケーションするだろう絶対的なものではない。意識と世界は一挙に与えられている。すなわち、本質的に意識に対して外的であるが、それにもかかわらず、世界は意識に本質的に相対的なのである。(Sartre 1970: 4)

カントについての最近の著作のなかで、アレーは本質的に顕現的な特性を、顕現的な特性と対照している。後者が、経験においてわれわれに現前呈示されることがある対象の特性であるのに対して、前者はその現実存在が経験においてわれわれに現前呈示される可能性から独立してはいない特性である (Allais 2015: 101)。アレーがカントにおける本質的に顕現的なものについて言っていることの多くは (Allais 2015: chap. 5)、フッサールの立場を明晰にするのに用いることもできる。

---

(7) この論題についてのいっそう包括的な議論に関しては以下を見よ。Zahavi 1999.

フッサールにとって、志向性の教訓は、意識に対して超越的な何か、意識にとって入手可能かつ接近《アクセス》可能で、意識と相関している超越的な何かが存在するということである。心は本質的に開かれており、実在は本質的に顕現的である。実在的であるあらゆるものは原理的に、われわれが直知することができるようになる何か、経験においてわれわれに現前呈示されることがある何かでなければならない。意識に対して現前呈示されている対象について語ることは、必然的に二つの独立的要因、対象と意識的主観の間の関係について語ることである。前者の性質、特徴、特性は、それらの後者に対する関係から分離することができない。そのかぎりで、それらは心依存的であるが、これは、それらが文字どおり心のなかに現実存在しているとか、それらが心内部的変様や構築物であるとかいったことを意味しない。また、それらが現勢的に経験されるときにだけ現実存在するということも意味しない。対象は、経験されていないときでさえそれらの本質的に顕現的な特性をもち、意識的生物の出現以前も、それらの終局的絶滅の後でも、顕現的特性を所有することもできるのである。対象は公共的空間のなかに現実存在し、相互主観的に接近《アクセス》可能であり、そのかぎりで超越的なものとして、しかし、本質的に顕現可能なものとして与えられ、それらは経験において与えられうるものを超越する本性をもたないのである。

フッサールにとって、志向性の研究は、単に心の諸々の働きについてわれわれに何かを告げるだけではなく、実在の地位への洞察も与える。それがそうするのは、心と世界が一緒に結びついているからなのである。フッサールは——私が後で立ち返る理由があるだろう術語を用いれば——相関主義者であり、そうであることによって、彼は形而上学的中立性と形而上学的実在論の両方を十分に超えているのである。ベックは一九二八年に次のように書いていた。

「相関主義」はここでは、観念論や実在論、主観主義と客観主義、内在哲学と現象主義や実在哲学という古い選言を、世界自体はそれについての意識から独立的に現実存在せず、単なる意識ないし意識主観は現実存在せず、世界はただ意識ないし主観の単なる様態〔体験、機能、内容〕としてのみ現実存在するのでもないというテーゼのために克服した、フッサールとディルタイによって仕上げられた立場の名称を表す術語として役に立つはずである。〔改行〕そして、われわれは、世界をそれ自体で、すなわち、われわれの意識から独立にあるとおりには、認識せず、その彼岸に本来の、真の世界自体が現実存在するだろう単なる仮象世界も認識しないのである。〔改行〕相関主義の対抗テーゼは肯定的に響く。意識と世界、主観と客観、自我と世界はそれ自体、上記の選言一般が意味をもたないような種類の相関的な、すなわち、双方的に制約する存在連関にある。（Beck 1928: 611）

このことは、フッサールの超越論的観念論や心と実在の間の構成的（相互）依存についての理解に向き合うわれわれをどこに連れてゆくのだろうか。フッサールは、形而上学的観念論者であることが、あらゆるものは心的なものに還元可能であるか付随《スーパーヴィーン》するかのどちらかであるということを伴うならば、形而上学的観念論者ではない。彼は、世界内的対象が超越論的主観性に構成的に依存しているという見解を唱道するかぎりで、超越論的観念論者である。しかしながら、超越論的主観性は、それが構成する対象を創造しない。対象を、何らかの仕方で、主観性の働きから演繹することができ、それによって説明することができるといった意味で、それらの源泉なのでもない。それは、水がヘリウムとキセノンよりもむしろ水素と酸素から成り立っているという事実が、意識との関係で何らかの仕方で説明することができるかのようにあるのではない。構成する超越論的主観性について語ることは、それ自身の心像《イメージ》における世界を形成する心について語ることではなく、むしろ構成的過程は構成されるものに現出し、開展し、顕現し、あるがままに現前することを許す過程として理解されるべきなのである（Hua 15/434, 14/47）。ハイデガーはかつてこう評言していた。「「構成すること」は作ることや完成することとしての生み出すことではなく、存在者をその対象性において見えさせることを意味するのである」（Heidegger 1985: 71）。しかしながら、フッサールが対象の存在意味（*Seinssinn*）と存在妥当（*Seinsgeltung*）について語り、それらの構成についての詳細な記述を提供するとき、彼は単純に対象の意味についての探究に従事しているのではない。それはさらにまた、その後の存在の（非現象学的）探究によって補完されるのである。超越論的態度の採用後、エポケーと還元の実行後には、すでに言及したように、対象の妥当性と意義をその実在と存在から切り離すことはもはや許容されない（cf. Fink 2000: 117）。ソコロフスキは、フッサール特有の観念論の変奏を説明しようと努力するなかで、かつて次のように述べていた。

> 事象を哲学的に吟味するとき、どのようにそれらが現出あるいは顕現するのかを吟味するとき、われわれはそれらの存在もまた吟味している。それらの現出は、それらの現実存在する仕方から区別されるものではない。それらの現実存在の一部は意識に対して現前可能なはずである。中世の専門術語では、真理は、存在そのもののもつ超越論的なもの、特徴的なものである。現前可能性や認識可能性は、存在者であるかぎりでの事象に属するのであり、空間的な、色づけられた、大きい、小さいかぎりでの事象に属すのでは

ない。存在をその現前可能性において議論することを怠ったならば、われわれは存在についての哲学者としては不完全な仕事をするだろう。さて、存在の現前可能性が、顕現の与格を要求する以上、真実であるというその能力を行使するためには、事象は意識との関係において吟味されねばならないことは真である。それゆえ、哲学的な観点、われわれが事象の現前可能性を吟味する観点から、事象は顕現の与格に相対的とみなされねばならない。しかし、意識が事象の現出の条件であるとしても、意識はそれらを創造しないのである。（Sokolowski 1977: 179）

第五節　内在主義と外在主義を超えて

現象学を内在主義‐外在主義の定規のどこに据えるべきなのか。一つの返答は、一義的な答えを与えることはできないということである。フッサールは、デカルト主義者、方法論的独我論者、表象主義者であり続けているのに対して、ハイデガーとメルロ‐ポンティはデカルト主義を捨て、方法論的社会論者であり、世界に直接的に通じていることを選好して、表象なしで済ます。この種の読み方によれば、フッサールの超越論的方法論は彼を内在主義に与させるが、それに対してハイデガーとメルロ‐ポンティの実存論的現象学はある形式の外在主義に与している。なぜなら、彼らは、心は世界に対するその志向的関係性によって本質的に規定されているという見解を十二分に是認するからである（cf. McClamrock 1995, Keller 1999, Carman 2003）。

すでにここまでで明らかになっているように、この解釈はあまりにも単純化されすぎている。それは、フッサールが伝統的内在主義者ではないことを示すたくさんの証拠を無視している。しかしながら、同時に、例えば、ハイデガーを伝統的外在主義者として描写しようとする試みもまた問いに付されるかもしれない。ハイデガーの世界内存在概念は、心の埋め込まれた、世界関与的性格を集約的に示すとよく捉えられている。しかし、ハイデガーはときおり、意外なほど内在主義的に聞こえる見解を表明する。例えば、ラフォントはこう論じている。存在者への接近《アクセス》は、その存在についての先立つ理解なしにありえないというハイデガーの主張は、意味が指示を規定するという内在主義的見解への彼の関与《コミットメント》を表明している、と（Lafont 2005: 523–525）。一九二五年の『時間概念の歴史についての序説』でハイデガーは、知覚は、仮に対象が現実存在しなかった場合にはその志向性を失うかのように、対象が何らかの仕方で知覚との関係に入る場合にのみ志向的になるわけではないとしている。ハイデガーが書いているように、知覚として、それは、知覚されるものが実際に手許にあるかどうかにかかわらず、「本有的に志向的」なのである（Heidegger 1985: 31）。一九二七年の『現象学の根本問題』において、ハイデガーはこの性格づけを繰り返し、こう付け加える。志向性を心理的主観と物理的対象の間の関係として解釈することは決定的な誤りである、と。この事態の真理は、主観はそれ自身の内部で志向的に構造化されているということである。志向性は、対象の現勢的現前を通して初めて生じるのではなく、真正であれ虚偽であれ、知覚することとそのものの内に存する（Heidegger 1982: 59–61）。こうした言明――そしてかなり類似したものはフッサールにもまた見出すことができる（Hua 19/451）――は、一見してかなり内在主義的であるように見えるかもしれず、それらもまた、初期ハイデガーの何度も繰り返されるもう一つの考え、つまり、生のもつ志向的かつ世界に方向づけられた性格こそ生そのもののもつ特徴であり、外から付け加えられたものではないという意味において、生は自己充足（*Selbstgenügsamkeit*）によって性格づけられるという考えによく適合してもいる（Heidegger 1993: 261）。

外在主義は、志向性が意味によって規定され、主観性によって条件づけられることを否定するが、むしろ志向性がある種の因果的共変に還元可能であるならば、現象学者の誰も外在主義者とはみなされないだろう。しかし、これは外在主義を定義する唯一の道ではない。ちょうど内在主義のように、外在主義はこう断言することができる。意味は、当該の意味が外的に埋め込まれていたり世界関与的であったりするかぎりで、指示を規定する、と。マクダウェルは、はっきりとこう論じている。意味についての外在主義的説明は心についての外在主義的説明によって補完されるべきである、と。パトナムは、意味は「頭のなかになどない」（Putnam 1975: 227）と論じていることで有名であるが、マクダウェルは次のように付け加える。心もそうではない、と（McDowell 1992: 36）。心と意味の両方が世界内的に埋め込まれていると捉えられるときには、意味が心の働きに関係づけられるということ、そして意味が指示を規定し固定するということを否定する理由は存在しない。ときどき、マクダウェルはカント以後の（超越論的）観念論に対する彼の共感を肯定する点でかなりはっきりしているし（McDowell 2002: 271）、そうすると同時に、心についての外在主義的見解を是認するということの間に衝突を見ていない。マクダウェルが論じるように、彼が超越論的根拠に基づいて推奨する直接的知覚的実在論は、事象がどのようにあるかに応じて経験を開放的にするもの、すなわち、認知する存在者としてのわれわれが「それ自体で」現実存在しているがままの世界から何らかの仕方で切り離されているということを否定するものである（McDowell 2002: 291）。だから、マクダウェルは、その志向が絶対的観念論の修辞法《レトリック》を飼い馴らそうとする何者かだとみなされるのであって、したがって、絶対的観念論は通常の世界の独立性に対する常識の尊重を保護することをねらうある種の直接的実在論として露わになるのである（McDowell 1994: 44, cf. Friedman 2002: 33）。

『世界を表現すること』という著書のなかで、アンソニー・ラッドは、実在論的外在主義とカント的外在主義の間の有用な区別を導入した（Rudd 2003: 44）。どちらの形式の外在主義も志向性を真剣に捉えている。両者は心の自己充足的本性を否定し、心は世界につながれていると論じる。しかし、カント的外在主義はそこで、逆もまた妥当すると論じることによって捻りを加える。彼の観念論論駁において、カントは、私は自分の周りの世界を意識しているときにのみ私自身を意識することができると論じた。しかし、心が結びつけられている世界は現象的世界であり、等しく心に結びつけられている。こうした動きがカントに、心と世界の間に楔を打ち込もうとする懐疑論を拒絶することを許したのだったが、しかし、カントは——少なくとも一つの影響力のある解釈によれば——現象的世界と物自体の本体的《ヌーメナル》実在を区別するに至ったから、彼は単純に懐疑論的問題を再配置したにすぎないと言われるかもしれない（Rudd 2003: 5）。いっそう徹底的な措置が現象学者たちによって実行された。彼らは物自体概念を、理解不能で無意味なものとして拒絶した（cf. Hua 1/38–39）。彼らの見解では、心と世界は別個の存在者ではない。むしろそれらは構成的に結びつけられている。別様に述べれば、現象学者は、たいてい心と世界の間の関係は内的関係、その関係項の構成的関係であり、因果性という外的な関係ではないと論じるだろう（cf. Rudd 2003: 53, 60）。いったいどう結論すべきだろうか。内在主義者であるよりもむしろ、現象学者はある形式の観念論的外在主義、ある種の現象学的外在主義を追及していると結論づけるべきなのか。

内在主義と外在主義の間の選択を呈示する自然な仕方は、以下の問いを尋ねることによる。志向性は心に対して内的な要因によって規定されるのか、あるいは、心に対して外的な要因によって規定されるのか。しかしながら、利用可能な選択肢を呈示する見たところ非常に平易な仕方は、いっそう詳しく調べてみると、まったく不十全なのである。というのは、内在主義はたいてい心と世界の間の隔たりを要請するのに対して、外在主義はまさに世界は心に対して外的ではないと論じるからである。しかし、外在主義が心と世界が分離不可能であると論じるものとみなされるとき、外在主義は、志向性をこの全体に対して内的な要因によって規定されていると捉える立場としてかなり容易に呈示することができるだろう。そのように定義された外在主義はしかしながら、志向性が心に内的な要因によって規定されると強く主張する種類の内在主義から区別しがたいが、この内在主義は心を十分に幅広い言い方で考えているのである。『存在と時間』からの以下の有名な箇所を考察しよう。

〜へと向かい、把握する際に、現存在は、およそはじめて、それがさしあたり閉じ込められているその内部領分から出て行くのではなく、その第一次的存在様式にしたがってつねにすでに「外」に、そもそもすでに発見された世界で出会われる存在者の許にある。そして、認識すべき存在者の許に規定しつつ留まることは、およそ内的領分を去ることではなく、対象の許でのこの「外‐存在〔外にあること〕」においても、現存在は正しく理解される意味で、「内部」にある。すなわち、現存在自体が、認識する世界内存在としての現存在なのである。さらにまた、認識されるものを聞き取ることは、把握しつつ外へ出て行くことが、獲得した獲物と共に、意識という「容器」のなかへと帰ってくることではなく、聞き取り、保存し、保持する際でも、認識する現存在は現存在として外にとどまっている。(Heidegger 1996: 58)

ハイデガーがきわめて明確にしているように、現存在と世界の間の関係は、「内」と「外」という概念を援用することでは十分には性格づけることができない。現存在はつねに事物の間に住まっているから、現存在は外側をもたないのであって、それはまた、内側をもつものとして現存在について語ることが無意味な理由でもある(Heidegger 1982: 66)。

内在主義と外在主義の間の二者択一そのものが、デカルト的内-外の分割に結びつけられ続けているが、しかし、この分割はまさに現象学が打ち壊したものなのである。メルロ-ポンティは次のように述べている「内と外は不可分である。世界はすべて内にあり、私はすべて外にある」(Merleau-Ponty 2012: 430)。

重要なことには、これはハイデガーとメルロ-ポンティの後期の洞察だったのではない。すでに『論理学研究』において、フッサールはこう論じていた。内側と外側の間の安易な分割はその起源を素朴な常識的形而上学にもち、志向性の本性についての適格な理解にとってはまったく不適切である、と(Hua 19/673, 708)。心と世界の間の常識的な分割をフッサールが退けたことは、彼の超越論的転回の後ではさらにいっそう著しい。フッサールは一九二一年のテクストで次のように書いている。「超越論的自我は外をもたない。それ〔超越論的自我が外をもつことなど〕はまったく無意味である」(Hua 36/179)。あるいは、A VI 21草稿ではさらにいっそう明確に言明されている。「超越論的自我は世界の内にも外にもなく、世界もまた超越論的自我の内にも外にもない[8]」。

フッサールにとって、世界を何らかの仕方でわれわれの外側とか外部とみなすことは、意識を何らかの仕方で内面的領分の内側に位置づけられるものとみなすことと同じく誤導的である。したがって、意識は外面をもたないと論じることは、存在するあらゆるものは意識に対して内的であると強く主張することではない。意識は世界を、それを認識する際に吸収すると主張することは、意識は、世界に届くために文字通り自己自身の外側に出なければならないと言うことと同じく間違いである。こうした提案はみな等しくばかげており、意識が容器でも特別な場所でもなくむしろその開放性という点から定義されるべきであることを認識し損なっている。

したがって、フッサールがどのように志向性を考え、心‐世界の関係性を考えているのかを考察してみると、私は、彼の思考を内在主義‐外在主義論争の枠組みの内部に状況づけることが——ローランズ、カーマン、ドレイファス、マッキンタイアがしたことに反して——本当に意味をなすのかどうか疑わしいと思う。この二つの術語を回避することは、すべての問題を解決することにはならないにしても、少なくとも考察が誤導的比喩によって導かれることを回避させるかもしれない。フッサールの思考の超越論的枠組みを考えれば、内在主義‐外在主義の分割はその関連性を失う。実際、還元の主な教訓は自己

(8) Ms. A VI 21, 25a: "Das transzendentale Ich ist weder in noch ausser der Welt, und auch die Welt ist weder in ihm noch ausser ihm."

閉鎖的な心と心なき世界との間の二元論の拒絶であると言われるかもしれない。究極的には、現象性の構造についての現象学的探究は、何らかの対象――外的であれ内的であれ――が自己自身を顕現する次元そのものについての探究であるから、心理的内面性と物理的外面性の間のどんな分割にも先立つということの真価を認めるべきなのである（cf. Heidegger 1996: 385, Waldenfels 2000: 217）。

第六節　相互主観性と超越論的なもの

しかしながら、この時点で、批判者は最後の反撃を仕掛けるかもしれない。たとえ、フッサールの志向性理論が、彼を内を見る内在主義に与させないとしても、フッサールの根深い内在主義は他の場合に、つまり、ある形式の（形而上学的ではないにせよ）方法論的独我論に与する場合に明白だからである。独我論はフッサール的現象学の致命的な弱点かもしれないという主張は新しくはない。しかしながら、私が以下で論じるように、フッサールは独我論者でないだけではなく、フッサールの批判者のほとんどがこの論題についての彼の思考のもつ徹底性を把握し損なってきた。フッサールにとって、相互主観性は、超越論的現象学が取り組まねばならない孤立した問題ではない。むしろ、相互主観性が考慮に入れられるときにだけ、超越論的観念論の真正の意味を本当に理解することができる。あるいは、フッサール自身が述べているように、相互主観性についての彼の反省こそが、超越論的現象学の「まったき本来の意味」をはじめて理解可能にするのである（Hua 1/176）[9]。

この争点に、フッサールのカントに対する関係性を簡潔に吟味することを通して取り組みたい。一九二五年に、フッサールはエルンスト・カッシーラー宛の書簡を書いた。そこで彼は、彼自身のカントについての評価の展開についていくらか詳細に記述している（Hua Dok 3-V/4）。最初は、フッサールはブレンターノのカントについての否定的査定によって強く影響されていたが、その後の研究が、フッサールに彼自身の企図とカントの企図の間の親近性を認識させた。

根源的にカントに敵対的でしたが、確かにカント的哲学の本来の意味に対しても敏感ではなかった私自身の発展は、デカルトと一八世紀のカント以前の哲学を受け継いでおり、ブレンターノ、ロッツェ、ボルツァーノからの重要な衝撃によって当然共に規定されていました。しかし、私が数学者としての私にとってごく自然な学問論的根本問題によってつねに新しい方法へ、必然的な帰結として、再三前提なしの確認と絶対的な正当性表明を沈思黙考しつつ、形相的意識分析の方法へと貫通したとき、そして、私に現象的還元でもってすべての認識の原源泉の領界が開かれたとき、私は認識しなければなりませんでした。私に癒

(9) フッサールの超越論的観念論について扱う際にフィリプセが単純にこう書いているのは驚くべきことではない。現象主義に与するがゆえにフッサールは独我論という問題に対決することを強いられ、これはフッサールが解決することができない問題だった、と（Philipse 1995: 281）。代替となる取り組みはフッサールの相互主観性についての広範な議論に、そして空間的対象は公共的であるという彼の主張に真剣に取り組むことだっただろうし、そのうえでフッサールはとうてい現象主義者ではなかったと結論することだろう。

合している学問は本質的に別種の方法において（いまや初めて深く明晰な意味を受け取った）カント的問題構制を包摂しており、それが厳格に学問的な根拠づけと限界づけの際に、カントの主要な成果を証明した、と。（Hua Dok 3–V/4）

もちろん、カントのフッサールへの影響がとりわけ可視的な、ある場所が存在する。フッサールが『第一哲学I』で認めているように、彼自身の現象学を超越論的と明示することを決めたとき、彼はカント的概念を使用していた（Hua 7/230）。彼は次のように続けている。

したがって、彼［カント］の永遠の意義は、語られること多くして理解されることの少ない、世界の原理的に新しく、その場合厳格に学問的な意味解釈への「コペルニクス的」転回にある。しかし同時に、それに帰属する「まったく新しい」学問——超越論的学問——の最初の根拠づけにある。（Hua 7/240）

フッサールの現象学を査定する際、カントへの論及は、とりわけフッサール的現象学は単にある形式の内観的心理学にすぎないという繰り返される主張に直面した場合、まったく適切である。しかしながら、こうはいっても、カントとフッサールの間のいくつかのかなり重大な差異を見過ごさないように注意深くあるべきでもある。手短に言えば、超越論哲学が全一的なものであると考え、カント的（そして新カント的）超越論哲学と、現象学に見出される形式の超越論哲学の間の差異を見過ごしてしまうのは間違いだろう。

『危機』におけるフッサール自身の説明は、こうした脈絡において興味深く、啓発的でもある。哲学の歴史へのフッサールの目的論的な取り組みは、彼が現象学を超越論哲学の最終形式（*Endform*）として記述するときに表面化する（Hua 6/71）。しかしながら、超越論哲学の歴史について説明するとき、フッサールはこう強く主張する。彼は、いわばすべての認識形成の一人称的基礎への根本的反省的探求に論及するときに、カントがしたよりもいっそう幅広い超越論哲学の構想で動いている、と（Hua 6/100）。数頁後で、彼はこう付け加える。超越論哲学は客観主義に対する批判と、意味と妥当性のすべての客観的形成の場としての主観性についての解明とによって性格づけられる、と（Hua 6/102）。そうした一般的定義に基づいてこそ、ひょっとすると幾分驚くべきことには、フッサールはカントだけではなく、デカルト、バークリー、ヒュームもまた超越論哲学者に数えているのである（Hua 6/272）。実際、一人称反省のもつ重要性へのデカルトの強いこだわりは、フッサールにデカルトを真の革新者、超越論的動機を近代哲学に導入した最初の人とみなさせたものである（Hua 6/100）。

フッサールによるカントについての散在する評言のいくつかをいっそう詳しく見るならば、すでに『論理学研究』でフッサールがカントを形而上学的に汚染された認識論をうまく避けることができなかったと批判しているのが見出される（Hua 19/732）。そののち、フッサールはカントが適格なアプリオリ概念をもたず、感覚と悟性の間の強すぎる区別で動き、自然科学に定位しすぎており、ノエシス的分析とノエマ的分析を混同しており、方法論的厳格さを欠いていると咎めているのが見出される（Hua 7/198–199, 235, 282, 6/420–421, 5/128, 3/246, 1/48）。方法上の差異ということになれば、一九二〇年の草稿に有力な言明を見出すことができる。そこでフッサールは以下のように書いている。「カントの演繹は上からの超越論的意識研究の傑作である。すべての現象学的分析からそれは遠く離れている」。そしてさらに次のように付け加える。そうした演繹を現象学者は不満顔で（かぶりを振って）迎えることができるにすぎない（Quoted in Kern 1964: 104）。数年後、フッサールはこの評言を敷衍し、こう書いている。世界のアプリオリな構造の超越論的演繹は二つの道程を取ることができる、と。下からの直接的な道が存在し、それは出発点を世界についての具体的な先述定的経験に取るが、さらにまた上からの道が存在し、それはその出発点を論理学に取る。最初の道が現象学的な道であり、第二の道はカント的な道である（Hua 32/103, 112）。超越論的なものの心理学化に対する彼の恐れのせいで、カントは探究の基礎を体験的明証に置こうとする試みを放棄し、その代わりに、フッサールによれば、構築にあまりにも依存し続けて、超越論的概念を根本的に不明晰なままにする後退的な手続きに訴えた（Hua 6/104, 117）。したがって、フッサールはどんな種類の後退的超越論的論証からも距離を取り、カントの演繹的方法を後退的‐構築的であると批判する。それは直観的基礎を欠いており、意識についての適格な説明をわれわれに提供することができない。それに反して、現象学的超越論哲学は、超越論的な、構成する意識の構造は直観的所与にもたらされねばならない、すなわち、体験的に接近《アクセス》可能でなければならないという考えに与している。モハンティはかつて彼が「原理的‐理論的」類型の超越論哲学と呼ぶものと「明証的‐理論的」類型の超越論哲学と呼ぶものの間の差異を指し示した（Mohanty 1985: 215）。批判的（原理的‐理論的）であり続けるカント的超越論哲学とは対照的に、現象学はその探究を志向性理論に根拠づけることを強く主張してきた。なぜなら、そうした理論だけが独断論を回避すべきならば必要となる明証と一人称的所与の明晰化を提供することができるだろうからである（Crowell 2001: 54, 58）。

彼のカントについての最も長大なテクストのうちの一つ、一九二四年にカント生誕二〇〇年記念式典のために執筆され発表された「カントと超越論哲学の理念」というテクストで、フッサールはこう書いている。超越論哲学はすべての様相における意識についての体系的記述と分析とに基づいているべきである、と（Hua 7/234-235）。しかしながら、フッサールにとって、超越論的意識は単に構成の形式的原理ではない。それは「死せる同一性の極」（Hua 9/208）ではないのであって、このことが、現象学が意識の深部に至る探究を強く主張しなければならない理由である。こうした要求こそがカントの超越論的なものという概念の拡張をついには必要とするのである。なぜなら、それは人文学と人間的社会性と文化の多様とを超越論的分析に含める必要があることを証明するからである（Hua 7/282）。こうした考え方は数年後に彼がこう書くとき、さらに彫琢される。

> 確かに、超越論的主観性が孤立したエゴとして解釈され、カント的伝統に従って超越論的主観共同体の根拠づけという課題全体が見過ごされるように、超越論的自己認識と世界認識へのすべての見込みは失われている。（Hua 29/120）

したがって、フッサールがしばしば彼自身の企図を社会学的超越論哲学として記述し（Hua 9/539）、現象学の展開は「自我論的［…］現象学から、互いにコミュニケーションする諸々の意識的主観の顕現的多様性への関係をもつ超越論的社会学的現象学への」（Husserl 1981: 68）進展を必然的に含意すると宣言さえすることは、偶然ではない。

多くの機会に、フッサールは超越論的主観性への還元は、超越論的主観性の内部で接近《アクセス》可能にされる超越論的相互主観性への還元を同時に意味すると言明する（Hua 15/73-75, 403）。そして彼が『相互主観性の現象学Ⅲ』において明らかにするように、相互主観性の導入は、超越論的主観性の何らかの外的拡張を意味せず、むしろ主観性がそもそもどのようなものであるのかについてのよりよい理解を単純に表現しているにすぎない（Hua 15/17）。類似した考えは、フッサールの著作の他の場所にも見出すことができる。例えば、『第一哲学Ⅱ』において、フッサールはこう書いている。そのまったき普遍性における超越論的主観性はまさに相互‐主観性である、と（Hua 8/480）。『相互主観性の現象学Ⅰ』のなかで公刊されている一九二七年の研究草稿では、フッサールはこう書いている。絶対的なものは諸々の主観の間の相互主観的関係として開示される、と（Hua 13/480）。そして、彼はメルロ‐ポンティが後に詳細に議論することになった『危機』からの有名な引用において、ついには次のように述べる。「主観性は、相互主観性においてのみ、あるがままである、すなわち、構成的に機能する自我である」（Hua 6/175）。

超越論哲学と相互主観性の間の結びつきは、多くの機会にフッサールによって確認されている。彼はよくこう書いている。相互主観性を現象学的に取り扱うことは、構成的分析を完成へともたらすことを目標としている、と。その完成とは、超越論的相互主観的社会性が、すべての真理およびすべての真の存在がその志向的源泉をもつ基礎であるということが認識されるときに達成される完成である（cf. Hua 1/35, 182, 8/449, 9/295, 344, 474）。すでに見てきたように、現象学は、まさしくどのように超越を構成的に理解することができるのかという問題を扱うがゆえにこそ超越論的なのである。そして、フッサールが繰り返し言明するように、この明晰化は、相互主観性についての分析という仕方によってのみ可能なのである（Hua 8/465, 17/259, 1/10）。彼は後期の二つのテクストで次のように書いている。

> そのなかで世界が構成されている超越は、超越が他者と世代生産的に構成された共主観性を手段として構成され、それを通して無限の世界としての存在意味を獲得するということに存する。（Hua Mat 8/393）

> ここにただ一人本来的にそのように呼ぶことができる超越があり、客観的世界のような、それ以外のなお超越と呼ばれるすべてのものは、異他的主観性の超越に依拠している。（Hua 8/495）

フッサールは他者をそれ「自体最初の異他的なもの」としても記述し、こう論じる。構成的現象学だけが他の心という問題の意味と範囲を認知している、つまり、どのように「他者の異他性が、世界にこうした意味をはじめて与えつつ、客観性としての世界全体に転用されるのか」（Hua 1/173）を認知することによって認知している、と[10]。

フッサールの熟慮はこうした非常に高度なレベルの抽象においてだけ生起するのではない。彼は、客観性が構成されるべきならば要求される特定の自‐他関係についての分析もまた提示する。他人との遭遇を通してこそ、私は、多のなかの一にすぎず、世界への私自身のパースペクティヴはいくつかのもの

（10） フッサールの思考のもつこの局面についての、一冊の本にもなる議論に関しては以下を見よ。Zahavi 2001.

のうちの一つにすぎないことを認識するようになるのである（Hua 17/245, 15/645, 1/157）。他者が私が経験するのと同じ対象を経験しているということを経験することによってこそ、私は他者を単なる私に対する対象であるより以上の存在として経験するようになる。私の統握の志向的対象が他者によってもまた経験されることがあることを私が認識するとき、私は同じ対象が諸々の異なる主観に対しても現出することがあること（Hua 13/9）、対象そのものと対象が私に対して現出する仕方の間に差異が存在することを理解するようになる。それは、適格な客観性の構成への決定的な一歩である。私が他者に関係する諸々の異なる仕方について記述する際に、彼はさらに特別な種類の他者経験、つまり、私が他者を私自身を経験するものとして経験するような他者経験のもつ重要性を際立たせる。他人にとっての対象であるという私の経験、すなわち、私の他者媒介された自己統握は、彼の見解では、客観性の構成のために決定的に重要である。私は、ちょうど他者が私にとってそうであることができるように、私が他者にとって他ナルエゴでありうるということを認識するとき、ちょうど私が他者を一つの自己とみなすように、他者が私を他者とみなしているということを認識するのだが、そのとき

自己と異他的自我の間の区別は消失する。つまり、私が他者を私にとって異他的なものとして統握するように、他者は私を異他的なものとして統握し、彼は彼自身「自己」である等々。かくして同格化が生じる。同等な種類の、同じ意味において自立的で、感じ、意欲する自我の多様が生じる。（Hua 13/243–44; cf. Hua 15/635）

したがって、フッサールの中心的考えは、「あらゆる人に対して妥当する」と理解される客観性の超越論的明晰化は、相互主観性についての分析を要求するということである（Hua 17/243）。これがそうであるのは、私が対象を実在的・客観的と統握することは他の世界と関係する諸々の主観によって媒介され、主観に依存しているがゆえのみならず、フッサールが究極的に妥当する真の世界という意味における客観性を理念的・相互主観的和合の相関者とみなしているがゆえでもある（Hua 8/47–8）。われわれが探求の途の最後に同意するもの以外に、有意味に真なる実在は存在しない。フッサールの見解はここで幾分パースの見解に親近性がある。

> さらにまた実在的なものは、遅かれ早かれ、情報や推論が最終的に帰するだろうものであり、それゆえ私やあなたの気まぐれから独立したものである。だから、実在についての構想の起源そのものが、この構想が、明確な限界なしに、共同体（COMMUNITY）という概念を本質的に含み、知識を確実に増大させられることを示すのである。
> （Peirce 1955: 247）

このような考えはフッサールの後期著作で最も力強く分節化されているけれども、けっしてその期間の彼の思考に限られたものではない。すでに『イデーンI』の頃に書かれたテクストにおいて、相互主観性と客観性の間の結びつきに関するフッサールの分析には、超越論的主観性についての彼の構想のための含蓄があった。例えば、一九一四–一五年頃のテクストでフッサールは、現勢的存在、あるいは現勢的実在の存在は、形式的な認知する主観に対する関係を単純に伴うよりもむしろ、身体化され、埋め込まれた主観に関係していなければならないという提案を考察している。どのような論証なのか。客観的世界は相互主観的に構成されるが、相互主観性は、諸々の身体化され、埋め込まれた主観の間でだけ可能なのである。別様に述べれば、すでにこうした彼の思考の比較的初期段階で、フッサールは世界を構成するために主観は、必然的に、構成しようとしている世界そのものに身体的に埋め込まれていなければならないという考えを考察している（Hua 36/133–135, 5/128）。『デカルト的省察』のような後期の著作では、フッサールはよりいっそう明確になり、世界の構成が構成する主観の内世界化を含意する——すなわち、客観的世界を構成するために、超越論的主観性は自己自身を世界内的存在としてほとんど必然的に統握する——と強く主張するだろう（Hua 1/130）。

そうした考えは、フッサールが方法論的独我論者、原型的内在主義者であり、心を何らかの種類の自己充足的な構成的原理とみなしているはずだという想定とそう易々とは適合しない。フッサールの定式化と専門用語はつねに透明な仕方で明晰というわけではないが、私は彼が結局採用することになった見解は以下のようなものだと考える。すなわち、フッサールは、実在はつねに誰かにとっての実在であるという見解を首尾一貫して持ち続けていた。つまり、実在はつねに構成する主観性と相関している。しかし、結局彼は、主観は、ちょうど構成が単純に単一の主観と世界とを巻き込む関係ではなく、むしろ相互主観的過程とみなされねばならないものであるのと同様、その構成的能作によって触れられずにとどまるものではないことを認識するようになった。さらにまた彼が直面した問題は、自己、世界、他者の間の精密な相関関係を明晰にすることだった。これは彼の後期の著述において最も明白である。そこでは、その三つは次第に絡み合い、相互依存的になるのであり（cf. Hua 8/505, 14/373）、フッサールはハイデガーとメルロ゠ポンティによっても異なる仕方で追及される考えに集中しているように思える。一例として、『デカルト的省察』で呈示された論証を改訂し改善しようとフッサールが試みている間に書かれた、一九三一年のテクストを考察しよう（Hua 15/li-lviii を見よ）。このテクストにおいて、フッサールは、私はどのように私にとって他者である者なしに私であることができず、その逆もまた真であるのかについて語っており（Hua 15/370）、どのようにして志向的相互存在、この絶対者の絡み合いが「形而上学的」原事実（*Urtatsache*）であるのかについて語っている（Hua 15/366）。実際、どんな絶対者もこうした超越論的共現実存在から退去することはできない。「私が独我でないのみならず、考えられる絶対者は独我ではない」（Hua 15/371）。しかしながら、フッサールは加えてまたこう書いている。絶対的に自己自存的である自然を措定することは無意味である。自然は、身体化された人間の周囲世界としてのみ、超越論的相互主観性と相関しており、超越論的相互主観性によって構成されているものとしてのみ思考可能である。究極的には、フッサールはさらにまたこう提案する。自己、他者、自然（世界）の共現実存在は還元不可能な事実性に等しく、それを克服する（あるいは根拠づける）ことを求めるのは無意味である（Hua 15/ 371）。

この結論がもたらすかもしれない一つの懸念は、それがわれわれを出発地点に連れ戻すように思えるということである。われわれは元に戻ってしまった。先哲学的素朴性において、われわれは、他者と共に世界のなかに生きていることを当然と捉えていた。現象学的反省は、この素朴性との断絶を例証することになっていたはずである。客観性と相互主観性の現実存在を単純に前提するよりもむしろ、超越論的還元の目的は、まさしくそれらの構成の解明を許すことだった。しかし、いまやそれは、構成的分析を提示するかわりに、むしろ世界と他者を共に構成する要因へと単純に高めているように思える。最終結果は、実際の分析は提示されず、理解の増大は実際には獲得されなかったということなのか。しかしながら、返答として、その批判は見当違いだと論じられるかもしれない。われわれが出発地点に戻っているように思うという事実は、失敗のしるしであるよりもむしろ、成功のしるしとみなすことができるだろう。ウィトゲンシュタインとハイデガーも論じていたように、哲学の課題は新しい事実を発見することではなく、われわれが馴染んでおり、当然と捉えられているために、それらの意義をしばしば認識し損なっている現実存在のこうした局面に注意を促し、解明することなのである。さらには、たとえ自己、世界、他者の相互依存性を認知しなければならないことに終わるとしても、われわれが始めたときの理解とはまったく異なるそれらの絡み合いについての理解が得られたのである。例えば、自己と世界が構成的に等根源的であると示すことは、主観としてのわれわれがつねに自己自身をすでに独立して現実存在する実在のなかに見出すと論じること、ましてや単に想定することとは大いに異なる。同様に、どのように相互主観性が客観性の構成に巻き込まれているのか、そしてどのように何かを客観的なものとして理解することが他者との相互作用に依存しているのかを示すことは、生物学的生物としてのわれわれが他者から生まれ、そのかぎりではじめから他者と共にあるということを単純に観察することとはまったく異なる。最後に、自己、世界、他者がすべて構成的過程に巻き込まれていると論じることは、それらがすべて同じ仕方で巻き込まれているとか、すべて同じレベルで巻き込まれているとか言っているのではない。実際、異議申し立ての一部（とフッサールの分析的寄与の一部）はまさしく、自己、世界、他者が巻き込まれているのかどうか、どのように巻き込まれているのかを規定するために、諸々の異なる構成的レベルと過程（時間的、身体的、先言語的、共同的、学問的等々）を明示することだったのである。

もしそうであれば、いずれにせよここまでですでに、フッサールの思考の展開がついには彼を『イデーンI』の第四九節で分節化された立場からかなり遠くまで動かしてきたことは明らかなはずである。しかし、どのようにこれはフッサールの超越論的という概念についてのわれわれの査定に変化をもたらすのだろうか。最近の公刊文献で、デ・パルマはこう強く主張している。フッサールの現象学はある類型の超越論哲学ではまったくなく、それとは反対に、フッサール自身の立言はもっぱら、フッサールが超越論哲学の本性を理解していなかったことを露わにしているにすぎない、と（De Palma 2015: 13–14）。どのようにしてデ・パルマはそうした驚くべき結論に達したのか。彼によれば、超越論哲学は経験の可能性の条件そのものについての原理に基づく探究に関心があり、必然的にこの努力を追求していくなかで経験を超えてゆかねばならない。なぜなら、当該の条件は後退的にだけ掘り出すことができるにすぎないからである。フッサールがしたように、後退的方法を放棄するならば、超越論哲学も放棄されるる（De Palma 2015: 21）。フッサール現象学のもつ超越論的性格とされるものに対するさらなる反証は、フッサールが意識を対象志向的経験の可能性の単なる形式的条件とみなしているということである。経験の内容を意識から演繹しようと試みるよりもむしろ、意識をレモンと白鳥の間の差異の源泉とするよりもむしろ、意識構造における領域存在論的差異を根拠づけようと試みるよりもむしろ、フッサールは受動性と事実性の重要性を強く主張した。フッサールの見解によれば、意識は単に必要な構成的条件であって、十分な構成的条件ではない。なぜなら、客観的世界の構成は特定の事実的条件の現前と寄与にもまた依存するからである（De Palma 2015: 29-32）[11]。デ・パルマによれば、これは、フッサールが超越論哲学者であるよりもむしろ、実のところは（形相的）経験論者であるということを示している（De Palma 2015: 43）。

これは説得力のある結論なのか。フッサールは超越論哲学者ではないということへのデ・パルマの強いこだわりは、彼自身の超越論哲学の定義を考えると確かに正式に認可される。けれども、問題はなぜ、この過度に狭い定義を受け入れるべきなのかである。フッサールとカントの間の差異は、フッサールが超越論哲学者ではないということを伴うと結論するよりもむしろ、いっそう合理的な結論は、フッサールはカント的超越論哲学者ではないということだろう。すでにメルロ＝ポンティは『知覚の現象学』の序文で次のように書いていた。「フッサールの超越論的なものはカントの超越論的なものではない」（Merleau-Ponty 2012: lxxvii）。カントの超越論哲学の定義だけが唯一許容可能なものであると強く主張することは、哲学的にはかなり面白くない杓子定規な措置であり、そしてそれは、超越論哲学が展開し、フィヒテに始まり二〇世紀を貫いて継続している、カント以後の哲学によって変貌してきたすべての異なる道行きを単純に度外視し、愚弄してしまう。モハンティは正しく次のように書いている。「諸々の超越論哲学はすべてが同じ種類のものではない」（Mohanty 1985: 213. ただし Malpas 2002; Braver 2007; Heinämaa, Hartimo, Miettinen 2014; Gardner & Grist 2015 等も見よ）。デ・パルマの解釈よりもはるかにもっともな解釈が、ヘイネマー、ハルティモ、ミッティネンによって『現象学と超越論的なもの』という書籍への彼らの編集した導入に提示されている。

フッサールの超越論哲学の内容そのものへの関係は、カント的な超越論的なものという概念の徹底化、再分節化、膨張とみなすことができる。それは、フッサールが超越論的批判をカントが当然と捉えていた論理学にまでも拡張するかぎりで徹底化であった。それは、フッサールが、演繹よりもむしろ所与という考えを強調することによって、超越論的なものの領域を個体的自我《エゴ》の内部に位置づけ、だから超越論的自我《エゴ》を解き難いまでに人格的かつ単一的にするかぎりで再分節化であった。しかし、フッサールが超越論的探求の範囲を自我《エゴ》の時間的展開、その身体的現実存在、相互主観的関係を含むまで有意義に広げたので、膨張でもあった。(Heinämaa, Hartimo and Miettinen 2014: 8)

こうした後者の広がりの一つの顕著な例を、正常性についての研究に見出すことができる。フッサールはすでに初期から、どのようにわれわれが日常生活で問われざる正常性の内部で働いており、どのようにわれわれが単純に一定の事柄を当然と捉えるのかに関心があった。彼が相互主観性に関心をもつようになると、正常性への関心は変化し、異常性についていっそう焦点を当てた議論をも含むようになった。私の客観性の構成が、他者が私と同じものを経験するあるいは経験することができるという私の確

(11) デ・パルマはこう主張する。この最後の論点はこれまでの解釈者たちからほとんどまったく見過ごされてきている、と (De Palma 2015: 29)。しかしながら、この主張を現存する研究文献に見出される種類の議論と有和させることは難しい。意識が単に必要条件であり、十分条件ではないという提案は、すでにソコロフスキの古典的な『フッサールの構成概念の形成』(Sokolowski 1970: 159) で中心的に異彩を放っているし、私自身の『フッサールの現象学』(Zahavi 2003) においても際立たされている。

信に依存している場合、彼らが別の何かを経験していると主張したならば問題だろう——もっとも、不同意が存在することについてわれわれが同意できるという事実が、すでに共通の地盤を示唆しているけれども（Hua 15/47）。しかしながら、フッサールが指摘するように、ひとが同意を期待する人々との不同意だけがこうした効果をもつ。共同体の正常な成員との（不）同意のみが有意義なのである。実在的存在があらゆる人にとって体験的に接近《アクセス》可能であると言われるとき、われわれはある一定の平均性と理念化を扱っている（Hua 15/141, 231, 629）。あらゆる人（*Everybody*）とは、諸々の主観の正常性に属し、共同体において、また共同体によってまさに正常である人格である（Hua 15/142）。その人格とだけ私は、共通の生世界についての真理と虚偽、存在と非存在をめぐって争うのである。正常な者だけが共構成的であるものとして統握される（Hua 15/162, 166, 9/497）のだが、それに対して異常な者は（最初）取るに足りないとみなされる。「動物、「未開人」、乳児、狂人は、世界構成に関して数に入れられない。彼らは、私が存在する世界としてあらかじめ与えた世界を共に築かず、築いていない」（Hua 39/486）。

　しかしながら、フッサールが探究を続けていくにつれて、諸々の異なる種類の正常性が区別されねばならないことが彼にとって明らかになる。われわれは、成熟した、健康で、合理的な人格を扱うときに正常性について語るかもしれない。そこでは、異常な者は幼児、盲人、統合失調症者である。しかし、われわれはまた、われわれ自身の故郷世界にかかわるときに正常性について語り、異常性は、異他的正常性、異郷世界の成員として捉えることができる外国人やよそ者に帰せられる。

　異郷世界との遭遇には重要な構成的含意がある。それはわれわれの客観性概念を変貌させる。従来、単純に世界として統握してきたものが、いまや、ある特定の正常性の体系の相関者として露わになる。

つまり、それは単に故郷世界にすぎないのである。同時に、諸々の異なる正常性に属する諸々の主観の間の相違についての経験は、われわれをわれわれすべてに妥当する真理をねらうように促すことができ、科学的客観性の構成の動機づけになりうる（Hua 6/324）。すなわち「正常なヨーロッパ人、正常なヒンドゥー人、中国人等々が一切の相対性にもかかわらず同意するものから……出発しつつ、すべての主観に無条件に妥当する真理という目標を立てるならば」、客観的科学の途上にある（Hua 6/142）。手短に言えば、㈠制限された相互主観性（正常な主観の共同体）に相関する正常な客観性と、㈡すべての合理的主観のもつ無制限の全体性と相関する厳格な客観性との間を差異化する必要があることが判明する（Hua 14/111）。したがって、フッサールは諸々の異なるレベルの正常性と諸々の異なるレベルの客観性との間に現実存在する相関関係を信じていた（Hua 15/155）。学問は、通常の経験とは異なる種類の客観性を所有する。それはどんなものであれすべての主観に妥当し、制限された相互主観的共同体にだけ妥当するのではないことによって特権化され、卓越する。しかし、絶対的客観的存在と真理でさえ、主観依存的正常性、すなわち、合理的主観の正常性と相関しているのである（Hua 15/35-36）。

客観主義を拒絶し、心と世界の間の構成的相関関係を踏査する際に、フッサールは疑いなく超越論哲学者である。しかし、彼が採用している種類の超越論哲学は超越論的主観の有限性を完全に意識している。これは、超越論的主観の複数性へのフッサールの訴えからだけではなく、相互主観性の通時的あるいは世代生産的次元への彼の強調からもまた明らかである。私は他者から何が正常と数えられるかを学び、それによって共通の伝統に参与する。実際、以前の世代による能作成果が、個体的経験のうちで働いているのである。

私が私から原本的に（原創設しつつ［*urstiftend*］）産出したものは私のものである。しかし、私は「時代の子」であり、自らの伝統をもち、再び新たな仕方で世代生産的主観との、最も近い先祖や最も遠い先祖との共同体をもつ、最も広いわれわれ共同体のなかにいる。そして、それは私に「作用を及ぼしており」、私が私であるのは継承者としてなのである。いまや何が私の現実的に原本的な固有のものなのか、どの程度私は現実的に原創設的なのか。いまや、私は「伝統」の地盤の上で私なのであり、私に固有なものすべては、一部はこうした祖先の伝統によって、一部は同時代人の伝統によって基づけられているのである。

（Hua 14/223）

フッサールはまた、世代生産的生としての正常な生に論及し、あらゆる（正常な）人間は歴史的に持続している共同体の成員として構成されているおかげで、歴史的であると論じる（Hua 15/138–39, 431）。『相互主観性の現象学Ⅲ』巻において、フッサールはこう主張する。客観性の構成は超越論的相互主観性の展開の頂点として理解されねばならず、それはさらに高次のレベルでのさらに新しい規範の体系を陶冶する現在進行中の過程とみなされるべきである、と（Hua 15/421）。たえず新しい世代が客観的世界に付随する妥当性の構造を超越論的に組み上げる際に協力し、それがまさしく伝統において手渡される世界なのである（Hua 15/463）。フッサールは次のように書いている。固定した世界は存在しない。われわれにとって世界は正常性と異常性の相対性の内にのみある（Hua 15/212, 381, Hua 6/270）。

フッサールが歴史的次元を超越論哲学に加えようとしたことは、異なる仕方で例証することもできる。

先に引用された箇所で、フッサールは、世界の超越は諸々の他者を通して、世代生産的に構成される共主観性を通して構成されると書いている。まさにこの世代生産的相互主観性（Hua 15/199）という概念が、フッサールがもはや主観の誕生と死を単なる偶然的事実とはみなしておらず、世界の構成の可能性の超越論的条件とみなしていることを示唆している（Hua 15/171）。フッサールは『危機』で次のように書いている。「歴史性という統一の流れ」に――誕生と死の世代生産的連鎖に――埋め込まれていることはその時間形式と同じく分解しがたく自我に属している（Hua 6/256）。究極的には、フッサールは生ける伝統のなかへの主観の誕生が構成的含意をもつとみなすだろう。他者との関係が染み通っていて、他者がすでに意味を提供してきた、正常性の相関者としての世界のなかに私が生きていること、あるいは、私が世界（と私自身）を伝統的な、手渡された、言語的慣習性を通して理解するということだけが、単にそう言えるのではない。世界が私に対してもつ意味そのものが、世界が私の外側に、歴史的過去のうちにその起源をもつということなのである。まさに同じ理由のために、生まれて死ぬことを意識していない、すなわち、自己自身の世代超越的連鎖への参与を意識していない生物は、世代生産的相互主観性の構成的能作成果を十二分に共有することもまたできないだろうし（Heinämaa 2014: 139）、それゆえまた心に客観的世界を構成する能力も欠くだろう。

『言葉と物』において、フーコーはこう論じた。現象学は、それが経験を探究する際に経験的なものと超越論的なものを切り離しもすれば統合しようともする類型の近代的言説を例示している、と。経験の探究こそが、実証主義に直面して、超越論的なものという失われた次元を復元しようとしてきたのだが、それは同時に、経験を身体と文化の両方を含むものとして十分に具体的にしてきたのである。フーコーにとって、この近代的類型の超越論的反省が、その出発点を自然科学の現実存在よりもむしろ人間的現実存在のパラドクスに取ることによってカント的類型とは異なっているということはまったく明らかである。フッサールはコギトというデカルト的主題をカントの超越論的動機と統一することに外見上成功しているけれども、真実は、フッサールは、超越論的分析の本性そのものを変更したかぎりでこの統一を達成できたにすぎない。超越論的主観性が時間といういっそう基礎的な次元に位置づけられるとき、超越論的なものと経験的なものの間の厳格な分割は折衷される。妥当性の問いと発生の問いが絡み合うようになる。この変貌こそがフーコーの見解では、人間についての経験的分析への現象学の近接を同時に約束し脅かすのである（Foucault 2002: 351–355）。

私はフーコーの診断は正しいと考えるし、第五章で示すことになるように、実際、現象学は超越論的主観性を身体化されたものとも社会的に埋め込まれたものともみなしているという事実は、現象学を最初に想定されていたかもしれない経験科学からの入力と挑戦とに対していっそう開かれたものにする何かである。しかしながら、私は、フッサールの超越論的現象学が結果としてついには人間学の上へと「崩れ落ち」ねばならないというフーコーの主張を受け入れる理由がわからない（Foucault 2002: 270）。

フーコーは、彼自身の説明を、「絶対的優位性を観察する主観に与え、構成する役割を作用に帰属させ、それ自身の観点をすべての歴史性の起源に位置づけ——手短に言えば超越論的意識に至る」（Foucault 2002: xv）現象学的取り組みへの明確な二者択一として論述していることによって知られている。しかしながら、最近、様々なフーコー学者が論じているように、単純にフーコーを現象学の批判者として読むよりもむしろ、彼の思考はまたフッサールの後期哲学に見出される考えのうちのいくつかを、とりわけ後者の歴史的アプリオリという概念を徹底化する試みとみなされるかもしれない（Oksala 2011, Thompson 2016）。

フッサールが『危機』の導入で明らかにするように、その書の計画は超越論的‐現象学的企てをわれわれの批判的学問的・哲学的状況の起源についての目的論的‐歴史的反省を通して動機づけることであった（Hua 6/xiv）。中心的なねらいのうちの一つは、どのように理念的存在者と理論が歴史的起源をもつのか、意味形成と沈殿の隠された層が発掘されるべき場合に、どのようにして超越論的課題の一部が、現代の学問が基づいている志向的能作を暴き出すためにある種の考古学〔始源学〕に従事することになるのかを示すことであった。科学的客観性の構成のための最も決定的な前提のなかで、フッサールは、言語の、特に書かれた言語の発明を挙げている。彼は附論『幾何学の起源』において次のように書いている。

> 人類はあらかじめ無媒介的かつ媒介的な言語共同体として意識されている。明らかに、可能的伝達としての言語とそのさらに遠くに及ぶ文書化によってのみ、人類の地平は、人間にとってつねにあるとおりに、開かれた無際限の人間性の地平であることができるのである。（Hua 6/369）

> 文字による、文書化する言語的表現の重要な機能は、それが無媒介的あるいは媒介的・人格的つきあいなしに伝達を可能にする、いわば仮想的に生成される伝達だということである。それによって、人類の共同化もまた新しい段階へと高められるのである。（Hua 6/371）

書き留められるので、意味は後の世代に手渡すことができ、それによって一連の知識へと組み入れることができる。数世代の科学者たちがそれを利用し、追加することができる。言語は「通時的共有化」(Taipale 2014: 104) を可能にする。実際、書かれた言語の運用能力がある種の知識の貯蔵所や集合的記憶として機能しなかったならば、数世紀を通して発展するような包括的で複雑な理論は可能ではないだろう (Hua 6/369-374, 17/38, 349, 15/224)。したがって、固定された静態的な一群のアプリオリなカテゴリーを掘り出そうと試みることよりもむしろ、フッサールの超越論的現象学は、構成の過程のもつ終わりがなく力動的に変化する性格の承認を厭わないことによって性格づけられるのである。

フーコーはまた、超越論的なものの歴史、諸々の異なる期間における知識の可能性の可変的条件の歴史を書こうとねらっていた (Oksala 2011)。しかし、もちろん、二人の間の一つの重大な差異は、フッサールとは対照的にフーコーが、ブレイヴァーが非人称的概念図式の学説と呼ぶものに同意していることである (Braver 2007: 360)。フーコーにとって、超越論的条件は意識から分離されている。それらは、非主観的・匿名的であり、どんな種類の一人称反省や分析によっても露わにすることができない。さらには、構成的起源であるよりもむしろ、主観は、それ自体徹頭徹尾、歴史的に構成されているのである。実際、経験的‐超越論的二重体としての人間のパラドクスに対するフーコーの解決は、超越論的主観という概念そのものを拒絶することである。それに反して、フッサールのねらいは、第五章でいっそう詳細に見ることにもなるように、超越論的パースペクティヴと経験的パースペクティヴの間の共存をそれほど逆説的なものにしないことなのである。その二つを相互に両立不可能とみなすよりもむしろ、それらは絡み合った補完的なパースペクティヴとみなされる。実際、モハンティは次のように述べている。「二世界神話は必要ない。超越論的なものは、内世界的なものであり、内世界性を構成するその自己忘却、その素朴性、その自己解釈から自由であるにすぎない」(Mohanty 1985: 222)。フーコーとフッサールの間のもう一つの重要な差異は、後者が歴史的変化と脈絡のもつ重要性を認知するにもかかわらず、この展開をある一定の目的論によって進展しているともみなすことである。フッサールは普遍主義者かつ合理主義者であり続けていたのであり(Cf. Hua 6/373)、モランが述べているように、「フーコーの非連続的なものとしての学知《エピステーメー》についての説明、裂開や乱入への服従には不満」(Moran 2016: 25)だっただろう。

フッサールの現象学が拡張された超越論的なものという概念でもって動いているという事実、身体性、相互主観性、歴史性のような論題を分析へと算入しているという事実は、伝統的なカント的類型の超越論哲学とは異なる範囲と性格をそれに与えている。言うまでもなく、そうした変貌はそれ自身についての新しい異議申し立てもまた生み出す。しかし、フッサールの観念論の長所は論議の的であり続けるかもしれないけれども、私は、それが時代遅れの形式の独我論、内在主義、表象主義を例証しているという論証によって即座に退けることは間違いだということを示せたと思いたい。内在主義の前代未聞の強い変奏、世界をその描像から基本的に消去してしまうほどまでに心の自己充足性を強調する変奏であるよりもむしろ、フッサールの超越論的観念論は、㈠経験の世界の客観性と超越を救い出そうという試みによって動機づけられており、㈡形而上学的実在論に対するその反表象主義的批判によって性格づけられており、㈢心と世界の本質的相互依存性に与しているのである。加えて、フッサールはまた

㈣　世界は身体化した主観の相互主観的共同体と相関していると考えている。こうした特徴は期せずして、彼の超越論的観念論を当初予期されていたかもしれないよりもはるかに周縁的でないものにする。獲得可能な唯一の正当化と要求される唯一の正当化は経験の世界と経験の相互主観的実践とにとって内的な正当化であるという見解を是認することによって、フッサールは、カントに遡るよりもむしろ、時代上は前方を指し示す超越論的なものについての見解を提示している。その意味において、そのかぎりで、フッサールの超越論的なものについての構想は、明瞭に現代的であり、二〇世紀の大陸哲学と分析哲学のなかでかなりの存在感をもっているとさえ言えそうなのである。

第五章　自然主義的異議申し立て

もし現実に自然科学が語るならば、われわれは喜んで弟子として話を聞く。しかし、自然科学者たちが語るときに、つねに自然科学が語っているわけではない。彼らが「自然哲学」や「自然科学的認識論」について語るとき、確実には語っていないのである。

（『イデーンI』）

哲学の展開について大雑把な言明をすることはつねに危険であるが、それにもかかわらず、二〇世紀の哲学を大まかな筆致で性格づけるように求められたならば、一つの注目に値する特徴は以下のものであるだろう。すなわち、フレーゲとフッサールを含む、世紀初頭の重要な思想家たちが、自然主義（とりわけ、論理法則を自然化する試み）を拒絶するという点ではっきりしていたのに対して、状況は著しく変わった。今日、多くの哲学者たちは――少なくとも分析哲学の内部では――自然主義を初期設定《デフォルト》の形而上学的立場とみなすだろう。もしあなたが自然主義に同意しないのならば、あなたはある形式のデカルト的実体二元論に同意しなければならない。だから、一九八〇年頃には、言語論的転回、主観性の哲学から言語の哲学への転回という点から二〇世紀の哲学の展開を性格づける傾向があったかもしれないのに対して、今日では、反自然主義から自然主義への転回という点からその展開をいっそう記述しがちであるかもしれない。

いくつかの読解によれば、自然主義に与することとは、単純にその人の出発点を（超自然的あるいは幽霊のようなものよりもむしろ）自然的なものにおくことであるが、しかし、一般的に語れば、現行の言説のなかでのその術語の用法ははるかにいっそう狭く、自然科学との協調を指し示している。セラーズは、周知のとおりこう述べている。「世界を記述し説明する次元では、科学がすべての事象の尺度、それが何であり、何でないかについての尺度である」（Sellars 1963: 173）。より明確には、自然主義は、概して方法論的関与《コミットメント》によっても存在論的関与《コミットメント》によっても区別される。方法論的関与《コミットメント》とは、正確な手続きと正しい類型の正当化は自然科学に見出され、自然科学によって用いられるものだという考えである。すべての真正の問いは、自然科学的問いであり、すべての真正の知識は自然科学的手段によって得られた客観的知識である。自然科学の断固たる三人称方法が世界への認知的接近《アクセス》の唯一の手段を提供するとみなせることを考えると、一人称方法へのどんな訴えも回避されるべきである。存在論的関与《コミットメント》は、実在が、自然科学によって認知される（あるいはできるだろう）そうした存在者、特性、構造からのみなっているという一元論的見解である。この二つの関与《コミットメント》は一緒になって、（意識、志向性、意味、合理性、規範性、価値、文化、歴史等々に関連するあらゆるものを含めて）現実存在するあらゆるものは、自然科学の方法によって研究されなければならないという見解ということになり、究極的には、自然科学的事実に説明的・存在論的に還元可能となるのである（cf. Papineau 2015）。

この自然主義的転回のもつ含意とは何か。それには、かなり決定的なメタ哲学的含意がある。哲学と科学の間の関係の視方に対する含意である。このことの鮮烈な例証を意識研究の領野に見出すことができる。フランシス・クリックはこう強く主張する。「意識の問題を一般的な哲学的論証によって解こうと試みることには望みはない。必要とされることは、こうした問題に光を投げかけるだろう新しい実験のための提案である」（Crick 1995: 19）。実際、クリックの見解によれば、「意識の研究は科学的問題である［…］哲学者だけがそれを扱うことができるという見解のための正当化は存在しない」（Crick 1995: 257–258）。まったく逆に、事実、哲学者は「ふだん示している高尚な優位よりもむしろ、ある一定の慎ましさを示す方がよいような、過去二〇〇〇年にわたる貧弱な記録しかもっていない」（Crick 1995: 258）からである。これは、哲学者がある種の寄与をすることができないと言っているのではない。しかし、彼らは「科学的証拠が理論に合わないときに、どのように彼らのお気に入りの理論を放棄するかを学ば」なければならない。「さもなければ、彼らはただ嘲りに晒されることになるだけである」（Crick 1995: 258）。手短に言えば、哲学者は、共通の企てに自由に加わってよいのだが、ただジュニア・パートナーとしてにすぎない。実際、クリックの見解に基づいて（心の）哲学など、究極的にはなくても困らないことが判明するだろうと疑われている。それがどんな寄与をなすことができようとも、哲学は予備的なものであり、ついには適格な科学的説明に取って代わられることになるだろう。

自然主義に与しているすべての哲学者がこうした考え方を容認するかどうかは疑わしいが、しかし、自然主義が哲学に対する異議申し立てをまさにもたらしていることには疑いの余地はない。自然主義者が実在についての科学的説明を権威あるものとみなすかぎりで、自然主義への関与《コミットメント》は、（現象学を含む）哲学が実在についての研究に決定的な寄与をなすことができるという考えに圧力をかけずにはいないのである。

こうした状況を考えれば、どのように自然主義を理解し、自然主義に応答するかという問いが現象学にとってその始まり以来ずっと関心事であったことは驚きではないはずである。それは、いくつかの関連するテクストだけに言及しておけば、中心的には、『論理学研究』での心理学主義についてのフッサールの議論、彼の綱領的なマニフェスト『厳密学としての哲学』、一九二七年の『自然と精神』、最後の著作『ヨーロッパ諸学の危機と超越論的現象学』に顕著である。こうした背景から、最近かなり多くの者が現象学の自然化を唱道していることは驚くべきことのように見えるかもしれない。何がそうした提案をなさせるのか。自然化された現象学は、ぜひとも必要なものなのか、それともカテゴリー・ミステイクなのか。この問いに対する答えは、その問いがどんなものと捉えられているかに大いに依存するし、以下で明らかになるだろうように、現象学と自然化の両方がどのようなものに等しいのかについての数多くの諸々の異なる読解を区別する必要がある。また明らかになるだろうように、フッサール自身の応答は、想定されるかもしれないほどには直截的ではなく、彼が最終的に擁護する超越論哲学の構造に直接に結びついたものである。

第一節　現象学の自然化

意識についての現象学的分析と自然主義的分析の間の隔たりを架橋することは可能か。この問いは、二〇世紀の初めから議論されているけれども、フランシスコ・ヴァレラの著作がその争点への再燃する関心にとって決め手であったことに疑いはない。遡れば一九九一年に、ヴァレラ、トンプソン、ロシュが『身体化された心——認知科学と人間的経験』を公刊した。その書は重要な里程標石だった。それは、認知科学で主流をなす計算主義的傾向と認知主義的傾向を、心の科学的研究は人間的認知の体験的かつ身体化された次元を無視し続けることはできないと説得的に論じることによって批判したのである。代替案を略述する際に、それは、仏教、現象学、オートポイエーシスについてのヴァレラとマトゥラーナの初期著作を含めた様々な資源を利用した。現象学は、概してメルロ゠ポンティの著作を通して定義された。彼は「直接的な生きられる経験の現象学、心理学、神経生理学の間の相互照明に賛成の論を唱えた」(Varela et al. 1991: 15) 者として歓迎された。『身体化された心』は、大いに影響力をもち、その当時は非現実的であるように見えたかもしれないことが今日ではるかに主流となったのである。4E、すなわち、身体化された (embodied)、埋め込まれた (embedded)、エナクティヴ (enactive)、拡張された (extended) という術語を用いて認知を性格づけることは、今日普通のことである。そうした議論のなかで『身体化された心』はほとんど変わることなく中核的参考文献の一つとして挙げられる。

その後の著作で、ヴァレラは、認知科学における斬新な取り組み、生きられる経験についての現象学的に磨き上げられた取り組みからの与件と、認知神経科学に見出される実験に基づく説明とを、同等の地位をもち、相互的制約によって結びつけられたものとみなして明示するために「神経現象学」という術語の真価を認め、再定義した。ヴァレラにとって、認知科学は、その目標を達成すべきだったならば、つまり、意識についての真に科学的な理論を提供するべきだったならば、現象学的次元を無視することはできないだろう。別様に述べれば、われわれのねらいは、心についての包括的な理解を得ることであり、経験そのものの性質や構造を考察することなしに経験の根底にあるサブパーソナルな出来事の本性に狭く焦点を当てることは、ただわれわれを非常に遠くまで連れて行くだけではないのである。いっそう明確には、ヴァレラは、現象学的形式の探究を意識についての神経科学的研究の実験プロトコルに組み入れようとした（Varela 1996, Varela 1997, Lutz et al. 2002, Lutz 2002, Lutz and Thompson 2003）。その領域におけるヴァレラの最初の公刊文献は、現象学と認知科学の間の関係についての激しい論争、より一般的には現象学を自然化することができるかどうか、自然化されるべきなのかどうかについての論争を引き起こした。

その論争におけるもう一つの里程標石は、一九九九年の『現象学の自然化』という書籍であった（Petitot et al. 1999）。そこでヴァレラと三人の共編者はこう論じた。認知科学者が、フッサールとメルロ‐ポンティの発展させた方法論的道具のいくつかを使うことを学ぶことが認知科学の将来の発展にとって決定的である、と。認知科学は、意識についての最初の真に科学的な理論として歓迎されていたが、ロイ、ペティット、パシュ、ヴァレラがその書物への彼らの共同の序論で指摘するように、認知科学によって獲得された多くの成果を否定することはできないにしても、それはまたまぎれもない省略によってもまた性格づけられている。認知科学は、現象学的次元と呼ばれるかもしれないものを、この次元は関連がないか本来的に信頼できないかのどちらかであると論じることによって、継続的に無視してきた。しかしながら、この次元を度外視することによって、主観性と一人称パースペクティヴを度外視することによって、認知科学は心的現象のもつ決定的局面もまた度外視している。目下、認知科学は、編者たちが述べているように「意識の理論であることのない心についての理論である。それは、われわれの心が認知する心であるとはどのようなことなのかについての理論であることなしに認知しているときに、われわれの心のなかで進行していることについての理論なのである」(Roy et al. 1999: 7)。認知科学は、古典的な行動主義と比較すると、まさに大きな改善を代表している。行動主義とは対照的に、認知科学は、ブラック・ボックスの内側で生じていることの説明を試みることを控えてこなかった。しかしながら、ブラック・ボックスの内側で起きていることはいまだ、ブラック・ボックスにとって起きていることを説明することではない(Roy et al. 1999: 12)。そしてこれがまさしく必要とされることなのである。

その状況を性格づける一つの仕方は、認知科学はジョセフ・レヴァインが「説明の隔たり《ギャップ》」(Levine 1983)と呼んだものに直面していると言うことによる。短く述べれば、問題は、科学的に三人称パースペクティヴから記述し分析することができる神経生理学的過程と、一人称パースペクティヴからわれわれみんなが馴染んでいる体験との間の隔たりを架橋することができないように思えるということである。神経生理学的レベルと体験的レベルとの間には架橋不可能な隔たりが存在するように思える。この状況は理論的には満足のゆくものではなく、治癒されねばならないが、どのような選択肢があるのか。ロイらによって示された驚くべき提案は以下のとおりであった。認知科学の最近の発展のいくつか、とりわけより身体化され、埋め込まれ、エナクティヴな説明への転回を考えると、フッサール的現象学に見出される意識についての精錬された説明を無視することは非生産的だろう。主観性がフッサールにとってつねに中心的な関心であったし、彼が多くの時間を一人称パースペクティヴ、経験の構造、時間意識、身体意識、志向性等々の吟味に充てたという事実は、彼を明白な対話相手にする。事実、現象性の次元を記述し、分析することにおけるその印象的な過去の能作成果と、その成果が認知科学によって獲得された成果との共鳴を見出す驚くべき頻度を考えると、おそらくフッサール的現象学は説明上の隔《ギャップ》たりを埋めることを可能にするだろう。

しかしながら、現象学がこうした役割を演じるべきであるならば、本当にわれわれに認知的過程とその現象的顕現の間の関係についてのいっそうよい理解を提供するべきであるならば、その提案によると、現象学はまず「自然化」されねばならない。すなわち――編者たち自身が提供する定義を用いれば――あらゆる種類の存在論的二元論が回避される説明的な枠組みへと統合されねばならず、そこでは、あらゆる措定された特性が自然科学によって認められる特性と連続的にされねばならない（Roy et al. 1999: 1–2, 19）。

現象学への訴えは、唯一独特のものではない。過去二五年間で、かなり数多くの人物たちが現象学にその仕事の一部分を担うように求めてきた。傑出した例は、一九九二年の『再考察される意識』という書において、彼が自然的方法と呼ぶものに賛成の論を唱えているフラナガンである。すなわち、意識についての真剣な探究を引き受けることを望むならば、神経科学的あるいは心理学的（すなわち、機能的）分析だけで間に合わせることはできず、現象学的な局面も真剣に捉える必要がある（Flanagan 1992:

11)。神経科学、心理学、現象学という学科は認知的現象に対する相互に制約しあう取り組みとして理解されねばならない。フラナガンを別としても、類似した考えを擁護する他の人たちには、ジョン・サール、デヴィット・チャルマーズ、ガレン・ストローソン、ユライア・クリーゲルほか大勢がいる。

現行議論されている提案に関して独特だったことは、ロイらがはるかにもっと先に進む準備があったことである。第一に、現象学について語るとき、彼らは一定の経験をするとは「どのようなことであるか」についてのある種の内観的説明に論及するだけではなかったし、（例えば）フラナガンがそのようにこの術語を用いていた。むしろ彼らは哲学的現象学に特別に論及している。そのかぎりで、彼らはメッツィンガーのような人々、経験科学は現象学を必要とせず、何十年にもわたって知性的に破産し信用を落としてきた研究綱領《リサーチプログラム》に少しの時間も無駄にすることなく、自分自身の仕事にただ向かうべきであると主張する人々には強く不同意なのである。(1) 第二に、彼らははっきりとこう論じた。目標はフッサール的現象学を真剣に再び捉えることである、と。――これは例えば、彼らの提案をドレイファス（主義者たち）の選択する取り組みから明晰に区別している。第三に、彼らはこう主張した。現象学そのものは、説明上の隔たり《ギャップ》が架橋されるべきならば、自然化される必要がある、と。これは、一方で、われわれに心についてのいっそう十全な理論、すなわち、主観的次元を単純に無視するのではない理論を提供するだろうし、他方で、言明されたねらいはまさしく意識についての自然な説明を提示することなのだから、われわれをどんな神秘主義の残滓からも回避させてくれるのである――神秘主義とはすなわち、制限さ

（1） Cf. the editorial in *Journal of Consciousness Studies* 1997: 385.

れた人間の認知的能力を考えると、われわれに対しては認知的に閉ざされているという見解である（Roy et al. 1999: 8）。手短に言えば、その野心は、どのようにわれわれみなが馴染んでいる一人称パースペクティヴからの体験が、究極的に自然科学的な探究と説明に応じるのかを示すことだったのである。

この提案についての意見は割れていた。ある人々は即座に拒絶し、ある人々はさらに胸躍らせた。しかし、友好的であった人々でさえ――そして私はここで、認知科学にとって〔自分たちが〕不可欠だという考えを大事にしていた現象学者たちを特に考えているが――彼らでさえ、この提案がいくつかの明白な障害に直面することを知っていた。

現象学的次元がどんな科学的な説明も超えているという異論には、相互主観的に妥当させることのできる、意識についての体系的な記述を考え出すことはまったくもって可能であるという逆捩じで対抗することがひとつある。しかし、現象学的次元はどんな自然化された学問も超えているという異論についてはどうだろうか。フッサール自身が筋金入りの反自然主義者として知られているという事実についてはどうだろうか。

もちろん、四人の編者はこのことに気づいていないわけではなく、彼らはそれに真っ向から対決したのである（Roy et al. 1999: 38）。しかし、彼らがそうした仕方は幾分驚くべきものであった。手始めに、彼らはこう指摘した。フッサールは二つの類型の形相的学問、公理的類型と記述的類型を区別した、と。記述的類型は、非精密で漠然とした形態学的本質を扱うが、それに対して、公理的類型は精密な本質を扱う。主観性と体験的構造の研究ということになれば、フッサールは生きられる経験が漠然とした本質の領域に属しているという事実についてかなり共感的だった。そして、ロイらによれば、フッサールの反自然主義は、漠然とした形態学的な本質についての数学的記述と再構築を展開する可能性を彼が拒絶したことと密接に結びついていた。彼自身の数学での経歴にもかかわらず、フッサールは、数学は現象学にとっては限界づけられた有用性しかもたないと確信していた。彼は『イデーンI』のまさに冒頭に次のように書いていた。「哲学では、数学でのように定義することはできない。数学的な措置のあらゆる模倣はこの観点では不毛であるだけではなく、倒錯しており、最も有害な帰結をもつ」(Hua 3/9)。しかしながら、ロイらによれば、フッサールが数学と現象学の間に導入した対立は

> 数学と彼の時代の実質的科学のある一定の偶然的な限界を絶対的な限界と取り違えた結果であった。われわれの意見では、実際、科学的進歩はこの点についてのフッサールの立場を大部分は時代遅れにし、この合理的事実(*factum rationis*)が彼の反自然主義の適格に科学的な基礎を問いに付していると論証することができる。(Roy et al. 1999: 42–43)

別様に述べれば、彼らの見解では、自然主義に反抗するフッサールの学問的根拠のほとんどは、科学の進歩によって無効化されたのである(Roy et al. 1999: 54)。(体験的次元に付随する)漠然とした形態学的本質は、事実、形態力動学的モデルを使うことによってのみ提供される数学的説明に応じやすい。したがって、体験的意識についての正真正銘数学的な技術が可能であることを考えると、現象学の自然化の大きな障害物のうちの一つは取り除かれている(Roy et al. 1999: 55–56)。なぜなら、「どんな種類の現象学的記述も、自然科学の一般的な枠組みに統合されているという意味において、数学化できる場合

にだけ自然化することができる」（Roy et al. 1999: 42）からである。数学的形式主義の力は、まさしく、われわれが神経生理学的レベルや現象学的レベルで働いているかどうかにかかわりなく妥当するということにある（Roy et al. 1999: 51, 68）。現象学的記述の数学的再構築が所有されるとき、唯一の残り続ける問題は、関連する低次レベルの自然科学の道具でもって、とりわけ神経生物学の道具でもってそれらを分節化することである（Roy et al. 1999: 48, 63）。

第二節　フッサールの反自然主義

私はこうした論証の仕方は困惑させるものであると思う。フッサールの自然主義に対する対抗は、主として、彼のいわゆる学問的動機、すなわち、経験の形態学的構造を数学的に形式化しようとする試みに対する彼の拒絶に基づいてはいない。むしろ、主に数多くの哲学的理由に、あるいはいっそう精確には、数多くの超越論哲学的論証に基づいているが、それは編者たちによってついでに言及されているにすぎない（Roy et al. 1999: 39）。

例えば、一九一一年の『厳密学としての哲学』という長い論文において、フッサールは自然主義を基礎的に欠陥のある哲学と呼び（Hua 25/41）、こう論じた。それは概して二つの異なるねらいをもっている、と。すなわち、理念性と規範性の自然化と意識の自然化である（Hua 25/9）。しかしながら、彼の見解では、どちらの試みも失敗し、どちらも見当違いである。理念的真理と論理法則を経験的心理へと還元しようとする自然主義的試み、論理的必要性と実在的必要性の、規範的統制と因果的統制の自然主義的な混同は、懐疑論に至る（Hua 25/7, 24/47–48）。これは、事実、『論理学研究』において心理学主義と戦った際のフッサールの主な論証のうちの一つであった。彼が論じたとおり、自然化された認識論による科学的認識を正当化しようとするこうした試みや他のいかなる試みも自己論駁であり、ハンナの好む言い回しを用いれば、ある形式の「認知的自殺」ということになる（Hanna 2014: 757）。

なぜフッサールは意識についての徹底的な自然主義的説明を実行しようとする試みに対抗したのか。彼の見解では、自然主義は意識を十二分には正当に扱うことができないからである。自然主義は――実験心理学という形態において――（主観的）意識を見失いがちだっただけではなく（Hua 25/104）、さらに重要なことには、意識を火山や滝、氷晶、金塊、石楠花、ブラック・ホール――よりもいっそう複雑だろうけれども――と同等の、世界のなかの対象として取り扱ってしまう。しかし、フッサールの見解では、単に世界のなかの対象であるよりもむしろ意識は、世界に対する主観でもある、すなわち、あらゆる存在者にとってそれなりの仕方で、それがもつ意味と共に、対象として現出するための可能性の必要条件であるから、これは受け入れることができないのである。別様に述べれば、フッサールによれば、自然主義の決定的な限界は、意識の超越論的次元を認知し損なっていることである。彼はときおり次のように述べている。「心理的なものの自然化」、いっそう一般的には、「物理主義的に定位した自然主義」（Hua 6/64）は「超越論的なものに対する盲目」（Hua 6/269）のせいなのである。

フッサールが、意識はそれが意識している対象と併存して現実存在する客観的生起であるということを否定するとき、彼はクオリアについての還元的説明の可能性を否定していないし、われわれにある種の非還元的あるいは二元論的ですらある説明を採用するように勧めてはいない。フッサールはどのような種類の素材から意識ができているのかという問いに関心があるのではなく、こうした仕方で彼を読むことは彼の哲学的企図を誤解することである。その代わりに、フッサールの批判は、すでに十分に確立された自然主義的枠組みの内部に意識のための余地を見出そうとする試みそのものに向けられている。そうした試みに従事することは、意識が単純に世界のなかの対象であると想定することであるが、しかし、まさしくこうした想定こそが、フッサールによれば、一人称パースペクティヴの真に認識的・存在論的な意義を含めた、意識のもつ最も興味深い局面のうちのいくつかを開示すること、ましてや明晰化することを妨げるのである。彼の見解によれば、例えば、世界についての知識を手に入れることができるのかどうか、それはどのようにしてかという問題に取り組む際、認識的行為者を、世界の他の部分に因果的に関係している世界内的対象とみなすモデルに訴えることは受け入れられない。なぜなら、そうした取り組みは単純に、論点を巧みに避けているにすぎないからである。実際、フッサールが『現象学の理念』において論じているように、そうした取り組みは単に、認識論的疑問のもつ適格な根底性を把握し損なったことを露わにするにすぎないのである（Hua 2/6）。

フッサールにとって、意識の問題は、疑われざる客観主義を背景にして取り組まれるべきではなく、全般的な超越論的考察との関連で取り組まれるべきなのである。しばしばその想定は、物理的世界についてのよりよい理解は、われわれに意識をよりよく理解することを許してくれるというものだったが、まれに、意識についてのよりよい理解は何かが実在的であるということが何を意味するのかについてのよりよい理解を許すかもしれない、というものだった。しかしながら、志向性理論がフッサールの思考において舞台の中心を占めている理由のうちの一つは、まさしく彼が、意識が世界に方向づけられていることについての研究がわれわれに主観性の構造への洞察だけではなく、客観性の本性への洞察も提供するとみなしているがゆえなのである。世界の意識的我有化のような何かが可能であるということは、単にわれわれに意識についての何かを告げるだけではなく、世界についての何かもまた伝えている。しかし、もちろん、何らかの世界内的顕現を可能にする構成的次元として、世界が自らを開示し分節化することができる「場所」として意識を議論するこうした仕方は、意識を自然主義的に、単にさらにもうひとつの（心理的あるいは物理的）対象として扱うどんな試みともまったく異なる。

どのように主観性が客観性を構成するのかについての現象学的説明と、どのように主観性が客観的世界のなかに出現するのかについての自然主義的説明との間の関係をめぐる問いに直面したとき、自然主義者は以下のように応答したくなるかもしれない。たとえ二つの企てが異なっていて、そのかぎりで両立可能であるかもしれなくとも、同等の相手を扱っていると考えるように自分を欺くべきではない。すなわち、因果性が志向性よりもいっそう根本的であって、物理学と生物学が現象学をつねに凌ぐことに疑いは存在しない。しかしながら、優先権問題を尋ねるとき、何が最も根本的であるのかを尋ねるとき、どのような点で最も根本的であるのかをつねに尋ねなければならない。さもなければ、リンゴとオレンジを比較することに終わってしまうことになる。

フッサールにとって、実証的学問はその主題的事柄、自然を当然のものと捉えている。実在は向こうにあると想定され、発見され探究されるのを待っている。そして、自然科学のねらいは、この与えられた領界についての厳密な、客観的に妥当する認識を獲得することである。しかし、この態度は適格に哲学的な態度と対照されねばならない。それは、経験と科学的思想の基礎そのものを批判的に問う（Hua 25/13–14）。哲学は、単純にわれわれの実証的認識の範囲に寄与したり、それを増大させたりする学科ではなく、その代わりにこうした認識の基礎を探究し、どのようにしてそれが可能であるかを尋ねる学科である。何人かの自然主義者は、哲学特有の方法の現実存在を否定しており、こう主張している。哲学は（認識論であれ形而上学等々であれ）自然科学の方法を採用し用いるべきである、と。しかしながら、フッサールにとって、こうした論証の仕方は、単に、哲学が何に関するものであるのかについて理解し損なったことを示しているにすぎない。哲学にはそれ自身のねらいと方法論的要件、つまり、フッサールにとって現象学的還元という概念において集約的に示されている要件がある（Hua 24/238–239）。フッサールにとって、還元はわれわれに哲学的反省と他のすべての思考様態との間の根底的差異を維持させることを意味する。彼はすでに一九〇七年に次のように書いていた。「したがって「現象学的還元」は、ほかならぬ、たえず固有の研究の意味を意識し続け、認識理論を自然科学的（客観主義的）研究と混同しないという要求を意味するのである」（Hua 24/410）。あらゆる実証的学問は、学問そのものによって前提されており、探究されていない所与の領域に拠っている。対象に定位するあらゆる探究は、対象に、さらなる踏査と説明の標的となることができるような仕方で現出することを許す理解可能性の枠組みの利用可能性を前提する。そうした対象顕現を許し、可能にする構造を吟味するために、新しい類型の探求、「すべての自然的認識と学問に先立ち、自然科学とはまったく異なる路線にある」（Hua 24/176）類型の反省的探求が求められるのである。もちろん、これは、現象学的態度がよく不自然な思考の方向として記述される理由の一つである（cf. Hua 19/14）。現象学を不自然と記述することはまた、哲学と自然科学の間のどんな直截的連続性も否定することでもある。

フッサールにとって、科学は単純に体系的に相互に関係づけられ正当化された命題の集合ではない。科学は誰かによって遂行される。つまり、それは世界に対する特定の理論的姿勢なのである。この姿勢はどこからのものでもない眺めではなく、空から降ってきたのでもなく、ゼウスの頭からアテナが出てきたように十二分に形成され既成的に出現するのではなく、それ自身の前提条件と起源をもつ。科学は身体化され埋め込まれた主観によって遂行され、そして科学のその遂行と限界を認識したいならば、認知する主観によって用いられる諸々の形式の志向性を探究しなければならない。メルロ゠ポンティが『知覚の現象学』で書いているように、三人称パースペクティヴから入手することができるものに対して科学が一方的に焦点をあてることは、素朴でも不誠実でもある。なぜなら、科学的実践は科学者の世界についての一人称的・先科学的経験をたえず前提しているからである（Merleau-Ponty 2012: lxxii）。正確な測定を提供する手続きの標準化と道具の発展は、データの発生と蓄積と相互主観的合意の確立を容易にしてきた。しかし、それらを解釈し議論する意識的主観なしには、メーター設定、コンピュータ用紙、X線画像や似たようなものは意味を欠いたままである（Velmans 2000: 179）。だから、こうした観点によれば、それ自体妨害や障害であるよりもむしろ、意識は、客観性と科学的認識の追求のための、例えば、顕微鏡やスキャナーよりもはるかにいっそう重要な必需品であることが判明する。これもまた一人称説明 対 三人称説明の通常の対立が誤導的である理由である。それは、われわれにいわゆる三人称客観的説明が意識的主観の共同体によって達成され、生み出されているということを忘れさせてしまう。ちょうどどこからのものでもない眺めが存在しないように、純粋な三人称パースペクティヴは存在しない。純粋な三人称パースペクティヴの現実存在を信じることとは、客観主義的幻想に屈服することである。もちろん、これは、三人称パースペクティヴが存在しないと言っているのではなく、ただそうしたパースペクティヴは、まさしく、どこかからのパースペクティヴであると言っているにすぎない。それは、われわれが世界について取ることのできる一つの観点なのである。客観性は、確かに得ようとして求められる何かであるが、科学的認識は個人の観察と経験に依存する。つまり、それは、経験する主観の共同体によって共有され、観点やパースペクティヴからなる三角項〔主観・他者・対象〕を前提しているのである。

そうした考察に照らせば、現象学の自然主義に対する返答がかなり明確であったことはあらためて驚くべきことではない。いくつかの提案に反して、宥和のための主な障害となっているのは、自然主義によるある形式の物理学主義に対する是認ではない。それは、自然主義が創発主義や性質二元論の何らかの変奏を選好したならば、事柄が改善されるかのようなものではない。本当の問題は、自然主義に固有の客観主義と、それに続いて生じる超越論的素朴さと関わりがある（Hua 6/196）。こうした存在者や自然科学によって知られる（あるいは知ることができる）事実だけが客観的に実在的であるという自然主義的な強いこだわりは、精確には実在と客観性はどのようなものであることになるのかという哲学的地位に適格に従事し取り組むことに典型的に失敗するだけではない。それは――世界に対する特定の態度やパースペクティヴとしての――自然主義をそもそも可能にするそうした体験的・認知的能作についての十全な説明に失敗するという点で、自己浸食的企てなのである。

フッサールの中心的な主張は、現象学は自然主義の暗黙の前提の明晰化を与えることができるということであり、この哲学的明晰化は自然主義そのものが提示することのできるどんなものよりもいっそう根本的だということである。これもまたフッサールが（包括的）自然主義の拒絶を決定的とみなした理由である。彼は新カント主義者リッカート宛の書簡において次のように説明している。

かくして私は過去一〇年の間にドイツ観念論学派の指導者たちと結びついていると感じており、同盟者として、われわれの共通の敵としての、われらの時代の自然主義と戦っています。われわれはそれぞれみなそれなりのやり方で同じ神々に仕えており、みなにとって、こうした奉仕はわれわれが生涯全体を懸けてきた真剣で聖なる事柄であるだけに、まさに各々のやり方はその必然性を孕むことになり、哲学の進歩にとって欠くことができないものになるのです。(Hua Dok 3-V/178)

こうした概観を考えると、超越論的現象学が伝統的に自律的学科とみなされてきたことは不思議ではない。超越論的現象学の認識と経験の可能性の条件についての探究は、諸々の科学の領分とはまったく別個の領分で行われねばならない。こうした見解の簡明な分節化は、マリーによる以下の引用に見出すことができる。

現象学的記述と神経生物学的説明は、両者が一緒になって、われわれに認知の描像を局面ごとにあるがままに組み上げることを許すような、一組の相互に豊饒化しあう方法論的選択肢とみなすことはできない。なぜなら、二種類の説明はまったく異なる地位をもつからである。というのは、経験の基礎的構造を剝き出しにしようとする際に、現象学は何らかの可能的認識の基礎を確立しようともするからである。したがって、現象学的説明を単純に神経生理学的説明に連結させることはできない。なぜなら、前者の究極的な目的は後者の妥当性を突き止めることにあるからである。別の言葉で言えば、現象学の自然化は、単純に何らかの伝統的存在論的分割を克服するという事柄であると仮定することは、現象学と神経生理学の間の差異は、単にそれらの探究の対象に関する差異ではなく、その理論的定位における基礎的な差異——哲学的探究と科学的探究一般に典型的と捉えられている差異——であるということを見損なうことである。というのは、神経科学者が世界を理解することの可能性を当然と捉えていると称する一方で、哲学者はそうした理解が生じるのだろう仕方へのある種の予備的探究の必要が存在することを信じているからである。したがって、自然化を思い抱いた現象学者は、事実上、哲学者であることをやめたとみなされるかもしれない。

(Murray 2002: 30-31)

このことはわれわれをどこに置き去りにするのか。現象学を自然化する試み全体が、まさに最初から現象学が何に関するものなのかについての誤解のせいで、消える運命にあるのか。そのように見えるかもしれないが、本章の残りで私は、状況はもっと複雑であると論じることになる。

第三節　超越論的現象学と現象学的心理学

『現象学の自然化』という本の序論に見出される方略を心に抱いて実行すべきであるとすれば、現象学の自然化への道をその超越論的願望を断念することによって容易にすべきであるとすれば、同様に、現象学の哲学的に際立った部分の多くは放棄されるだろう。だから、ロイらがある点でわれわれに「彼［フッサール］が彼の記述に与えることを望んだ特定の哲学的解釈を、それらの学問的内容と呼んでみたいものから引き離して考える可能性」（Roy et al. 1999: 52）を考察するように勧めているのは確かに偶然ではない。そうした提案に直面して、ロウラーは、自然主義はフッサールにとっての関心事であった超越論的問題を解決することはできないし、自然化の企図一般や、特に現象学を自然化するという企図は、フッサールが彼の後期の著作『ヨーロッパ諸学の危機と超越論的現象学』で取り組んだ危機をさらに悪くするだけであると書くとき、正鵠を射ている（Lawlor 2009: 4）。しかし（ひとつのしかしが存在する）現象学の自然化はたった今概略を述べられたより以上のものであることを理解する、もう一つの仕方が存在する。

本節と以下の節では、自然化された現象学がそうなるかもしれないものについての二つの代替的見方の概要を述べることにしたい。私は、以下の提案のうちの一つあるいは両方を選好するならば、自然化された現象学の望ましさについての査定は、もっと肯定的になるにちがいないと示唆したい。

その争点に取り組む非常に異なる仕方の一つ——双方とも古典的根源をもつが、近年劇的な復活をも遂げている仕方——は、現象学の自然化が、その超越論的願望を放棄するよりもむしろ、単純に現象学を経験科学との実り多い交流と協働に従事させることを伴うにすぎないとみなすことである。
これはどのような形式をとるのだろうか。「身体化された認知と脳機能を架橋する——現象学の役割」という標題の二〇〇〇年の論文において、ボレット、ケリー、クワァンは以下のように論じた。

現象学と脳科学の間の正しい関係は、データに対するモデルの関係である。すなわち、脳科学は究極的には、脳の諸々の物理的過程が人間的経験という現象を重なり合って産出する仕方を説明することに関心がある。現象学は、こうした現象についての正確な記述に専念するかぎりで、究極的に脳機能のモデルによって説明されねばならないデータについての最も完全かつ正確な呈示を提供する〔…〕。だから、人間的構造の与えられた局面についての現象学的説明は、それについてのどんな物理的説明も再生産することができないにちがいない、行動のもつ特徴についての記述を提供することを意図しているのである。

(Borrett et al. 2000: 214)

この提案はあまりにも控えめすぎる。実際、現象学は、知覚、想像、身体意識、想起、社会的認知、自己体験、時間性等々についての詳細な分析を提示しているかもしれないが、そうした分析を提供する際に、現象学は単純にすでに固定された被説明項についてのいっそう精錬された記述を提示するより以上のことをすることができるのであり、単に現存しているモデルに対していっそう多くのデータを提供するより以上のことをすることができる。現象学は単に記述を行っているだけではない。それは、現存するモデルと背景想定に異議を申し立てることができ、時として、諸々のかなり異なる被説明項の発見に至るかもしれないそれ自身についての理論的説明も提示する。さらには、いま考察中の提案において、現象学を自然化することは単純に経験科学に対する現象学的分析と区別の有用性を強調することだけではない。実り多い交流をもつべきならば、その影響は反対の方向にも向かわねばならず、相互啓蒙について語ることを適切化しなければならない（Gallagher 1997）[2]。現象学は、経験的探究に対して開かれている現象を研究し、そうした現象に関心があるかぎりで、最も有効な科学的知識によって情報を与えられるべきであり、経験的知見は古典的現象学的分析を改善し、精錬する助けになることができると論じられるかもしれない。「事象そのものへ」という現象学の信条は、経験に理論を指導させることをわれわれに求めるのである。実在が体験的に顕現する仕方に注意を払うべきである。経験的研究者は、深い哲学的問いにさほど注意を払っていないかもしれないが、しかし、経験的研究者として、彼らは事実かなり多くの注意を具体的な現象に払っており、したがって、平均的な安楽椅子哲学者よりも現象の豊饒さ、複雑さ、多様をさほど過小評価しがちではないかもしれない。

そうした提案は、いくつかの無媒介的でかなり明白な異論に直面する。それらを順番に議論することにしたい。

一．その考えは本当に、例えば、知覚や行為についての現象学的説明が、例えば、作用や知覚に含ま

（2）しかしながら、最近、ラムステッドが提案していることに反して（Ramstead 2015: 938）、相互啓蒙という概念は、ある形式の方法論的自然主義への関与《コミットメント》を自動的には伴うわけではない。

れている神経機構や過程についての探求によって情報を与えられたり、制約されたりするはずだということなのか。いっそう一般的に語れば、様々なサブパーソナルな過程と機構に付随する分析は、どのようにして一人称パースペクティヴを正当に扱おうとし、経験が主観に対してもつ意味という点から経験を理解しようとする現象学的説明にことによると影響を与え、豊饒化しうるのか。

二つのことをそれに応じて言うことができる。第一に、いくつかの事例において、神経科学的踏査は、事実、現象学的分析にとって関連性があるということが判明するだろう。例えば、われわれの最初の現象学的記述は、単純かつ統一された知覚的現象であるように見えるものをわれわれに現前呈示すると想定しよう。しかしながら、この現象の神経的相関者を研究するとき、知覚と相関する領域だけではなく、エピソード的記憶と相関する領域もまた活性化されることが発見されるのである。この発見は、当該の現象が、実際、われわれが考えているのと同じく単純であるのかどうかを見るために、われわれを最初の現象学的記述に立ち戻るように動機づけるかもしれない。現象学者は不可謬的ではなく、彼らの最初の試みは必ずしも完全であるとはかぎらないと想定することによってありうるのは、いっそう注意深い現象学的分析が、経験がある隠された複雑性をかくまっていることを露わにするということである。しかしながら、重要なのは、サブパーソナルなレベルでの重大な複雑性の発見――この単純な事例にこだわるならば――それ自身によって、われわれに現象学的記述を精錬あるいは訂正するよう強いることはできないと強調することである。それはさらなる探求のための動機づけとしてのみ役に立ちうる。サブパーソナルなレベルとパーソナルなレベルの間に直截的同型性は存在しないし、究極的に現象学的なレベルでの複雑性に関する主張を正当化する唯一の仕方は、それを体験的術語で現金化することによるのである。

第二に、そしていっそう重要なことには、現象学と諸科学の間の生産的異種交配について語るときに思い浮かぶ第一の例は、どのように神経、軸索、樹状突起への研究が現象学を変えることになるのだろうかというものではない。むしろ精神病理学、神経病理学、発達心理学、認知心理学、人類学、社会心理学等々を見るべきであり、どの程度までそれらが、現象学的な関連性をもつかもしれないパーソナルなレベルの記述を提供することができるのかを考察すべきなのである。多くの例に言及することができるが、ここでは二、三のものは以下のとおりである。

・身体意識の様々な障害についての神経心理学的記述。例えば、ジョナサン・コールのイアン・ウォーターマンについての注意深い記述を考察しよう（Cole 1995）。彼は、一九歳で、病のために、首から下の触感覚と固有受容感覚すべてを失った。こうした損傷がどれほど劇的かつ無能力にするのかについてのコールの分析はフッサールとメルロ＝ポンティに見出される生きられる身体についての古典的現象学的研究に関係させ、比較されるかもしれない。

・自己経験と志向性についての統合失調症的障害についての精神病理学的記述。ミンコフスキ、ブランケンブルク、パーナス、サースのような精神病理学者と臨床心理学者は皆、統合失調症患者に見出される障害のある自己経験と世界経験についての注意深い分析を提供している。そうした説明を、われわれの世界に沈み込んだ生と諸々の異なる形式の自己意識との間の関係についての現象学的踏査と生産的に比較することができる（Parnas et al. 2005 を見よ）。

・幼児期早期における社会的相互作用についての発達的記述。ロシャ、レディ、ホブソン、カーペンターのような発達心理学者は、幼児と若年少児に見出される、基礎的だが原始的形式の社会的理解についての注意深い説明を提供している。そうした説明を、シェーラー、シュタイン、フッサール、メルロ゠ポンティに見出される感情移入、対化、相互身体性についての研究と関係させられるかもしれない。

経験科学は現象学に、現象学が単純に無視することができず、引き入れることができなければならない具体的な知見、つまり、現象学にそれ自身の分析を精錬あるいは修正することを強いるかもしれない証拠を呈示する。同時に、現象学は被説明項についてのそれ自身の注意深い記述でもって寄与するだけではなく、ちょうど現象学的分析において展開される洞察が新しい実験的パラダイムの発展に役立ち、実験が組み上げられる仕方に情報を与えることができるかもしれないように、経験科学によってなされる基本的な理論的想定を問題にし、解明するかもしれない。ギャラガーはそうした手続きを始めに注力する現象学の問いとして記述している（Gallagher 2003, Gallagher & Zahavi 2012）。

さらなる例示のために、自己意識という事例を考察しよう。発達心理学の内部で、いわゆる鏡映認知課題がときとして自己意識のための決定的テストとして歓迎されている。一八カ月頃から、子どもは、自分の鏡映像に直面したとき、自己指向的行動に従事することになり、自己意識は、子どもが鏡のなかの自己自身を認知することができるときからはじめて現前的になると論じられる（cf. Lewis 2003）。言うまでもなく、こうした論証の仕方は、非常に特殊な自己意識概念を用いている。鏡映認知テストをすることを通して得られた成果について、単純に現象学的洞察にわれわれの解釈を導かせるよりむしろ、一つの可能性は、先反省的自己意識という現象学的概念とそれについての現象学的分析とに実験的パラダイムについてのわれわれの意図を導かせることだろう。それはもはや鏡映認知をテストすることを含むのではなく——現象学者はそれを例によってかなり洗練された形式の自己意識の現前を表す証拠とみなすだろう（cf. Rochat & Zahavi 2011）——むしろ例えば、固有受容的身体意識を含む、いっそう原始的形式の自己意識の現前を探知することを目指すだろう。しかしながら、現象学が始めに注力することとは、周到に準備された現象学的成果を単純に前提することを含意しないだろう。むしろ、それは、そうした成果をテストすることを含み、より一般的には、現象学において得られた以前の洞察と特定の実験や経験的探究という目的のためにこうした洞察を特定したり拡張したりする予備的な審理の間の弁証法的動向を組み入れるのである（Gallagher 2003）。

次にミラーニューロンについての最近の研究を考察しよう。何人かのミラーニューロン理論家は、身体化されたシミュレーションについての彼らの説明と、感情移入と「相互身体性」についての現象学的伝統のなかでなされた研究との間の類似性を強調している。ガレーゼはシュタイン、フッサール、メルロ－ポンティに見出される分析に好んで論及し（Gallese 2001: 43-44）、イアコボーニは、ミラーニューロンの発見は複雑な形式の社会認知と相互作用についてのもっともらしい神経生理学的説明を提供すると主張している（Iacoboni 2009: 5）。イアコボーニはこう論じさえしている。ミラーニューロンの現実存在は、なぜ「実存論的現象学者がはじめからずっと正しかった」のかを説明することができる、と（Iacoboni 2009: 262）。しかしながら、感情移入についての現象学的研究をめぐるいっそう綿密な研究が露わにすることになるように、こうした研究の集成と身体化されたシミュレーション論者によって提案されたモデルの間には、一定の顕著な差異が残り続ける。一例として、フッサールはときおりはっきりと、自己と他者の間の関係を考える最良の仕方は鏡映するという点においてであるという考えから距離を置いている。彼の見解では、その概念は自己と他者の間の力動的・弁証法的絡み合いを捕えていない。さらには、感情移入についての現象学的説明と、鏡映共鳴機構という点から感情移入を説明しようとする試みとのどんな比較も、パーソナルなレベルとサブパーソナルなレベルをそれぞれ標的とする説明を扱っていることを忘れるべきではない。その二つのレベルの間の直截的同型性を信じるほど素朴でないかぎりで、諸々の説明が何らかの直接的な仕方で比較可能であるなどということはまったく明らかではない。他のことはともかく、そうした差異はミラーニューロンの研究文献において働いている概念的想定のうちのいくつかの新たな吟味を動機づけることができる(拡張された議論に関してはZahavi 2014を見よ)。ミラーニューロンの発見が現象学的説明を確認したとか、後者がミラーニューロン仮説を支持しているとかいった主張は回避するのが最善かもしれない。いっそう賢明かつ慎重な主張は、ミラーニューロンについての研究も、他の神経科学的知見についての研究も記述された共感的関係を明らかにすることによって、またそれがいかに「神秘的なもしくは不可能なものでさえある必要がない」(Ratcliffe 2006: 336)のかを示すこととによって、現象学的記述を補完することができるということだろう。

二、この時点で、さらなる異論が提起されるかもしれない。現象学によって追及されるアプリオリな形相的分析と認知科学によって手に入れられるアポステリオリな経験的成果の間には、明白な食い違いは存在しないのか。しかしながら、私は、フッサールの枠組みの内部で動いているかぎりで、こうした懸念を退けることは容易であると考える。フッサールにとって、アプリオリな本質的構造への洞察は形相的変更を通して手に入れることができる。しかしながら、そうした洞察はある一定の暫定性、ある一定の推定性をつねに所有しており、新しい証拠に照らした将来的修正に対して必然的に開かれたままなのである。フッサールは『形式論理学と超越論的論理学』において次のように書いている。

> 錯覚の可能性は共に経験の明証に属している［…］。それはまた、あらゆる明証や拡張された意味におけるあらゆる「経験」にも妥当する。必当然的と自称する明証でさえ錯覚として露呈されることがあり、やはり、その代わりに、必当然的と自称する明証がそれに即して「粉々に砕ける」類似した明証を前提しているのである。（Hua 17/164）

手短に言えば、アプリオリな認識は可謬的であり、形相的と称される洞察に対する推定的・経験的反例に出くわす場合、それらは深刻に捉えられる必要があり、単純に関連のないものとして退けることはできない。事実、形相的主張の妥当性をテストし、精査したい場合、多かれ少なかれ例外的な事例の幅を考慮することがかなり照明をもたらしてくれるかもしれない。そのようにする一つの仕方は、様々な思考実験に従事することである。しかしながら、ウィルクスが指摘するように、思考実験が価値あるものであるべきならば、それらは、実験室で行われる本当の実験と同じような細部への注意と厳重な制約とでもって遂行されねばならない。さもなければ、可能的な事態を想像することに成功したと信じても、実際には、より多くの情報を獲得して仮定《シナリオ》をいっそう注意深く考え抜くことができるときに認識することになるような種類のものは何もなされていないという状況に、容易に終わるかもしれない。無知であればあるだけ、われわれはますますいっそう容易に何かを想像するように思われる。なぜなら、「障害となる事実はそこで目につくようには現れない」(Wilkes 1988: 31) からである。代替案は虚構をすっかり放棄することであり、その代わりに現勢的世界に見出される驚くべき事実にいっそうの注意を払うことである。実生活の逸脱は、思考実験と同じ機能を満たすことができる。それらはまたわれわれの概念と直観を精査しテストすることもできる。深く浸み込んだ想定を揺るがし、習慣的な思考の仕方を精錬し、変更し、放棄さえすることをわれわれに強いることのできる現象を探しているならば、われわれがしなければならないことは、精神病理学、神経学、発達心理学、人間学等々へと向かうことだけである。つまり、こうした学科のすべては、われわれに異議申し立ての資料の豊かな源泉を呈示する。換言すれば、心の統一、行為者の本性、感情の役割についての現象学的分析をテストしたいならば、多くのことを、離人症、思考吹入《すいにゅう》、多重人格障害、失行症の症例、無感覚症の状態のような現象についてのいっそう綿密な吟味から学ぶことができる。

三．さらなる異論に向かい、考察することにしよう。自然化された現象学とはどのようなものなのかについての現行の読み方によれば、現象学を自然科学の一部にしたり接続したりしようとする試み、それによって非超越論的現象学を選好しようとする試みは存在していない。すでに言及されたように、その考えは、単に現象学と経験科学を両方の陣営にとって有益な共同研究に従事させることにすぎない。現象学の寄与は、単純に被説明項を記述すること(ほとんど内観的データを収集することとはかかわりがない)より以上のことになる。なぜなら、現象学は正真正銘の理論的衝撃力をもつと捉えられているからである。さらには、現象学は経験科学から学ぶことができるという事実を強く主張することは、前者の形相的性格を危うくしたり異議申し立てをしたりすることを意図していない。しかしながら、問題はこうである。すなわち、これまでのところ、現象学の独特の超越論的性格への論及は存在していなかった。しかし、それはその計画の無益さを単純に立証してはいないのではないか。フッサールが一九一七年の『現象学と心理学』講義の先に引用した箇所で言っていたことを忘れないようにしよう。体験的意識の形相的かつアプリオリな分析に従事することは、心理学をすることであり——まだ現象学そのものをすることではない（Hua 25/104–105）。

この異論を扱うためには、心理学と現象学の間の関係についてのフッサールの見解に対して、別の見方を取る必要がある。

私がすでに指摘したように、『論理学研究』の第一版で、フッサールはなお、現象学をある形式の記述的心理学として明示していた（Hua 19/24）。これは、彼がすぐに後悔し拒絶することになった性格づけであり（Hua 22/206–208）、それには諸々の正当な理由があった。にもかかわらず、この最初のしくじりが例証するように、現象学と心理学の間の区別は、明確にすることが難しかった。現象学と心理学は異なっているけれども、これはそれらを関係のないものにはしないし、それらの関係性がまさに最後までフッサールにとって関心あるものであり続けたことは偶然ではない。フッサールはときおり現象学（彼が付け加えるように、自然主義的予断によって誤り導かれていない現象学）を、科学的心理学にとっての基礎および前提として性格づける（Hua 24/383–384, 25/39）。後期の著述では、フッサールは意識への二つの異なる現象学的取り組みを区別している。一方には、超越論的現象学があり、他方には、現象学的心理学と呼ばれるものがある（Hua 9/35）。これら二つの取り組みの間の差異はどのようなものか。それらは両方とも意識を扱うが、しかし、かなり異なった底意をもってそうしている。フッサールにとって、現象学的心理学の課題は非還元的な仕方で、すなわち、意識の特有性と独特の特徴を尊重する仕方で、志向的意識を探究することである。現象学的心理学は、一人称パースペクティヴを真剣に捉えるが――超越論的現象学とは対照的に――自然的態度の内部にとどまり続ける、ある形式の哲学的心理学である。したがって、その二つの間の差異は、現象学的心理学が、それ自体のために意識を探究する領域的‐存在論的分析として記述されるかもしれないということである。対照的に、超越論的現象学はより野心的な企てである。それは主観性の構成的次元に関心がある、すなわち、それは、意識が意味、真理、妥当性、顕現の可能性の条件と捉えられるかぎりで、意識の探究に関心がある。

この区別の関連性はどのようなものなのか。フッサールは超越論的現象学の展開に主として関心があったけれども、彼は自分の分析が意識の心理学的研究にとっての含蓄と関係をもつかもしれず、またその逆も言えるかもしれないという事実に対して盲目ではなかった。結局、超越論的主観と経験的主観の間の関係は、フッサールにとって二つの異なる主観の間の関係ではなく、二つの異なる自己統握の間の関係なのである。しかし、超越論的主観と経験的主観は一つの主観である。もっとも、異なるパースペクティヴから見られているのだが。超越論的主観は、その原的構成的機能における主観である。経験的主観は、同じ主観であるが、しかしいまや世界のなかの対象として統握され、解釈されている。フッサールは『ブリタニカ百科事典』論文において次のように書いている。

したがって、私の超越論的自我は明証的に自然的自我とは異なるが、しかし、けっして第二の自我として、自然な語義における自我から分離された自我としてではなく、逆に自然的な意味においてそれと結びつけられたりそれと編み合されたりする自我でもない。それはまさに、たえず態度の単なる変化によって心理学的自己経験に変わることができる（まったき具体態において捉えられた）超越論的自己経験の領野である。こうした移行において、必然的に自我の同一性が確立される。それへの超越論的反省において、心理学的客観化は超越論的自我の自己客観化として可視的になるのだが、それは自然的態度のあらゆる瞬間に統覚が課されるかのようになのである。(Hua 9/294)

この説明を考えると、フッサールにとって、理念的に語れば、言ってみれば知覚的志向性を記述的に正確に分析するたった一つの仕方が存在することになろう。もっとも、提示される分析はそのとき超越論的解釈と客観化的解釈との両方に従うことができるだろうが（Hua 6/210）。フッサールはしばしば、現象学的心理学を通して超越論的現象学に取り組むことのもつ準備的強みを強調しさえする。彼が述べているように、ひとは超越論哲学へのいかなる関心もなしに取りかかるかもしれないし、単に厳密に学問的な心理学の確立にしか関心がないかもしれない。この課題が徹底的な仕方で追及されるならば、そして意識の構造が十分な精確さと注意と共に探究されるならば、ついには、超越論的転回を達成するために、まったき階梯を踏む必要が生じ、それによって超越論的現象学に到達することになろう（Hua 9/347）。

ときどき、フッサールは現象学的心理学と超越論的現象学の間の並行論について語り、態度の変更を通して一方から他方に進むことは可能であると主張する。彼は以下のように書いている。

> あらゆるアプリオリな超越論的‐現象学的分析と理論は——客観的世界の超越論的構成の［…］理論もまた——超越論的態度の放棄によって自然的地盤の上でも遂行することができる。この超越論的素朴性に置き入れられることで、それは心理学内部の理論になる。形相的かつ経験的に純粋な心理学に、すなわち、もっぱら心の、具体的な人間自我の志向的固有本質を解示する心理学に——超越論的現象学が対応し、逆もまたそうなのである。（Hua 1/159）

『デカルト的省察』や『危機』のような後期著作では、フッサールは超越論的現象学と心理学を別々に取り扱うことは的外れだとすら論じている。まず、彼は前者が道を開くべきであり、後者はかくして（超越論的考察に思い悩まねばならないことなしに）その成果のうちのいくつかを引き継ぐのだと提案するが、彼がさらに続けて述べているように、意識についての研究はその核としての心理学のなかに超越論的な次元を含み、究極的には超越論哲学の一部をなす。もっとも、これは心理学がその素朴さから解放されるまでは隠されたままであり続けることになるのだが（Hua 1/174）。

> したがって、事実、心理学と超越論哲学の間には解き難く内的な類縁的結合が与えられていることが理解される。さて、しかし、そこからまた予見することができるのは、超越論哲学への道は具体的に遂行される心理学を経由していくことができなければならないということである。（Hua 6/210）

こうした仕方で論じることによって、フッサールは実証的学問が、超越論的現象学が考慮しなければならない事柄を掘り起こすことができる可能性を許容しているように思える。(3) けれども、もちろん彼は、いずれもみな出発点を一人称パースペクティヴに取る諸々の学科の間の交流を明らかに主として考えている。いっそう明確には、私は、フッサールが（現象の細密な分析に基づいており、必須の修正に従うならば）精神病理学や発達心理学の領域における知見が超越論的主観性についての分析に取り込まれるかもしれないし、したがって影響を与えたり制約したりするかもしれないということを除外すべき理由がわからない。フッサールがどのようにカントの上意下達的《トップダウン》取り組みと彼自身の下意上達的《ボトムアップ》取り組みの間の対照を強調し、また後者を追求する際に社会的・歴史的・文化的・言語的領域を考察することが妥当であるのをどの程度まで強調していたかを忘れないようにしよう。

（3） もちろん、実証科学と現象学に対するその意義への関心はまた、メルロ＝ポンティの著作の多くにも顕著である。彼の神経病理学の使用、とりわけゲルプとゴルトシュタインの有名なシュナイダー症例はよく知られている。それは、メルロ＝ポンティが心理学の初期の超越論的性格に関するフッサールの見解を外見上共有していることを露わにしている。メルロ＝ポンティは『知覚の現象学』で次のように論じている。「心理学にかかわることは、完全に作り上げられた事物の間で動く客観的思考の下で、それなしには客観的認識が存在しないだろう事物への最初の開かれに遭遇することである。心理学者は、まさに自己を諸々の対象のなかの対象として自分を見ようとするときに、必ず自己自身を体験として、すなわち、過去、世界、未来、身体、他者に対する無媒介的現前として再発見することができるだろう」（Merleau-Ponty 2012: 99）。

哲学と経験科学の間の関係へのこうした取り組みのもつ独特の性格を明らかにするために、それを著書『神経科学の哲学的基礎』においてベネットとハッカーによって唱道された立場と手短に対照することにしよう。彼らの概観によれば、意識についての哲学的探究は原理上、経験的探究と異なる。そのため、後者が前者に異論を唱えたり、取って代わりさえすることができると提案することは意味がない。哲学は事実にではなく、意味という事柄に関心がある。哲学の務めは、論理的可能性に関係しており、経験的現実性に関係してはいない。その管轄範囲は経験的な真偽の領域ではなく、意味と無意味の領域である。別様に述べれば、哲学は何が意味を成し何が意味を成さないかを明らかにする。それは、意味の境界、すなわち、何を整合的に考えることができ、言うことができるのかの限界を探究し記述する。意味を成すことと意味を成さないことの間の、有意味なことと意味の境界を踏み越えることとの間の境界は、われわれが用いる概念によって規定されるのであり、したがって、哲学が心の本性についての探求に寄与することのできる仕方は、心についてのわれわれの概念やこの概念が関係する諸概念に結びつけられる仕方を明晰化することによるのである（Bennett & Hacker 2003: 399, 402）。概念的難問を解消する主な方法は、語の用法を注意深く吟味し記述することによる——すなわち、適任の話者が、精確に語を用いて、何を言っており何を言っていないのかを探究すべきである。したがって（様々な科学的学科にゆだねることができる）事物についての第一次的な主張に従事するよりもむしろ、哲学はあらゆるそうした経験的探究のための概念的前提条件にかかわるべきなのである。概念的問いは真偽という事柄に先立つ。それらは、どんな科学的探究によっても前提されており、関連する概念に関する明晰性のどんな欠如も、措定された問いのなかで対応する明晰性の欠如に、それゆえそれらに答えようと志向する実験の意図に反映されることになる（Bennett & Hacker 2003: 2）。より直接的に述べれば、概念的に欠陥のある前提から事を進める経験的研究は不整合な経験的問いと答えを生み出しがちである。ベネットとハッカーはだから、概念的争点と経験的争点の間の関係性は一方向的であり、哲学は科学に対して、その逆の向きよりもはるかに大きな重要性をもつという論を展開する。というのは、哲学者が科学で用いられる諸々の概念を明晰化することができ、それによって科学に対して莫大な貢献を提示することができる一方で、科学が哲学に対して多大な衝撃力をもつことができると考えるのは間違いだからである。事実、ベネットとハッカーは、科学的証拠が哲学的分析に抵触するという仮定をばかげたものとみなしさえする（Bennett & Hacker 2003: 404）。彼らの見解では、形而上学的理論や認識論的理論を、何らかの決定実験（*experimentum crucis*）によって裏づけることができる主張と混同するという間違いを犯すべきではない。だから、哲学と経験科学の間の関係は一方的企てなのである。それは既成の概念の適用である。相互性は存在せず、フィードバックは存在しない。適用は原本的分析の修正には至らない[4]。

（4） 私は、心の哲学と経験科学の間の関係についてのベネットとハッカーの描写に関しては留保があるけれども、現代の認知神経科学における一定の大袈裟な傾向に対する彼らの批判はまったく要領を得たものであると思う。エックルスやペンフィールドのような科学者を含む、近代神経科学の最初の二世代は新デカルト主義者であった。第三世代は彼らの師の二元論を否認し、ある形式の物理学主義をはっきりと是認した。しかし、ベネットとハッカーが指摘するように、神経科学は隠れデカルト主義的遺産と経験主義的遺産に魅入られたままであり続けていた。神経科学は、非物質的なデカルト的心を物質的な脳によって置き換えたかもしれないが、脳と身体の間の二元論は維持していたし、それによって二元論的心理学の論理構造を維持していた。実際、哲学をその失敗と呼ばれるもののたこれは確かに自然主義の再興によって哲学に対して措定された異議申し立てに対するある類型の応答である。しかし、たったいま示唆してきたように、私はこれが現象学が応答すべき仕方であるとは考えない。結局、目下考察中の提案について言えば、その考えは単純に経験科学を現象学的分画と分析によって制約させておくだけではない。むしろ、その議論は、現象学の影響は二つの道を行くのであって、現象学は経験的知見を生かし、それによって異議申し立てられもするかもしれないというものである。さらには、日常的言語使用についての吟味を、心についての哲学的な探究への、排他的とまでは言わなくとも主要な指針とすることは、あまりにも制限的であるように思えるし、日常言語が常識的形而上学を反映している程度を過小評価している。こうした方法にこだわることは、単純に常識についてのどんな反省にも利用可能であるだけではない心の局面と次元（例えば、時間意識や像意識の構造についてのフッサールの探究を考察せよ）を露わにするかもしれない具体的な現象学的分析のための道を妨げるだろう。ベネットとハッカーが擁護している分析哲学の様式が、ある種の意味論的惰性と概念的保守主義を促進していると批判されているのは、ひょっとするとまったく理由がないことではないのかもしれない（Dennett 2007: 89）。

第四節　現象学的自然主義

これまで、私は自然化された現象学がどのようなものになるのかについて、二つの異なる理解を区別してきた。

・最初の提案はこう主張した。現象学は自然科学の一部、あるいは少なくとも延長とならねばならない、と。私はこの提案は見当違いだとみなす。それは哲学にとって独自な方法と問いの適法性を否定し、現象学が提示する超越論的明晰化を説明的報告に置き換えようとする。この方略を追求すべきだったならば、意識を世界のなかの対象として取り扱うべきだったならば、現象学に関して哲学的に興味深いたくさんのものが一挙に放棄されるだろう。

・この提案に対する第一の代替案はこう論じる。現象学は自然化することができるし、すべきであるが、しかし、経験科学との有意味かつ生産的な交流に従事すべきであるという意味においてのみである。現象学は、新しい実験のパラダイムの発展に役立つかもしれないように、経験科学によってなされる基本的理論的想定を問い、解明することができる。経験科学は現象学に対して、単純に無

めに——その二五〇〇年の歴史のなかで何ら科学的に価値のあることを達成してこなかったがために——酷評してきた神経科学者のほとんどは、どの程度まで彼ら自身の思考の枠組みの多くが哲学的な遺産をもつのかに気づいていない。実在についての、何が客観的であり何が主観的であるかについての、知覚とその対象の本性についての一七世紀哲学の構想が脳科学者が彼ら自身の探究を目下考える仕方に深く影響を及ぼしてきたことは単純な事実である（Bennett & Hacker 2003: 134）。そして、彼らがさらにまた論争的に問い尋ねているように、二一世紀の神経科学が哲学に対して提示することができることは、単純に、一七世紀の認識論と形而上学の焼き直しにすぎないのではないか（Bennett & Hacker 2003: 407）。

視することができず、引き入れることができるのでなければならない具体的知見、つまり、例えば身体性の役割、知覚と想像の間の関係、時間意識と記憶の結びつき、社会的認知の本性についてのそれ自身の分析を精錬し改訂するように強いる証拠を呈示する。けれども、経験的知見は解釈に開かれているということ、それらの解釈は例によってそれがその内部で動いている枠組みに依存するということを、思い出すことが重要である。だから、経験的事例の理論的衝撃力は必ずしも容易に規定することができるものではない。たとえ現象学が経験的知見に注意を払うべきであったとしても、これは、科学がこうした知見について与える（形而上学的・認識論的）解釈を単純に受け入れるべきだということを伴わない。したがって、現象学と経験科学の間の実り豊かな交流の可能性は、われわれにそれらの差異を否定させようと意図しているのではない。私は、現象学が最も有効な科学的知識によって情報を与えられるべきであると主張するが、その一方で、同時に現象学の究極的な関心が超越論哲学的であり、超越論哲学は経験科学と異なると強く主張する点に、不整合を見ないのである。

こうしたいっそう控えめな提案のもつ重要な限界づけは、以下である。経験的知見は現象学的記述を補完したり異議を申し立てたりするかもしれないけれども、また「心理学と超越論哲学の間の［…］解き難い内的類縁的結合」（Hua 6/210）のためにそうした修正は超越論的現象学によって取り上げられ、超越論哲学に対する衝撃力をもつことができるかもしれないけれども、自然主義と超越論的分析についての構想そのものは影響を受けないままにとどまる。いっそう控えめな提案のうちには、構成するものと構成されるものの間の、超越論的なものと自然的なものの間の関係をいっそう根本的に再考する必要を伴ったり必然化したりするものは何もない。しかしながら、このように言い表すことは踏査するに値する別の代替的提案が存在するかもしれないということを示唆するのである。

『現象学の自然化』には四人の編者がいる。その本への綱領的な序文には四人の著者がおり、テクストには彼らがみな完全に同意しているわけではないらしいいくつかの示唆が存在する。私が先に紹介した見解のほかにも、編者が彼ら自身の企図を「その可能的な限界と不十分さを剝き出しにするために、通常の自然化概念」（Roy et al. 1999: 46）の再吟味を伴うものとして記述している、序論の諸々の箇所が見出される。彼らもまた、自然という観念そのものを鋳直すことに賛成し、客観性、主観性、認識についての近代的構想を変様させる必要について語っているのである（Roy et al. 1999: 54）。彼らは、科学的客観性が観察者から独立した実在への信念を前提するという主張をはっきりと拒絶し、量子力学とハイゼンベルクの不確定性原理を指示しつつ、こう論じる。物理的知識は物理的現象に関するものであり、この現象はそこでは相互主観的に妥当する仕方で取り扱われる、と（Roy et al. 1999: 16–17）。彼らはまた、示唆的にこうも書いている。フッサールとメルロ＝ポンティの生きられる身体についての探究は、「超越論的分析と自然的説明が本有的に接合する」（Roy et al. 1999: 61）場に焦点を当てている、と。しかしながら、最も事を明らかにしてくれるのは、おそらく私が二〇〇〇年のパリでの会議で彼に提出した問いに対してヴァレラが与えた返答だろう。『現象学の自然化』という書物は、もっと大きな企図のうちの最初の部分としてしか意図されていなかった。第二の補完的書物は、不幸にもヴァレラの早世のために実現されなかったが、『自然科学の現象学化』という標題をもつことが計画されていたのである。

この企図の次に認識されるべき、目下最も包括的な試みは、トンプソンの二〇〇七年の本『生命のなかの心——生物学・現象学・心の科学』である。序文のなかでトンプソンは、認知主義、コネクショニズム、彼が身体化された力動主義とレッテルを貼るものを含んだ、認知科学において流布している選択肢のいくつかの概略を述べて議論を始めている。古典的認知主義が心をデジタル・コンピュータとみなし、それを頭蓋の内側に局所づけ、コネクショニズムが心を神経ネットワークとみなしたのに対して、身体化された力動主義、つい最近の提案は、心を世界のなかの身体化された力動的システムとみなし、他の二つの選択肢が選好している認知する身体なき取り組みをはっきりと批判する（Thompson 2007: 4）。認知科学におけるいっそう正統的な取り組みが意識の主観的・体験的次元をあくまで無視しているのに反して、トンプソンの野心は、エナクティヴ・アプローチとレッテルを貼られる身体化された力動主義内部での特殊な動向が、一人称的体験的生と、三人称パースペクティヴから科学的に記述し分析できる神経生理学的過程との間の明白な隔たりを架橋するならば、本当の進歩をすることができると示すことである。

トンプソンの見解によれば、現象学と実験科学を相互に制約し啓蒙しあう企図として追及することは、可能であるだけではなく必要である。われわれのねらいが心についての包括的な理解をもつことであるとしたら、経験そのものの性質を考察することなしに経験の根底にあるサブパーソナルな出来事の本性に狭く焦点を当てたとしても、われわれをさほど遠くまで連れていってはくれないだろう（Thompson 2007: 273）。その意味で、被説明項についての注意深い説明は、重要な必要条件である。しかしながら、いっそう徹底的に、トンプソンはまたこうも主張する。現象学の自然化は、生命と心の両方の本性についての新たな理解に至ることになる、と（Thompson 2007: 14）。実際、彼の見解によれば、現象学は、さもなければ科学にとって不可視的であり続けたであろう特徴、自己性、規範性、主観性、志向性、時間性のような特徴を引き出してくれる、自然現象を観察し記述する仕方を提供する。だから『生命のなかの心』の決定的野心のうちの一つは、まさしく、現象学がどのように生物学的システムの内的生命の真価を認めることをわれわれに可能にするのかを示すことなのである（Thompson 2007: 358）。

トンプソンの最初の考えにとって有用な比較点は、『行動の構造』におけるメルロ＝ポンティの議論である。その初期著作において、メルロ＝ポンティは、パヴロフ、フロイト、コフカ、ピアジェ、ワトソン、ワロンを含む、彼の時代の様々な科学者に直接取り組んでいる。その本の最終節は、「自然主義に真理は存在しないのか」という標題をもっている。それはカント的超越論哲学に対する批判を含んでおり、その本のまさに最終頁で、メルロ＝ポンティは実在的世界に注意を払う超越論哲学の再定義を求めている（Merleau-Ponty 1963: 224）。だから、われわれに外的科学的説明か内的現象学的反省かのどちらかを選択させる——意識と自然の生ける関係をばらばらに引き裂いてしまう選択——よりもむしろ、メルロ＝ポンティはわれわれに対立そのものを再考察し、客観主義と主観主義の両方を超えた次元を探すように求める。これが、トンプソンが共有する見解である。もっとも、トンプソンの説明——実際『生命のなかの心』の魅惑的な特徴の一つであるが——は、科学のはるかにいっそう最近の進歩によって情報を提供されているのだが。

トンプソンの説明のなかで働いている核概念は、自己組織化あるいはオートポイエーシスという概念である。トンプソンはこう論じる。生ける有機体は、物理的存在とは異なる、様々な、発現した形式の個体性と統一性をもつ、と。すでに代謝のレベルで、生ける有機体は有機体の同一性を質料的変化を貫いて保存しており、そしてその意味でひとは、不変の力動的パターンという点からそれらの自己同一性について語るかもしれない（Thompson 2007: 75）。トンプソンが述べているように、個体として現実存在することは、他の事物から数的に別個であるというだけではなく、他のものとの力動的な関係性において自己極であることもまた意味する（Thompson 2007: 153）。最小限の細胞レベルでさえ、生ける有機体はそれら自身の同一性を、周囲にあるものから自らを区別することによって維持している。トンプソンはこう強調する。自己と世界の間のこうした差異化、内側と外側の間のこの境界は、相互依存や分離と混同されるべきではない、と。有機体の同一性と個体性は、世界との恒常的交流、同化、適合のなかで確立されるものなのである（Thompson 2007: 149–150）。

トンプソンは、人間的認知と動物的認知との間に示差的差異が存在することを認めるけれども、それにもかかわらず、認知を、刺激が有機体に対してもつ意味、その力動的な自己組織化の感覚運動的能動性から発現する意味という点から広く定義する。彼は次のようにも書いている。「認知とは、システムそのものがその自律に基づいて成立《エナクト》させるあるいは生み出す意味や規範との関係における行動や行為である」（Thompson 2007: 159）。有機体が自己組織化するかぎりで、事物は有機体に対して意義や価値をもち、これは、生ける存在としての有機体がある種の内面性を身体化するということを意味する。こうした生命の内面性は、意識の内面性にとっての先行者である。したがって、トンプソンの説明によれば、生命と心は一組の組織的特性を共有する。心のもつ独特の特性は、生命にとって基礎的なものの豊饒化された変奏である。心は生命のようなものであり、生命は心のようなものである（Thompson 2007: 128）。

だから、トンプソンの全般的な考えは、事物が有機体に対してもつ意味に自然な場所を与える構想についての、生物学的に基礎をもった構想を分節化することによって、生物学は主観性と現象学に接合されうるというものである。そこでは、他の理論が説明上の隔たり《ギャップ》と共に残される。彼の見解では、チャルマーズの意識をめぐる難問《ハード・プロブレム》は、生命と意識の間の根底的な非連続性を前提し、したがって不適切に設定されているため、究極的には解決不可能である（Thompson 2007: 223–225）。トンプソン自身の提案は、心と自然を統一すべきならば、両方の側を再定義しなければならないというものである。

多くの仕方で、『生命のなかの心』は『身体化された心』の継続とみなすことができる。後の著作がフッサールを、身体化された共感的な経験の局面を無視したデカルト主義者、表象主義者、方法論的独我論者としてすぐに退けたのに対して（Varela et al. 1991: 16–17, 68）、『生命のなかの心』ははるかに陰影に富み、見識のある解釈を呈示しており、フッサール自身の著述についてのトンプソンの注意深い読解に拠るだけではなく、最近のフッサール学への彼のますますの親炙にも拠っている。実際、メルロ＝ポンティが重要な役割を演じ続けてはいても、フッサールが中心的な位置を獲得している。これは、静態的現象学、発生的現象学、世代生産的現象学、エポケー、現象学的還元、構成、志向性、生世界のような概念についての広範な議論と依拠において容易に見て取れる。当該の変化は非常に目立つので、トンプソンは自身で理由をつけて説明を提示している。「フッサールと認知科学」と題される短い附論で指摘しているように、彼は単純に以前のフッサール解釈にもはや賛同していない。彼は、フッサール的現象学が、最初に考えていたよりも認知科学との生産的な異種交配のためのはるかに多くの資源を含んでいると認識するに至った。その説明のとおり『身体化された心』を共に著したとき、彼はフッサール自身の著述についても関連する二次文献についても限られた知識しかもっていなかっただけではない。つまり、彼の解釈は、ドレイファスが『フッサール・志向性・認知科学』という書物で表明したかなり影響力のある批判に拠るのと同様に、フッサールについてのハイデガーの冷淡な読解にもまた影響されていたのである。そして、トンプソンは次のように結論づける。ドレイファスがフッサールを認知科学の視界にもたらしたことは認められるべきであるけれども、「彼の解釈を超えていき、フッサールの一生の仕事についての徹底的な評価に基づいて認知科学とのフッサールの関係性を再評価すること」（Thompson 2007: 416）がいまや焦眉である、と。

どのようにトンプソンはフッサールの自然主義に対する批判的な姿勢を扱うのか。彼は諸々の異なる仕方でそれに渡り合おうと試みる。手始めに、彼はこう指摘する。フッサールが自然主義に反抗する理由の一つは、彼がその還元主義を心的なものと物理的なものの間の本質的差異と両立不可能だとみなしているということである、と。それに応じて、トンプソンはこう強調する。自分が選好する自然主義は非還元的な種類のものである、と。つまり、実際、彼の論点のうちの一つはまさしく、現象学と生物学は対等の条件にあるということである。彼はまたこうも論じる。（物理的・生物学的）自然についての最良の現代的科学的理解は、フッサールが批判している見解とはかなり顕著に異なっている――自然はもはや単純に外的に並置された対象の集まりとみなすことはできない――し、反自然主義を心に抱くフッサールの動機の一部はこうした理由のために科学における最近の発展によって単純に押しのけられている、と（Thompson 2007: 357）。しかしながら、最も重大なことに、トンプソンは客観主義に対するフッサールの対抗を共有し、彼自身の企図を、意識の超越論的地位を十二分に尊重し、意識をあらゆる対象の開示の可能性の条件と考えるものとみなしている(Thompson 2007: 86)。フッサールにとって、客観性は先行的に現実存在する何かではなく、構成された何かであり、トンプソンはこうはっきりと論じる。この根本的洞察はエナクティヴ・アプローチが共有するものである、と(Thompson 2007: 154)。

われわれはいまや、第二の代替的提案がどのようなものなのかを分節化する位置にいる。現象学を自然化することは、自然的とは何か、超越論的とは何かについての通常の理解を再考察することだろう。それは、(単純に超越論的企図を放棄するよりもむしろ)超越論哲学とは何かについての新しい反省のみならずヒュームがかつて「それ以上曖昧ではっきりしないものは何も存在しない」(Hume 2007: 304)と宣言した自然という概念の再考、つまり、究極的に自然科学の変貌に至るかもしれない再考を含むのである。

しかしながら、そうした提案がどれほど理論的に魅惑的に映るにせよ、その課題は手強く、なお進むべき長い道が存在するのは明らかなはずである。しかしながら、それは、完全に前代未聞の提案というわけではないだろう。一九二二年に、モーリッツ・シュリックはこう論じた。一般相対性理論は超越論哲学を無効にし、経験論的哲学の汚名を晴らした、と。リュックマンが示したように、シュリックの裁定はまったく不正確である。チューリッヒでのアインシュタインの同僚の一人で、一般相対性理論と量子力学の分野の両方の発展に決定的に寄与した、傑出した数学者にして理論物理学者ヘルマン・ヴァイルは、フッサールの自然主義に対する批判をかなり広範に利用しただけではなく、フッサールの超越論的観念論から深く影響を受けてもいたのである(Ryckman 2005: 6, 110)。究極的には、二〇世紀の初めの理論物理学における決定的発展が、本当に主観性、客観性、認識についてのわれわれの標準的な科学的構想を手つかずのまま残したのかどうかは疑問に思われるところだろう。これは、一例としては、メルロ＝ポンティが議論する事柄である。

相対性の物理学は、絶対的かつ終局的な客観性というものが、個々の特定の観察がいかに観察者の位置に厳密に結びついていてそうした特定の状況から抽象することができないかを示すことによって、単なる夢にすぎないことを確認する。つまり、それは絶対的観察者という概念もまた拒絶するのである。われわれはもはや、科学において、純粋で状況づけられていない知性の実践がすべての人間的痕跡から自由な対象への接近《アクセス》を得ることをわれわれに可能にしているという考えでもって、悦に入ることはできないのである。

(Merleau-Ponty 2004: 44-45)

しかし、フッサールに関してはどうか。どの程度まで彼は、これが単に現象学と経験科学の間の実り豊かな交流を促進することにあるのではなく、むしろ超越論的なものと自然的なものの間の関係の根本的再考を含んでいる場合に、現象学の自然化を歓迎しただろうか。フッサールは一九二七年の『自然と精神』講義において次のように書いている。「自然は精神なしにはなく、精神は自然なしには思考不可能である、と」(Hua 32/16)。一つの可能性は、いまや、フッサールの汎心論、自然的目的論、超越論的本能についての幾分思弁的な反省のうちのいくつかを踏査することであるだろう (cf. Hua 42 and Lee 1993)。しかしながら、私は、読者に別の可能な方途を単純に思い出せることによって、この章を終えることにしたい。

私が第四章で示したように、身体性と相互主観性のもつ超越論的意義へのフッサールの関心の独特の特徴のうちの一つは、それが彼を社会的、歴史的、文化的、言語的領域についての踏査に至らせ、世代生産性、歴史性、正常性のような争点に哲学的に従事させたということであった。また見たように、これはまさしくフーコーをして、人間についての経験的な分析に対する、現象学の同時に前途有望でもあり脅威にもなりうる近さに論及させたものであった（Foucault 2002: 355）。

したがって、現象学的思考が超越論的なものと経験的なものとの間の関係を再考しようとしたことを考えると、（マリーによって簡潔にまとめ上げられた）現象学の自然化に反対する標準的な論証、つまり、それは経験的なものと超越論的なものの間の厳格な分割を尊重し損なってしまうということが、あまりにもカント的な超越論哲学の構想に動機づけられていないかどうかを疑問に思う向きがあるかもしれない。それは、現象学的超越論哲学の有する独特な点を無視しているのではないか。

私が先に論述してきた、自然化された現象学がどのようなものになるのかについての二つの代替的な見方は、われわれが選択しなければならないものの間の両立不可能な二者択一とみなされるべきではない。それらは、徹底性において異なるけれども、同時に追求されうるものなのである。しかしながら、それらは双方とも、古典的現象学者たちが反対した自然主義についてのいっそう伝統的な構想と対照をなしている。だから、自然化された現象学がどうしてもなくてはならないものなのか、それともカテゴリー・ミステイクなのかを評価したいならば、本章の初めに書いたことを繰り返すが、議論されているのがどのような種類の現象学であり、どのような類型の自然化であるかについて完全に明晰である必要があるのである。

第六章　本当の実在論

普通の「実在論者」は、現象学的「観念論者」（私がもはや用いない語です）である私ほどには、そもそも実在論的でも具体的でもありませんでした。

（「エミール・ボーダン宛書簡」）

どのように自然主義を理解し、自然主義に応答するかという問いは、現象学にとってその開始以来、重大な関心であった。ここ二〇年間でも多くの議論が、現象学、認知科学、心の分析哲学の間の幅広い範囲で起こっている。しかしながら、最近、新しい議論の相手が舞台に現れてきた。非人間的な自然を舞台上に戻そうと強く欲するものであり、自然主義に対するその関係は複雑であり、現象学に対するその態度はひどく敵対的であるとしか記述のしようがない。この新しい相手は、「思弁的実在論」と呼ばれるのだが、大陸哲学における最も胸躍る、前途有望な新しい潮流のうちの一つとして（その唱道者たちによって）歓迎されている。

第一節　現象学の終わり

『現象学の終わり』という題の近著で、スパロウは思弁的実在論の概観を提示し、現象学に対するその関係を際立たせている。表題についてのスパロウ自身の説明は二重である。一方で、彼は思弁的実在論の興隆は現象学に終焉をもたらすと論じる。なぜそうなのか。思弁的実在論は、現象学がつねに約束したがけっして提供しなかったもの、すなわち、実在論の精魂を傾けた是認をやり遂げるからである（Sparrow 2014: xi）。しかしながら、他方でスパロウはまた、現象学は本当はけっして始まってもいないと論じる。それはフッサールと共に始まって終わった。スパロウによれば、フッサールが現象学がどのようなものになるべきかを決着させられなかったので「それがそもそもなんであったのかが明らかではない」（Sparrow 2014: xi）。事実、「現象学はけっして本当は現実存在しなかった」（Sparrow 2014: 185）と主張することはできるだろう。なぜなら、現象学の発案者はけっして「その方法、範囲、形而上学的関与《コミットメント》を十全に明晰化」（Sparrow 2014: xiii）できなかったからである。多くの現象学者と自ら公言する者がこのことを認識し損なってきたということは、彼らがある種の生ける屍であるという事実を単に証拠立てるにすぎない。スパロウは、現象学がある種のゾンビ哲学、「極端に能動的であるけれども同時に哲学的生命力を欠いており、方法論的に虚ろ」（Sparrow 2014: 187）であると提案しさえする。

スパロウの修辞法の粗暴さは、スパロウがしばしば権威の源泉として引用するトム・ロックモアによる著作を連想させる。著書『カントと現象学』において、ロックモアはこう断言する。フッサールは、彼が現象学によって何を意味しているのかを正確に明らかにすることがどうしてもできなかった、と。つまり、彼は現象学と認識論の間の関係性についての基本的な説明を明晰化することができず、彼自身の問いに取り組むことに繰り返し失敗し、問題の争点をしばしばただわかりにくくしたにすぎない、と。だから、ロックモアによれば、フッサールの方法論は、直観、本質、表象、構成、ノエシス、ノエマ、現象学的還元のような概念を含む、彼の中心的概念のほとんどと同様に、基本的にわかりにくいままなのである（Rockmore 2011: 116, 127, 131）。

スパロウ自身の解釈は、ロックモアの解釈と同様に偏向している。(1) 多くのもののうちからほんの一例を選び出して、『知覚の現象学』でメルロ゠ポンティが「そのとおり、現象学は不可能であると断言している」（Sparrow 2014: 48）というスパロウの主張を考察してみよう。どのようにしてスパロウはそうした結論に達したのか。『知覚の現象学』の序文でメルロ゠ポンティは、現象学を永遠の批判的（自己）反省として性格づけている。現象学は何ものも当然と捉えるべきではなく、特に自分自身を当然と捉えるべきではない。別様に述べれば、それはたえざる省察なのである（Merleau-Ponty 2012: lxxxv）。メル

（1）　ロックモアの主張のうちの一つは、フッサールが現象学の創案者であるというしばしば繰り返される「神話」を拒絶すべきであり、その代わりにカントを最初の真の現象学者として認めるべきだということである（Rockmore 2011: 8）。事実、ロックモアは、フッサール、ハイデガー、メルロ゠ポンティが現象学者に分類されるに値するかどうかを問うてさえいる（Rockmore 2011: 210）。

ロ－ポンティの論点は、現象学はつねに途上にあるということなのだが、スパロウはこうした非独断的態度を、現象学がけっして開始できないという見解と同等視している。加えてスパロウはまた、「還元の最も重要な教訓は、完全な還元の不可能性である」(2012: lxxvii)というメルロ－ポンティの有名な立言に反論し、それならば還元は企てることのできない方法論的階梯だという主張になると解釈する(Sparrow 2014: 48)。還元が――フッサールの強く主張するように――現象学にとって決定的であるならば、それは現象学が不可能だということをあらためて示しているだろう。しかしながら、テクストを綿密に読解すればわかるように、これはメルロ－ポンティが言っていることではない。還元は特別な反省的措置とみなされねばならないし、メルロ－ポンティの論点は、有限な生物としてのわれわれには、世界にどっぷりと浸かった生との絆をきっぱりと切り離し、それをどこからのものでもない眺めから見渡すことを可能にする絶対的反省を実行することなど不可能だということである。最も徹底的な反省でさえ、メルロ－ポンティが述べるように、その最初の、恒常的で、終局的な状況にとどまり続ける反省されざる生に依存し、結びついている(Merleau-Ponty 2012: lxxviii)。還元を完遂することができないと言うことは、それを実行することができないと言うことではない。結局、ごくわずかではあっても、世界にどっぷりと浸かった生から距離を取ることによってのみ、われわれはそれを記述することができる。われわれを世界と結びつける志向的な撚糸を緩めることによってのみ、それらを可視的にすることができる(Merleau-Ponty 2012: lxxvii)。しかし、こうした手続きは、きっぱりと完遂されるよりもむしろ、繰り返し遂行されねばならないことである。そのかぎりで、メルロ－ポンティの現象学の未完の性格と不完全な還元についての評言は、同じ論点を指し示す二つの仕方なのである。このどちらも、メルロ－

ポンティが現象学や還元が不可能だと肯定するにちがいないということを伴なわないが、だからこそメルロ-ポンティはもちろん、ハイデガーの世界内存在についての分析が還元を前提すると強く主張することができたのである（Merleau-Ponty 2012: lxxviii）。

スパロウのメルロ-ポンティについての誤解はさておき、その主な批判は、彼が現象学的方法の多義性と捉えているものに向けられている。フッサールが自身の方法についての明確な説明を思いつくことができなかったこと、彼が、われわれにデカルトの『精神指導の規則』のようなものをけっして残さなかったという事実は、スパロウによれば、致命的な不備と弱みである。なぜなら、それはどのように現象学が実行されるべきなのかがまったく不明晰であることを伴うからである（Sparrow 2014: 5–6）。その後の現象学者がフッサールの方法論的要求に反逆していることは事柄をさらに悪くするだけではない。スパロウにとっては、われわれに現象学的であることを現象学的でないことから差異化することを許す合意と基準が存在しないのである（Sparrow 2014: 3–4, 10）。

この時点で、スパロウは、三つの異なる立場の間で揺れ動き出している。第一は、たった今言及したもの、つまり、現象学には方法も安定した同一性もないというものである。第二は、現象学は実際、超越論的方法へのその関与《コミットメント》によって統一されるというものである。彼は次のように書いている。

> 哲学的記述、研究、結論を現象学的とみなすこと――すなわち、それを日常的な記述、経験的研究、思弁的形而上学とは異なる何かとしてしるしづけること――その記述は、記述の焦点を超越論的レベルへ、あるいは少なくとも疑似超越論的なレベルへ立ち戻る何らかの形式の方法論的還元の内部で行われねばなら

ない。(Sparrow 2014: 14)

しかしながら、スパロウによれば、こうした方法論的に統一する超越論的関与《コミットメント》のための対価はあまりにも高すぎる。すなわち、それは、現象学が形而上学を放棄し禁じなければならないことを伴う。しかし、そう言えるならば、現象学は本格的な形而上学的実在論に対する擁護を提示もできないし、あるいは、スパロウは次のように述べている。「本書が現象学の終わりを宣言するとき、それは実在論者にとっての方法としての現象学は使い古されてしまったことを意味する」(Sparrow 2014: 13)。

エポケーと超越論的還元の実行が現象学に事物の現実存在に関するどんな判断を行うことも妨げるために、現象学は形而上学的に中立的あるいは不可知論的にとどまり続けなければならないと長々と論じた後で、スパロウは、現象学は中立的であることができず、究極的にはある形式の反実在論あるいは観念論と手を結ばねばならないという、彼の最後の手立てと主張を打ち出す(Sparrow 2014: 26)。どのようにしてスパロウが、現象学に方法がないという主張、形而上学的関与《コミットメント》を禁じる超越論的方法をもつという主張、その方法が現象学を観念論に与させるという主張を融和させることができるのかは明らかではないが、彼の一般的な解釈的術策を考えると、彼が(自分自身の解釈よりもむしろ)現象学者たちのほうをその不整合性のために咎めているのも不思議ではない(cf. Sparrow 2014: 31, 80)。

哲学的伝統が伝統として数え入れられるほどまでに十分に統一されているかどうかという問いを議論するときに、どんな哲学的伝統についてであれ現実存在していないことを究極的に証明する危険を冒すような、そうした厳格な基準を採用することは賢明ではないかもしれない。スパロウの取り組みを受け入れるべきであったならば、どのようにして批判理論、解釈学、プラグマティズム、分析哲学が生き残ることができるのかを理解するのは難しい。実際、確定した一群の方法論的道具にかかわる合意が研究綱領《リサーチ・プログラム》の現実存在の必要条件であるならば、ほとんどどんなものも現実存在しないだろう。幾分類似した評言は個別の人物たちの事例でも妥当する。その著作が学者的な不同意や競合する解釈を生み出してこなかったような、哲学の歴史における何らかの影響力のある思想家を指し示すことは難しい。純粋主義者は、そうした不同意は単純に、吟味中の哲学者の思想が根本的に混乱しているか不明晰なのであり、それゆえそれらは拒絶されるべきだと強く主張するかもしれない。それとは対照的で、より良識のある見解は、数十年後や数世紀後に議論するに値するどんな哲学的著作も、相容れない解釈を許す範囲と深さをもっていて、伝統への継続的な批判的従事は哲学と言われるすべてのものが関わることの一部であるというものだろう。しかしながら、最初の選択肢を選ぶほど愚かでないとしても、二、三の人物だけを有罪判決のために分離して取り出すことはできないし、それならば少なくとも首尾一貫して全員を、すなわち、プラトン、アリストテレス、アウグスティヌス、アクィナス、デカルト、ライプニッツ、ロック、ヒューム、カント、ニーチェ等々を拒絶すべきである。

スパロウの解釈と告発のためにこれ以上時間を使わないようにしよう。彼の主な結論と異論は、現象学は形而上学的実在論を生み出すことができないということである。われわれを「事象そのもの」へと連れ戻すというその約束にもかかわらず、現象学はわれわれを現象的なものへと縛り続けている。そのかぎりで、現象学は、本当の実在論的代替案を提供するよりもむしろ、ある形式のカント主義に与し続けている（Sparrow 2014: 1）。「カントの影」から出て行きたいならば、現象学に向かうべきではなく、思弁的実在論に向かうべきである。なぜなら、「思弁的実在論」だけが「われわれを資格要件なしに、実在論の意味を曲解することなしに実在的なものへと連れ戻す」(Sparrow 2014: xii) からである。

第二節　思弁的実在論

思弁的実在論とは何か。それは二〇〇七年四月、ロンドン大学ゴールドスミス・カレッジで開かれた会議からその名をとっている。その会議は、レイ・ブラシエ、イアン・ハミルトン・グラント、グレアム・ハーマン、クァンタン・メイヤスーによる発表を呼び物としていた (Brassier et al. 2007)。すぐに明らかになったように、これら四人の主唱者は、彼ら自身の積極的な提案ということになれば、かなり著しく相違していた。彼らの哲学的先駆者は、ホワイトヘッド、ラトゥール、ハイデガー、チャーチランド、メッツィンガー、セラーズ、ニーチェ、レヴィナス、バデュー、シェリングのような非常に多様な人物を含んでいるのだが、彼らは、対抗しているものによって一つにまとまっていたのである。彼らすべてには一つの共通の敵がいた。すなわち、相関主義である。

すでに見てきたように、相関主義とは、主観性と客観性の両者は絡み合っていて内的に関係づけられているがゆえに、互いに離れて理解したり分析したりすることはできないという見解である。それは、われわれには思考(理論)と存在(実在)の間の相関関係に接近《アクセス》することができても、けっしてどちらか一方への接近《アクセス》を他方から切り離して、あるいは独立にはもたないという見解である。この見解によれば、思考は、それ自体であるがままの世界を「われわれにとって」あるがままの世界と比較するために、それ自身の外に出ることはできない。実際、われわれは主観との関係から切り離して「それ自体」を考えることも把握することもできず、つねにすでに対象と関係づけられていないような主観をけっして把握することはできない。(2)

この類型の哲学を導入したのはカントであるとされている。(3) カント以前には、哲学の主要課題のうちの一つは宇宙を認識することだったが、それに対してカント以降、その第一の焦点と場所は相関主義的円環だった。直截的に形而上学に従事するよりもむしろ、翻って、その努力は志向的相関関係、言語ゲーム、概念図式、言説の研究に捧げられてきた。

思弁的実在論者は、この展開に対する批判という点で明確である。それは永続的に「哲学を毒して」(Badiou 2009: 535) きた「カント的破局」(Meillassoux 2008: 124) として記述される。現象学に対する彼らの敵意は、現象学が大いに「カントの腐敗から滲み出る」(Bogost 2012: 4) 伝統であるという事実から部分的には説明される。実際、現象学がある形式の相関主義であるということは、これまでの章で存分に立証されてきたはずである。しかし、二、三の付加的な引用をしておこう。

(2) メイヤスーがしばしばその術語の鋳造を認められているけれども (Meillassoux 2008: 5)、「相関主義」は実のところ、はるか以前に用いられ定義されていた（本書一八七頁参照）。

(3) もちろん、カントが物自体という考えを擁護したという事実は、それを彼自身の革命的企図を遂行しきるカントの無能力の表現とみなしたドイツ観念論者にとっては恥辱だった。しかしながら、カントの見解が彼を二世界論に与させたのかどうかは、議論されている。こうした考えを拒絶した最近の例に関しては以下を見よ。Allais (2015).

真正の超越論的エポケーが「超越論的還元」を可能にする——世界と世界意識の超越論的相関の発見と攻究。

(Hua 6/154)

したがって、意識に対する事物の超越やその「即自存在」について語ることによって欺かれることは許されない。［…］即自的に存在する対象は意識と意識自我にかかわらないような対象ではけっしてない。

(Hua 3/100–101)

世界は現実存在する、すなわち、それは、現存在が現に存在するかぎりでのみ存在する。世界が現に存在する場合にだけ、現存在が世界内存在として実存する場合に、存在理解は現に存在し、存在理解が現実存在する場合にだけ、内世界的存在者は手前存在と手許存在として露呈されるのである。自己と世界は、主観と客観のような、我と汝のような二つの存在者ではなく、自己と世界は世界内存在という構造の統一においての現存在そのものの根本規定なのである。

(Heidegger 1982: 297)

対照的に、思弁的実在論者は「世界自体——われわれと離れて現実存在するがままの世界——はけっして、それに対するわれわれの接近《アクセス》という問いによって含まれたり制約されたりはしない」(Shaviro 2011: 2)。彼らのねらいは相関主義的円環から抜け出すことであり、今一度「偉大なる外、先批判的思想家の絶対的な外側、すなわち、われわれと関係しなかった外側［…］われわれがそれについて考えているかどうかにかかわらずそれ自体で現実存在するもの」（Meillassoux 2008: 7）に達することである。

カントはわれわれに「思弁的理性によって経験の限界をあえて超え出ることがないように」（Kant 1998: B xxiv）と警告した。対照的に、思弁的な実在論者はわれわれにまさしく次のことをするように勧める。「カントには失礼ながら、われわれはわれわれ自身の思考の外側を考えなければならない。そして、われわれは事物についてのわれわれ自身の構想の外側の事物の現実存在を肯定的に考えねばならない」（Shaviro 2011: 2）。実際、スパロウの見解によれば、思弁的実在論だけが「実在論を哲学的論証に根拠づけることを要求する種類の思弁を」（Sparrow 2014: 3）提示する。なぜ思弁だけが実在論を哲学的に根拠づけることができることになるのかをスパロウは説明しないけれども、彼の提案に従って、こうした思弁がわれわれをどこに導くのかを見ることにしよう。

グレアム・ハーマンによれば、カントの人間‐世界複占と現象学の人間中心主義的偏向を転覆する唯一の仕方は、同等性を選好することによる。人間‐世界関係とは、なんであれ何らかの二つの存在者間の関係の特別な事例にすぎないし、あるいはハーマンとボゴストが言い表しているように、

> 宇宙のなかでのすべての関係は、人間と世界の知覚的な明晰化であれ石灰石への酸の腐食効果であれ、あるいはボルネオのオランウータンの間のひっぱたき合いであれ、まさしく同じ哲学的足場の上にある。（Harman 2005: 75）

麵がそのうちに見出される絡み合いが、それを形作り、茹で、販売し、購入し、消化する人間ほどには複

雑ではないと信じる理由は存在しない。（Bogost 2012: 30）

一見すると、非人間的対象間の因果的関係は主観‐客観関係と種類上差異がないという主張（Harman 2011: 198）は、かなり馴染みのあるものであるように思う。それは、志向性を自然化しようとする様々な還元主義的試み、すなわち、非志向的機構という点から志向性を説明しようとする試みを強く思い出させる。しかし、諸々の見た目は（この事例では）誤導的である。同等性が強く主張されるとき、そのねらいは、心（と世界に対するその認知的・情感的関係）を心なき機構へと還元することではない。いや、それどころかねらいは逆であるように思える。つまり、暖炉、芝刈り機、数切れの腐りかけの豚肉を含めたすべての対象がそれら自身の内的無限性を所有していることを最終的に認知することであるように思える（Morton 2012: 132）。実際、ハーマンが強く主張するように、現象学の本当の弱みは、まさしく、「帆船や月の「自我」」（Harman 2005: 104）を現象学が捕え損なうことであった。現象学はあまりにも制限的であったのであり、「コンピュータ、マイクロプロセッサー、リボン・ケーブルであるとはどのようなことか。[…] それらは何を経験するのか。それらの適格な現象学とは何か。手短に言えば、事物であるとはどのようなことか」（Bogost 2012: 9–10）をまったくもって適切に問い尋ねることを認知しそこねてきたのである。

ハーマンの見解では、汎心論は（あるいはハーマンが好んでレッテルを貼るように多心論は）「カント的革命の拒絶から直接的に」（Harman 2011: 120）出現する。その繋がりがどのくらい直接的かつ必要であるのかは疑問に思う向きもあろう。しかしながら、いっそう綿密に考察すれば、そうした動向がまた本当に相関主義を掘り崩すのかどうか、むしろ支持し拡張しないかどうか疑問に思う向きもあろう。そうした懸念もまたハーマンを悩ましてきたように思える。なぜなら、彼は他の公刊文献において、汎心論と人間例外主義は共通の特徴、すなわち、心理が宇宙の鍵となる建築礎石の一つであるという考えを共有していると論じているからである（Harman 2005: 220）。これは、拒絶されねばならない根本的想定である。実際、人間存在といくつかの木片の間にも差異は存在するのであって、そして究極的には、冷蔵庫の音と黄色のペンキのバケツの間にもまた差異は存在するのであって、そして究極的には、意識は単純に他の多くの対象のなかのある類型の対象にすぎないという事実にわれわれは正面から立ち向かわねばならないだけなのである。意識が優先される理由は存在しない。もし何かが優先されねばならないのならば、それは誠実さである。ハーマンは次のように書いている。「岩や埃はあらゆる点で人間、鸚鵡、鯱と同じように誠実でなければならない」（Harman 2005: 220）。何人かの読者は疑いなくそろそろ困惑しているだろう。しかし、われわれにはさらなる困惑が待ち構えている。ハーマンはまた次のように宣言する。「哲学の唯一の使命は怪異的実在論である。哲学は、その指令が世界自体の構造を解き明かすことであるがゆえに、実在論者でなければならない。つまり、それは、実在が怪異的であるがゆえに怪異的でなければならないのである」（Harman 2008: 334）。実際、フッサールに不満である一つの理由は、彼が「怪異的でも、実在論的でもなく、その反対、すなわち、「非怪異的反実在論者」のように見える」（Harman 2008: 348）ということなのである。

相関主義的主観主義に対する彼の批判にもかかわらず、ハーマンは自然主義の友ではない。事実、彼の説明では、自然主義はそれ自体ある形式の相関主義である。それは、単に実在をわれわれの（目下の科学的）ものの視方《マインドセット》に押し込み従わせようとするもう一つの試みにすぎない。すなわち、「自然科学によって描写されるものとしての事物は、われわれの認識に依存させられた事物であり、飼い馴らされていない、見えないところにある実在における事物ではない」（Harman 2011: 54）。しかし、科学が心から独立した非相関的対象を露わにしたり開示したりしないならば、どのようにしてわれわれはそれらに接触したり、それらについての知識を得たりするのか。そんなことはできない。われわれは事物の現出を知ることができるにすぎず、その真の存在を知ることはできない。ハーマンの説明によれば、実在的対象、物自体は永遠に接近《アクセス》不可能であり続ける。彼はハイデガーに対して論争的にこう評言している。「金槌を使うことと金槌を凝視することははっきりと両方とも、野生動物のように世界のなかに解き放たれて、ただそれ自体で存在する普通の在り方をしているとおりの金槌の実在そのものの歪曲である」（Harman 2005: 74）。重要なことには、即自についてのこの接近《アクセス》不可能性は、何らかの特定の人間的認知の欠陥や無能力のためではない。なぜなら、ハーマンはまた、諸々の対象は互いに隠されており、接近《アクセス》不可能であるという見解を抱いているからである。バナナに吹き付ける風、テントを打つ雹、窓に衝突する岩、綿を焼き尽くす炎。それぞれの場合、諸々の対象は互いに退きあい脱去しあう（Harman 2005: 19）。あらゆるものは、他のあらゆるものから切り離されている。何ものもけっして他のものと接触しない。この原理は対象相互的レベルでだけではなく、対象内部的レベルでさえも有効である。すなわち、対象はまたその構成部分からも脱去し、直接的に接触しない（Harman 2005: 94, 172）。

ハーマンは現象学をそのいわゆる反実在論のために批判し、それはわれわれを現象的なものに縛りつけてしまうと論じる。こうした批判にどのような長所が存在するのであれ、確かにかなり彼自身の立場に適合した記述であるように思える。ハーマンの実在論に対する熱烈な是認は、実在をわれわれに対して永遠に接近《アクセス》不可能にする徹底的で全域的《グローバル》な懐疑論——彼がこの接近《アクセス》不可能な領界の構造と本性についての様々な主張を妨げられてこなかったという事実——と連動している。

しかしながら、すべての思弁的実在論者がハーマンの懐疑論を共有するわけではない。彼らのうちの何人かは、科学に対してはるかに肯定的な見解をもっている。例えば、『有限性の後で』において、メイヤスーはこう論じる。その相関主義への関与《コミットメント》のゆえに現象学は意識の出現に先立って起こる出来事に関する科学的言明の文字通りの真実を受け入れることができない、と。「四五億六〇〇〇万年前に起こった地球の降着」のような言明に直面するとき、現象学は二層化された取り組みを採用するように強いられる。現象学は、無媒介的で実在論的な言明の意味と、それについてのいっそう深い、超越論的解釈との間の差異を強く主張しなければならない。それは言明の真理を受け入れることができても、それが「われわれにとって」真であるという付記を加えることによってなのである。メイヤスーはこの動向を受け入れがたいものとみなし、創造論者の立場に危険なほどに近いと主張する（Meillassoux 2008: 18. Brassier 2007: 62も見よ）。彼はこう強く主張する。科学への忠節は科学的言明を額面通りに捉えること、相関主義を拒絶することを要求する、と。どんな妥協も可能ではない。科学的言明は、文字どおりの実在論的意味をもち実在論的意味だけをもつか、まったく意味をもたないかのどちらかである（Meillassoux 2008: 17）。別様に述べれば、科学はわれわれにどんな相関主義的枠組みに含めることもそれによって捕えることもできない実在への接近《アクセス》を与える。より明確には、メイヤスーはある種のデカルト的合理主義を是認し、第一性質と第二性質の間の区別を復権させている。前者は物自体のもつ数学的に把握可能な特徴である。したがって、数学は、人類が不在の場合にも世界を記述することができる。つまり、それは偉大なる外を記述することができるのである。それはわれわれにどこからのものでもない眺めからの絶対的知識を与えることができる（Meillassoux 2008: 26）。しかしながら、論証化の過程でメイヤスーはまた、あらゆるものは理由なしに存在し、それゆえ理由なしに別様になることができるという見解を擁護する。メイヤスーは、こうした理由の究極的不在を絶対的な存在論的特性であると捉えており（Meillassoux 2008: 53）、「極端な形式の混沌、超混沌であって、それにとっては何ものも、思考不可能なものでさえ不可能ではなく、不可能でないようにみえる」（Meillassoux 2008: 64）と記述する。彼が認めているように、自然法則はいつどんなものであれ理由なしに変わりうると断言するこうした見解を（Meillassoux 2008: 83）、数学的科学が即自的なものを記述し、祖先以前の時代に属するものの認識を可能にするという科学的言説や考えを確保する試みと融和させることは、並外れた課題である（Meillassoux 2008: 65）。

さらにいっそう極端な形式の反相関主義的科学主義は、ブラシエの著作に見出すことができる。(4) 彼の説明によれば、啓蒙の企図の究極的なねらいと真の極致は、自明な像《イメージ》の徹底的破壊にある（Brassier 2007: 26）。したがって、ブラシエは、チャーチランドの素朴心理学に対する消去主義的批判を褒め称え、思弁的実在論を消去主義の形而上学的徹底化（Brassier 2007: 31）、つまり究極的にニヒリズムに至る徹底化とみなすのである。

ニヒリズム［…］とは、心から独立した実在が存在するという実在論的確信の不可避的な必然の結果であり、人間のナルシシズムの思い上がりにもかかわらず、この実在はわれわれの現実存在に対しては無差別であって、それをもっと快適なものにするためにわれわれが羽織らせる「価値」と「意味」などは覚えていないのだ。
(Brassier 2007: xi)

それ自体であるがままの世界は、理解可能性と意味とを本来的に欠いている。これを認識すること、あらゆることが意味を欠いており、目的を欠いているのを認識することは、知的成熟のしるしである(Brassier 2007: xi, 238)。この徹底化にはまた、哲学的思考の価値についてのわれわれの評価に対する含意がある。ブラシエは『解き放たれた虚無(*Nihil Unbound*)』をこう結んでいる。「哲学は肯定の媒体でも正当化の源泉でもなく、むしろ絶滅のオルガノンである」(Brassier 2007: 239)。ちょうど、意味、意義、理解可能性、目的の実在を否定するのと同時に知的成熟という徳を一貫して称賛することができるのか不思議に思われるかもしれないように、そうした裁決がブラシエ自身の哲学の評価にどのような影

---

(4) メイヤスーの相関主義に対する批判に対して好意的であるにもかかわらず、ブラシエはこう論じている。祖先以前性と原化石(陸生生命に先立つ出来事の現実存在を示唆する質料)にメイヤスーが焦点をあてていることは遺憾である、と。「祖先以前的次元だけが相関的構成を超越すると強く主張することは、意識の出現がある種の基礎的存在論的裂開を印し、意識がいったん舞台に出現したらもはや何も独立的現実存在を追求することができなくなるくらいに、実在の自律性と一貫性を粉々に打ち砕くことである。その危険は、原化石を心から独立した実在の唯一のパラダイムとして特権化する際に、メイヤスーが、彼の破壊したい相関主義に対してあまりにも多くの土地を割譲しているということである」(Brassier 2007: 60)。

響を与えるのかは、避けがたく不思議に思われる。

第三節　実在論の諸形式

現象学に対するこうした批判はどれほど致命的なのか。それは現象学に対するどれほどの脅威になるのか。ハーマンの考えのいくつかが別の場所、つまり、現象学に見出される考えを思い出させることは印象的である。(5) 例えば、メルロ＝ポンティは熱烈な相関主義者であるにもかかわらず（Merleau-Ponty 2012: 454）、観念論と構築主義は世界からその超越を奪うと強く主張してもいたことを考察しよう。ハーマンの立場が真だったならば、世界が本当に単なる投影でしかなかったならば、世界はまったき透明性において現出しただろうし、われわれが世界に帰した意味だけを所有しただろうし、隠された局面などもたなかっただろう。しかしながら、実際には、世界は豊かさの無限の源泉であり、それは神秘であり贈与なのである（Merleau-Ponty 2012: lxxv, lxxxv)。対象志向性はわれわれに真の他者性との出会いを提供することができないというレヴィナスの主張も考察しよう。私は、対象を研究したり利用するとき、異他的で異なるものを、馴染みのある同じものへと恒常的に変貌させ、それによってそれらの奇妙さを失わせている。レヴィナスによれば、これもまた、フッサール的現象学が他者の超越を組み入れ、正当に扱うことができない理由である。他者はまさしく、概念化やカテゴリー化することができないものである。他者を認識しようとするどんな試みも、究極的に、言語に絶し全体化不可能な外面性であるものを必然的に飼い馴らし歪曲してしまう(Levinas 1969)。メルロ゠ポンティの観念論に対する批判がフッサール的観念論に対する批判であるのかどうか、あるいは、むしろカントやブランシュヴィックのようなフランスの新カント主義者を標的にしていないかどうかは議論の余地がある。レヴィナスのフッサールに対する批判が正当化されるかどうかにもまた論争がある(Derrida 2001, Overgaard 2003, Zahavi 2014)。しかしながら、どちらの場合にも、当該の批判が内的批判であるということを認識することが重要であり、それは現象学によって先に占有され、その内部で展開された批判なのである。

次にハーマンの以下の言明を考察しよう。

現象学の最悪の影響のうちの一つが[…]実在論と反実在論の間の論争が「疑似問題」であるという考えを強固にしたことであることを見てきた。志向性はつねにそれ自体の外側の何かに向けられており、何らかの対象を知覚あるいは嫌悪しているから、現象学はわれわれみながつねに必要とする実在論を、すべての可能的な知覚を超えた存在者を措定する「素朴」実在論に陥ることなしに与えるのだとされている。問題は、少しも現実存在していないことが明らかな多くの事物をわれわれが嫌悪し、愛し、恐怖するという事実によって証明されるように、志向性の対象はけっして実在的ではないということなのである。感覚的対象にかぎることと実在的対象に余地を残さないこととによって、現象学は心底まで観念論的なのだが、世界についてのそれ自身の見解を脅かすかもしれない困難を「疑似問題」として退けることで切り抜けら

(5) ハーマンのハイデガー解釈への掘り下げた取り組みと批判に関してはWolfendale 2014を見よ。

れはしないのである。（Harman 2011: 139）

この批判は説得力がない。いくつかの志向性の対象が現実存在しないから、すべての志向性の対象が現実存在していない（あるいは非実在的である）と論じるのは誤った推論である。さらには、すでに『論理学研究』においてフッサールは、（ハーマンが感覚的対象と称する）志向的対象と実在的対象の間のどんな安易な区別も拒絶し、こう論じていた。「表象の志向的対象は、現実的対象と、場合によってはその外的対象と同じ対象であるということと、両者の間を区別することは反意味的であるということである」（Hua 19/439）と。これは、すべての志向的対象が実在的であると言っているのではなく、志向された対象が本当に現実存在しているならば、それはこの実在的対象であり、他のものではなく、それがわれわれの志向的対象であると言っているにすぎない。

実在論と反実在論の間の論争を疑似問題として退けようとする、現象学の繰り返してきた試みは、現象学が心底から観念論的であるから不誠実であるというハーマンの主張についてはどうか。これは潜在的にはいっそう興味深い主張であり、詳細に議論する必要があるものである。はじめに、それは、歴史的に不正確な多くのことに突き当たる。たとえフッサールが揺るがぬ観念論者のように思えるとしても、（現象学のミュンヘンとゲッティンゲン学団のメンバー、すなわち、ライナッハ、プフェンダー、シェーラー、シュタイン、ガイガー、ヒルデブラント、インガルデンのような人物を含む）初期の現象学者たちの多くが、フッサールの超越論的観念論への転回によってすっかり失望した、筋金入りの実在論者であった。彼らはこの転回を、現象学の実在論的旨意に対する裏切りであるとみなし、彼ら自身はまさしく実在論を擁護しているとみなした（Smith 1997）。しかしながら、こう論じられるかもしれない。相関主義は現象学の決定的特徴のうちの一つであり、相関主義は観念論的含意をもち、相関主義を受け入れることを嫌がるどんな初期の（あるいは後期の）現象学者も本当の現象学者ではない、と。このような考察は、われわれを決定的な問いへと導く。すなわち、現象学的観念論はどれほど反実在論的なのか。あるいは、別様に述べれば、どれほどの実在論的直観を超越論的観念論は組み入れることができるのか。そして逆に、どれほどのそうした直観を思弁的実在論は尊ぶことができるのか。

こうした一群の問いに取り組むにあたって思弁的実在論者が、相関主義がどれほど流布しているのかについての評価という点では正しいということをまず認めよう。実際、それは「ポスト形而上学的哲学の支配的ドクサ」（Brassier 2007: 50）であったし、フッサールは『危機』において自ら相関関係を哲学的に探究した最初の人であったと主張するけれども（Hua 6/168）、相関主義をフッサール的特異性として退けることはできない。最近の分析哲学のなかにもその現前を例証するために、パトナムの場合を考察しよう。(6)

知覚についての伝統的な見方によれば、われわれの心はそれ自体がはるばる対象そのものにまで到達することはできず、それゆえ典型的な主張は、志向性を理解し説明すべきならば、心と世界の間にある

（6）何年にもわたって、パトナムは数多くの機会に彼の見解を変えてきた。彼のつい最近の公刊文献のうちのいくつかでは、彼は私がまさに概略を述べようとしている立場から距離を取っているし、彼はいまやある形式の形而上学的実在論を是認し、彼の以前の内的実在論を拒絶すると宣言した（Putnam 2015: 312）。

種の接触面《インターフェイス》を導入する必要があるというものだった。別様に述べれば、その主張は、世界への認知的接近《アクセス》は心的表象によって媒介されているというものだった。パトナムは、英国経験論者とともに有名となったこの古典的構想を根本的に欠陥のあるものと捉える（Putnam 1999: 20, 23）。彼の見解では、われわれは外的世界を経験することができ、事実経験しているのであって、こう強く主張するのである。いわば、一般人の自然な実在論を取り戻す知覚理論を展開する必要がある、と（Putnam 1999: 24）。自然な実在論に到達することは、自己自身と世界の間の接触面を課する描像の不必要性と理解不可能性を知ることである（Putnam 1999: 41）。知覚的経験を、われわれを心的表象に直面させるある種の内的映写幕とみなすのをやめるべきである。代わりに、知覚的経験は、相互交流的な言い方で、（成功した場合は）外的対象の真正の特性への直知として理解されるべきである（Putnam 1999: 169）。われわれはさしあたりそしてたいてい（*zunächst und zumeist*）、実在的な現実存在する対象に向けられているが、こうした向けられていることは何らかの心内部的対象によって媒介されてはいない。いわゆる経験のもつ質的性格、レモンの味、コーヒーの香り、角氷の冷たさは、何らかのまやかしの心的対象に属する性質ではまったくなく、現前呈示された対象のもつ性質である。表象を経験するということよりもむしろ、経験は現前呈示的であり、経験は世界を一定の特徴をもつものとして現前させると言うべきである（Putnam 1999: 156）。

　パトナムの自然な実在論と形而上学的実在論との間の関係はどのようなものか。後者を性格づける一つの仕方は、事物がわれわれにとってどのようにあるかを、事物が端的にどのようにあるかからまず区別し、後者の探究こそがそこで真に重要な探究であると強く主張することによる。形而上学的実在論を性格づけるもう一つの仕方は、それがある一定の認識についての構想に導かれているということによる。認識は心から独立した実在の忠実な鏡映にあると捉えられている。それは、その認識から独立的に現実存在し、実際あらゆる思考と経験から独立的に実在をもつと捉えられている（Williams 2005: 48）。こうした考え方を、以下の比喩を経由して例証することができる。すなわち、それ自体で、われわれから独立して存在するがままの実在を柔らかい塊に比較することができるのに対して、われわれの概念的寄与はクッキーの抜き型の形態に比較することができる。世界自体は固定され安定しているが、われわれはそれを諸々の異なる仕方で考えることができる。真の実在を知りたいならば、世界がたまたまわれわれ人間存在に現前しているあらゆる仕方から独立してある仕方を記述することをねらうべきである。しかし、パトナムが強く主張するように、この見解は耐えられない素朴さに苦しむ。

> クッキーの抜き型の比喩が保持しようとしているのは、少なくとも一つのカテゴリー——対象や実体という古代のカテゴリー——が絶対的な解釈をもつという素朴な考えである。この考えに対する代替案は、何らかの考えにくい仕方で、それがすべてただの言語にすぎないという見解ではない。われわれはこう強く主張することができるし、すべきである。いくつかの事実はそこで発見することができるが、われわれによって適法化されるのではない、と。しかし、これは、語り方、言語、「概念的図式」をすでに採用したときに言われるべきことである。用いられるべき言語を特定することなしの「事実」について語ることは、無について語ることである。つまり、「事実」という語は「現実存在する」という語や「対象」という語がもつのと同じぐらい、実在自体によって固定された用法をもつ。
>
> (Putnam 1987: 36)

科学が実在についての絶対的記述、すなわち、われわれのすべての痕跡が除去されている、どこからのものでもない眺めからの記述をわれわれに提供することができると考えること、つまり、科学が単純に、自然が自己自身を分類する仕方を鏡映すると考えることは——パトナムによれば——錯覚である。パトナムは、「外的事実」が存在することを否定していない。つまり、それらがどのようなものであるかをわれわれが言うことができるとさえ考えている。しかし、彼は次のように書く。「われわれが言うことができない」こと「——それが意味を成さないがゆえに——は、事実があらゆる概念的選択から独立であるということである」(Putnam 1987: 33)。われわれには、世界についての現行の信念を世界に直面してもち続けることができず、その二つの間の照応の程度をどうしても測定することができない。換言すれば、知覚と信念を何らかの直接的な仕方でそれらが関わっているものと比較するために、世界の知覚と信念を引き剝がそうと試みるべきだと提案することは無意味である(Stroud 2000: 27)。これは、われわれの概念的図式が世界を創造すると言うことではなく、パトナムが書いているように、ただ世界を鏡映するだけでもない(Putnam 1978: 1)。究極的には、われわれが「実在」と呼ぶものは、心依存的・言語依存的構造に深く覆われているので、世界を反映するわれわれの信念のそうした部分と、単純にわれわれの概念的寄与を表現するに過ぎない信念のそうした部分との間のきちんとした区別をすることは、まったく不可能なのである。彼が論じるように、「認識論的」なものと「存在論的」なものは緊密に関係しており、どんな真剣な哲学的研究もそれらの相互関連を尊重しなければならない(Putnam 1988: 120)。したがって、われわれの認知が心から独立した何かの再現前化にほかならないはずだという考えそのものは、放棄されねばならない（Putnam 1990: 28, 1981: 54, 1987: 77）。「〈宇宙の調度〉を記述し、〈そこに本当にあるもの〉と〈人間の投影にすぎないもの〉とをわれわれに告げようとする種類の存在論的思弁は、いったん凍結する時が来たのである」（Putnam 1990: 118）。われわれが言うことのできるすべては、「心と世界は心と世界を共同して作り上げる」（Putnam 1981: xi）ということだけである。

パトナムは、自身の代替案――もともと「内的実在論」と呼んでいたが、後に「自然な実在論」「プラグマティズム的実在論」「常識的実在論」のような様々な他の名前で呼んだ――を、古典的実在論と主観的観念論を超えた、「反動的形而上学と無責任な相対主義」の間に第三の道を見出す試みとみなす（Putnam 1999: 5）。したがって、パトナムは、彼の形而上学的実在論の拒絶と彼のある種の経験的実在論の是認との間に葛藤を見ない。「実在論」という術語を独占しようとする試みにもかかわらず、形而上学的実在論者たちはしばしば、ある一定の制限された理論的な見通しを、実在的と数え入れられるものの尺度にするという観念論的措置をしてきた。時として、その主張は科学が経験的知識の唯一の適法的な源泉であるというものであった。結果として、テーブル、椅子、国家、結婚、経済危機、市民戦争のような日常的対象の現実存在は、こうした存在者のいずれもが科学によって提供される実在についての説明には現れてこないという論証でもって、否定されてきた（Putnam 1987: 3-4）。したがって、形而上学的実在論はかつて観念論と懐疑論に対する強い解毒剤として歓迎されたけれども、パトナムは、それは戦うはずの相手と力を合わせていて、われわれは究極的には、薬が治療するはずだった病気の一部分であることが判明し、最後にはまったく同じように致命的であることが判明するような事例の一つに直面しているのだと論じる。

パトナムが（科学志向の）形而上学的実在論者は実在論を十分に真剣に捉えないと強く主張するとき、そして伝統的に観念論として非難されてきた哲学者、つまり、カント主義者、プラグマティスト、現象学者こそが、実際には自然な実在論を尊重し敬っていると論じるとき（Putnam 1987: 12）、彼は知らずにフッサールの足跡を辿っているのである。フッサールは一九三四年のエミール・ボーダン宛の有名な書簡のなかで次のように書いている。「普通の「実在論者」は、現象学的「観念論者」（ちなみに私がもはや使わない語ですが）である私ほどには、そもそも実在論的でも具体的でもありませんでした」（Hua Dok 3-VII/16）。

フッサールの最後の主張は完全に正確というわけではない。しかし、注目に値するのは、フッサールは『危機』で「観念論」という術語をまさに用いているけれども、彼がそれを用いるのは哲学史上の先行する立場（主としてドイツ観念論とバークリーとヒュームの観念論）を性格づけるときだけであり、彼自身の立場を記述するときには用いないことである。しかしながら、これがフッサールの見解の決定的変化の証拠になると考えるのは誤りだろう。フッサールは最後まで筋金入りの超越論的観念論者であり続けた。われわれはただ専門術語の選択を扱っているにすぎない。フッサールはしばしばこう強く主張した。彼自身の観念論は伝統的形式の観念論とは根底的に異なる、と（Hua 5/149-53; 17/178; 1/33-4, 118）。伝統的形式の存在論は――まさに実在論に対抗するなかで――それら自身の不適切さをさらけ出してしまったからである（Hua 5/151, Hua Dok 3-II/10）。『危機』ではまたこう書いている。観念論と実在論についての先行するすべての議論は、事柄の真相に辿り着き損なっている、と（Hua 6/266）。フッサールの専門術語的決定はせいぜい、彼の超越論的観念論がどんなありふれた観念論ともごくわずかなものしか共有しておらず、「超越論的観念論」という術語そのものが不適切で頻繁に誤解を受けやすいという事実の遅ればせの認識とみなされるのである。

レヴィナスはかつてこう評言した。フッサールの観念論はどのように主観がそれ自体で閉じており、それ自身の状態についてしか知らないのかについての理論ではなく、どのように主観が、志向的なものとして、あらゆるものに対して開かれているのかについての理論である、と（Levinas 1998: 69）。観念論が、主観は対象を意識するときにのみ自己自身の主観的状態を意識するという見解であり、実在論が、世界は創造する主観性に因果的に依存することのない規定された本性をもつという見解であるならば、フッサールは伝統的観念論者であるよりもずっと実在論者であるかもしれない。究極的には、フッサール自身の見解は、超越論的還元が自然的態度に本有的な実在論を理解し説明することをわれわれに可能にするというものである。

> 超越論的世界、人間、それらの相互共在と、人間としての私との交流すること、相互に経験すること、思考すること、作用すること、創造することは、私の現象学的熟慮によっては放棄されないし、無価値化されないし、変えられないが、ただ理解されるにすぎない。（Hua 17/282）

したがって、この語〔実在論〕が、「私が世界の中に生きている人間である等々のことを知っており、そのことを少しも疑わない」ということを意味するに他ならないとすれば、これ以上に強い実在論は存在しえ

ない。しかし、この「自明性」を理解することがまさに大きな問題なのである。（Hua 6/190–91）

世界が現実存在するということ、それが継続的な、たえず普遍的な一律調和性へとともに進みゆく経験のなかで存在する宇宙として与えられているということは、完全に疑いようがない。こうした生と実証的学問を支える不可疑性を理解することと、その正当性の根拠を開明することとはまったく別のことである。（Hua 5/152–53）

これが、フッサールが彼の超越論的観念論はその内部に自然な実在論を含むと書くであろう理由である（Hua 9/254）。なぜなら、それは世界が「すべての哲学することよりも先に」（Hua 1/36）われわれに対してもつ意味の説明だからである。実際、自然的態度や自然な実在論にはまったく間違いは存在せず、むしろフッサールが例外と捉えているのは、形而上学的実在論に見出される世界の哲学的絶対化の方なのである（Hua 3/120）。

現象学に対する主な思弁的批判は、現象学が十分に実在論的であり損なっているということにかかわり、スパロウは思弁的実在論こそが「われわれを資格要件なしに、実在論の意味を曲解することなしに実在的なものへと連れ戻す」（Sparrow 2014: xii）のだと強く主張しているけれども、そろそろ、売り出し中の実在論がかなり特異な種類のものであることが明らかになったはずである。ハーマンは、われわれに実在を一瞥することもさせない徹底的な懐疑論を擁護する（その一方で、こうした把握不可能な実在自体のもつ性格について様々な主張を行う）。そしてメイヤスーが、数学化に応えるものだけが実在に数え入れられるとする昔ながらの合理主義を、混沌が原的絶対者であるという考えと宥和させようとするのに対して、ブラシエは虚無主義的消去主義を選好する。こうした拡散的な立場は、どれほど頑強に実在論的なのか。実在論が日常的対象の実在を肯定することにかかわるならば、思弁的実在論は惨めなまでに失敗である。

第四節　認知的神経科学と新カント主義

思弁的実在論は、対質者に対するそれ自身の宣言内容にもかかわらず、その実在論的資質が幾分怪しい唯一つの現代的立場なのではない。自然化された認識論の領野が、もう一つの例を提供している。最近、フリス、メッツィンガー、ホーウィを含む数多くの神経科学者と哲学者が、(しばしば「予測処理理論」あるいは「予測誤差最小化理論」としても論及される)「予測符号化アプローチ」の諸々の異なる変奏を擁護し、こう論じている。それはある形式の徹底的な神経表象主義——外的世界へのわれわれの接近《アクセス》が単純に神経表象によって媒介されているのではなく、むしろ経験の世界がそれ自体表象的構築物であるとするがゆえに徹底的な——を支持するのだ、と。その中心的主張は、脳はそれが受容するすべての情報を処理するのではなく、むしろその資源を予期されない入力に焦点化するということである。しかしながら、損害の大きい驚きを最小限化するために、脳は恒常的にその感覚器官が受容することになる信号がどのようなものであるかを予料しようとする。これを可能なかぎり効果的に行うために、脳はこうした入力の可能的原因の内的モデルを構築する。こうしたモデルが、似たような入力をいっそううまく予想することを脳に許し、さらにまた、こうした予測が実際に連続的に入ってくる感覚入力と比較される。誤りの事例では、すなわち、予測されたものと実際の入力の間に大きな相違が存在する場合、そのモデルは修正され、改善される（Frith 2007: 126–7）。この見解によれば、脳は仮説をテストする器官とみなされる。しかしながら、脳が取り組むことのできるデータだけが刺激された感覚器官の内的効果である。それらの外的原因は隠されたままである。したがって、脳が接近《アクセス》をもつどんな明証も、言わば、内側で利用可能な明証である。ホーウィが述べるように、われわれはけっして脳の外側に這い出すことはできず、表象と予測を外的事態と直接的に比較することはできない（Hohwy 2016: 265）。それゆえ、意識的経験の内容は、神経的構築物、脳が生み出したシミュレーションとみなされねばならない。フリスが述べるように「私の知覚は世界についての知覚ではなく、私の脳の世界モデルについての知覚である」（Hohwy 2007: 132）。われわれが見たり、聞いたり、触れたり、嗅いだりするものは何であれすべて脳に含まれているが、しかし正常な生のなかでわれわれがそれを構築物として認知し損ない、それを実在自体と間違えてしまうように、外側に投影され、外在化される（Metzinger 2009: 6–7）。色がしばしば、相対的に無垢な出発点として役に立つ。

夕日のアプリコットピンクは夕空のもつ特性ではない。つまり、それは夕空の内的モデル、あなたの脳によって創造されたモデルのもつ特性である。夕空は無色である。世界には色づけられた対象はまったく存在しない。[…] 向こうには、あなたの目の前には、ただ電磁放射の海、諸々の異なる波長の荒れ狂う激し

い混合があるにすぎない。（Metzinger 2009: 20）

しかし、色に妥当することは他のよく知られた対象にもまた妥当する。知覚の無媒介的対象は、事実、心的構築物である。視覚的に現出する薔薇、触れられた角氷、聴かれた旋律等々はすべて脳が生み出した表象であり、すべて脳に内的で、脳のなかに含まれている。

われわれがけっして外的事態との直接的接触をもたないと考えると――結局、外的事態は表象的覆い《ヴェール》の背後に隠されたままである――われわれは、心と世界の間の継ぎ目のない、緊密な連結に関するすべての主張を拒否すべきことになる。ホーウィは内と外の間の厳格で絶対的な分割について語り、脳をその境界を越えるあらゆるものから隔離し分断する「証拠に基づく境界」（Hohwy 2016）について語っている。これは、われわれ自身の身体を含みさえし、身体はわれわれに隠されたものとして、「遠ざかる銀河のように感覚入力の非常に遠位の原因」（Hohwy 2016: 275）としてある。

認識論的に語れば、二元論が君臨している。しかし、ホーウィが認めているように、売り出し中の説明は「懐疑論を伴なう」（Hohwy 2016: 265）けれども、またわれわれの表象的フィルターが「世界をあるがままに見ることを妨げる」（Metzinger 2009: 9）けれども、これは懸念の深刻な原因とはみなされない。メッツィンガーは次のようにわれわれに再び保証している。「外的世界はまさに現実存在しており、認識と行為はまさにわれわれをそれに因果的に結合している」（Metzinger 2009: 23）。道具主義的路線をとって、フリスはわれわれの内的モデルが外的世界と本当に適合しているのかどうかを知ることはけっしてできないのではないかという心配を退ける。決定的なことは、予測と制御の可能性、すなわち、モデルが作動するということなのである。それが実在を忠実に記述しているかいないかは、関連がない（Frith 2007: 136)。

興味深いことに、こうした最近の著述のなかで繰り返し現れ続けている一つの歴史的な参照先は、ヘルマン・フォン・ヘルムホルツの著作である（e.g. Frith 2007: 41, 102; Clark 2013: 182; Hohwy 2013: 5; Hobson and Friston 2014: 8)。このことの中心的理由は、ヘルムホルツが、知覚の課題は感覚の原因を推論することであり、知覚はそのかぎりで仮説テストの一形式になるという見解の初期の擁護者とみなされることである（Hohwy 2013: 77)。しかしながら、ヘルムホルツはまた、自然科学がカントの中心的洞察のいくつかの嫌疑を晴らしたと論じた新カント主義者でもある（De Kock 2014; 2016 を見よ）。ヘルムホルツは、創造的刺激《インスピレーション》の源泉を生理学者ヨハネス・ミュラーの著作に見出した。ミュラーは、外的原因のもつ特性は、信頼できる正確な仕方では、われわれの神経を通じて意識には伝達されないと主張した。実際、非常に多くの媒介的階梯と伝達が外的原因と体験的結果の間の途上に生起するので、その二つの間のどんな類似性や相似性も確実に除外されることになる。ナイフで切られたとき、われわれは外的対象を感じず、内的な痛みを感じる。同じように、何かを見るとき、われわれが何を感じるのかは外的原因に依存するだけではなく、またはるかに重大なことに、われわれ自身の生理学的構成に依存するのである。ミュラーは次のように書いていた。

> われわれの感覚という媒体を通して感覚中枢によって現勢的に知覚されるものは、実際、単にわれわれの神経の条件の特性や変化にすぎない。しかし、構想力や理性には、外的物体自体のもつ特性としての外的

影響によって産出される、神経状態中の変様を解釈する準備がある。（Müller 1842: 1059）

ヘルムホルツはこの論法を受け入れ、同様にこう論じた。外的対象についての情報は、神経システムを通してその途上で認識を超えて変貌するから、われわれが最後に知覚しているものは厳密に語れば、外的原因よりもむしろ内的結果である、と。

現在理解されているとおり、［科学的］吟味の結果は実際、感覚器官は、それらに基づいて産出された外的結果についての情報をわれわれに与えるが、それらの結果をわれわれの意識にまったく異なる形式で伝えるため、感覚知覚の性格は知覚される対象のもつ特性によりも、それによって情報が受容される器官の特性に依存するということである。（Helmholtz 1995: 13）

私は感覚を、対象からの影響の符号としてのみ解釈するだろう。符号の本性には、同じ対象に対して同じ符号がつねに与えられるという特性だけが属している。さらに言えば、どの類型の類似性も、ちょうど語られる語と、われわれがそれによって明示する対象の間の類似性がほとんどないのと同じように、必要ではない。（Helmholtz 1995: 408）

最終的にヘルムホルツは、ミュラーの理論と彼が呈示した証拠《エビデンス》を、『純粋理性批判』におけるカントの基本的主張、「われわれは物自体としての対象についての認識をもつことができず［…］ただ現象としての対象についての認識をもつことができるにすぎない」（Kant 1998: B 189 xxvi）ということの程度に関する科学的確認と捉え、こう論じた。生理学的証拠《エビデンス》に基づく現代科学は、カントがアプリオリな考察によって到達したのと同じ種類の洞察に到達している、と。認識は、われわれ自身の内部で表象されるとおりの実在にかかわるのであり、それ自体であるがままの、心から独立した実在にかかわるのではない。それは不可知のままである。われわれは、たえず内的感覚を現前呈示されているにすぎないけれども、しかしながら、外的世界が存在しなければならないと推論することができる。なぜなら「神経の興奮の原因」が存在しなければならないからであり、「というのは、原因なしに結果が存在することはできないからである」（Helmholtz 1855: 41）。したがって、内的感覚は、最良の説明への推論という（無意識的）過程を通して、その仮説された原因としての外的対象へと指示されている。

ちょっとの間カントに立ち戻ることにしよう。最近こう主張されている。知覚と認知についての著作のなかでカントは、予測符号化理論のいくつかの核となる局面を先取りしており、知覚の能動的・仮説主導的性格に対する後者の理論のこだわりは、カントの「コペルニクス的革命」（Swanson 2016: 1, 4）の更新版とみなすことさえできるだろう、と。[7] しかしながら、すでに早くからカントの理論は批判にさらされていた。『純粋理性批判』に対する初期のきわめて影響力のある異論のうちの一つは、一七八七年にヤコービによって定式化されている。ヤコービはこう論じた。カントの物自体への訴えと指示は、彼自身の批判的体系を侵害している。一方でカントによれば、われわれは物自体についての認識をもたないが、われわれは物自体の現実存在を立言する際におそらく正当化されている。そして、カントにとって原因性は悟性の一カテゴリーであり、その適用可能性は現象の領界に制限されるけれども、彼はなおそれを物自体に帰属させ、物自体は（直観の純粋な形式である）空間と時間のなかには現実存在しないけれども、なおわれわれを触発し、それによってわれわれがなす表象をもつ原因となっていると捉えられる。ヤコービはそうして、次のように結論づける。

しかしながら、カント的哲学の精神とは反対に、こう言われるだろう。対象は感覚に対して印象を与えるし、こうした仕方で表象を産出するが、どのようにカント的哲学がこの前提なしにそれ自体への侵入地点を見出すことができるのか、そしてその学説についてのどんな種類の論述をすることができるのかを理解するのは難しい、と。［…］私は、この前提なしには体系に入り込むことができず、その前提と共にはそのなかにとどまることができない。（Jacobi 2000: 173）

ヤコービの批判的所見はフィヒテに共有され、フィヒテは一七九六年初期のテクストで、ヤコービの不満に賛同して書いた（Fichte 1988: 325）。フィヒテは、ヘーゲルのような他のドイツ観念論者がしたよ

（7） スワンソンはさらにこう論じる。予測符号化理論は「カントの超越論的心理学の進歩における主要な階梯とみなす」（Swanson 2016: 10）ことができる、と。もっとも、彼はまた、予測符号化理論の進化論的で計算的、神経科学的な取り組みは「カントが想像することができなかった仕方でカントの洞察を超えてゆく」（Swanson 2016: 11）ことを承認しているのだが。けれども、予測符号化理論の自然主義は究極的にはカントの超越論的枠組みと両立不可能でないかどうか、疑問に思われる向きもあろう。カントを自然化する可能性への批判的な見方についてはAllison（1995）を見よ。

うに、物自体という概念がカントの体系に反しているとみなした。ヘーゲルは、物自体と、われわれに対する事物との間の区別は、われわれがなす区別、われわれにとっての区別であると主張するに至るだろう。ヘーゲルは『小論理学』の第四四節において次のように述べている。

> 物自体［…］は、意識に対して存在するすべてから、すべての感情規定からもそれについての規定されたすべての思考からも抽象されているかぎりでの対象を表現する。容易にわかることは、残っているもの——完全な抽象体、まったく空虚なもの、わずかに彼岸としてだけ規定されたものである。しかし、同様に単純なのは、この残滓自体が思考の、まさに純粋な抽象へと進んだ思考の産物にすぎないという反省である。（Hegel 2010: 89）

興味深いことには、生理学的新カント主義者の間に、物自体の地位に関する幾分類似した展開が見出される。これは、フリードリヒ・アルバート・ランゲの記念碑的かつきわめて影響力のあった『唯物論史と現代におけるその意義に対する批判』（一八六五年）にとりわけ明白である。ランゲはまず、感覚器官の生理学についての科学的探究がカントの根本的主張の部分的な確認を提供しており、補正され改善された形式のカント主義として解釈することができるというヘルムホルツの見解を是認する（Lange 1925: iii. 202–3）。感覚は事物の内的に生起する結果への接近《アクセス》をわれわれに提供するにすぎず、外的な物自体への接近《アクセス》を提供するのではない。それに応じて、われわれが経験する世界は構成の所産とみなされねばならない。しかし、ランゲがさらに指摘するように、このことを考え抜くならば、そこにはしばしば見過ごされているいくつかの含意がある。結局、たった今打ち出された論点は、われわれの身体的器官にもまた妥当するのである。われわれの身体、われわれの感覚器官、われわれの神経、われわれの脳そのものさえすべて経験の世界のなかの要素として登場しているのであり、したがって、知られざる何らかの信用できない像や符号にすぎないのである（Lange 1925: iii. 219, 230）。ランゲは次のように書いている。

それを用いてわれわれが見ていると信じている目はそれ自体、われわれの観念の産物にすぎない。そして、視覚的像が目の構造によって産出されたということが見出されるとき、われわれがけっして忘れてはならないのは、そうした配置を伴う目も含めて、ようやくそこに思考の原因として発見するだろう脳やすべての構造を伴う光学的神経は観念にすぎず、実際自己整合的世界それ自体を超えた何かを指す世界を形成しているのだということである。（Lange 1925: iii. 224）

しかしながら、究極的にはわれわれの感覚だけではなく、われわれの構想もまた生理学的構成と組織に依存している。すなわち、感覚を生じさせる内的機構は、等しく、物理的事柄や外的実在についての概念を産出することに責任がある（Lange 1925: 204）。ちょうど魚が池のなかで泳ぎ、その限界を超えることができないように、われわれは自らの構想と表象の領界の内部で生きるのである。物自体について語るときでさえ、われわれは自分自身の境界を乗り越えていない（Lange 1925: iii. 226）。自然科学は計り知れない進歩を享受しており、それらの成果を疑う理由は存在しないが、しかし、ついには根本的認識論的問いに取り組まなければならず、そうしているうちに、唯物論者の実在論は間違いだという認識に至ることになる。感覚器官についての生理学的探究は、認識獲得についての徹底的に唯物論的な説明を提示するように思えるかもしれないが、実は、それは質料的で自己存立的な対象へのわれわれの信念を掘り崩すのであり、そのことが、唯物論が十分に徹底的に考え抜かれるとある形式の観念論として露わになる理由である（Lange 1925: iii. 223）。

結局、ランゲは物自体について幾分両価的な態度をとり続けた。しばしば彼はこう主張していたように思われる。現出が現実存在するから、その現実存在への説明を必要とするから、われわれは、最善の説明への推論に基づいて、物自体をこうした現出の外的原因として措定する権利を与えられる、と。しばしば彼はこう論じた。原因という概念の妥当な適用は経験に制限されており、したがって、因果的説明を経験の限界を超えて用いる権利は与えられていない、と。そして、しばしば彼はこう断言した。物自体という概念は理解可能だけれども、それはまったく空虚であり続けるかもしれず、それが実際に関係項をもつのかどうかを知ることはけっしてできない、と（Edgar 2013: 107–8）。

ランゲが幾分曖昧に物自体に論及し続けていたのに対して、ミュラーの弟子たちの教え子であったマッハは、数年後に最後の一歩を進めた。一八八〇年代からの公刊文献で、マッハもまた感覚器官の生理学的探究は知識の理論に基礎を提供したと論じたが、しかし彼の見解では、それは物自体を消去しても差し支えがなかった。経験の対象は、経験を越えた世界についての（忠実ならぬ）表象なのではない。むしろ、現実存在するすべては感覚の複合体である（Mach 1895: 200–1）――翻って、神経的一元論もしくは頑強な形式の現象主義として解釈されてきた見解である。

こうした概観を念頭におきつつ、何らかの正当化でもって新カント主義者とレッテルを貼られるだろう現代の神経表象主義者たちに立ち戻ることにしよう（cf. Anderson and Chemero 2013: 204）。引き出すべき一つの教訓は、表象主義の旅に乗り出すとき、外的世界の現実存在を保持することはおよそ困難だということである。どのようにしてメッツィンガーはかくも自信をもって、経験の世界が脳の生み出した幻覚であるのに対して、物理学者によって記述される世界、電磁放射の世界が真に存在するとおりの世界だと宣言することができるのか、まったく明確ではない。どのようにして科学者は彼らの内的世界シミュレーションを超越し、実在そのものに到達することができるのか。どのようにして彼らはこうした認知的成果をやってのけるのか。科学者たちは人間的認知者であり、たぶんわれわれ残りの人間たちがそうであるのと同様に自分の脳のなかに被包されており、自分の神経機構によって限界づけられている。それならどのようにしてわれわれは、経験の世界の説明として提示される科学理論が本当に外的実在を捕えていると知ることができるのか。科学理論はなぜ、他のあらゆるものと同じように脳が生み出し、われわれの構成に対して内的にとどまり続ける認知的推測を単に入念に練り上げるだけではないのだろうか。

ここで進化論的考察に訴えたくなるかもしれない。人間存在は、あらかじめ現実存在する自然的世界に住まっている。世界のなかで生き残るためには、世界についての真正の認識を獲得する能力をもたなければならない。なぜなら、それがわれわれに、生き残りを促進することができる行為を企てることを可能にするからである。別様に述べれば、われわれの認知的機構は、内的表象が外的実在に適合しそれを辿ることを許さなかったならば、それがとってきた仕方をけっして進化させなかっただろうし、けっして選択圧を持ちこたえなかっただろう。しかし、こうした論証の仕方にはほとんど説得力がない。進化論に訴えることによって表象の信頼性を確立することはできない。なぜなら、前者は後者を前提するからである。

もう一つの方略は、相互主観性の役割を指し示すことかもしれない。われわれは、学問的理論を個体的に発展させはしない。むしろ、それらは協調的努力の成果である。それらは学問的共同体によって通時的に構築され、ある程度まで、まさにわれわれの個体的世界シミュレーションを超越すると言うことができる。しかしながら、この論証の問題はまた、直截的であるはずである。神経中心的に脱身体化された枠組みを考えると、相互主観性はほとんど、当然と捉えることができるものではない。他の諸々の主観の現実存在そのものが、外的対象の現実存在と同じぐらい疑わしい。

この時点で、こう論じられるかもしれない。認知は限界づけられていて、外的世界についての絶対的に確実な知識などは達成できず、われわれはいたるところで仮説的推論を用いるのであって、科学の知見はわれわれの最善策であり続けるという事実に、ただ面と向かうべきである、と。しかしながら、こうした仕方で論じることは、論点を見失うことである。目下問われているのは、われわれが可謬的認知者であるのかどうか、あるいは、科学が行うに値する企てであるかどうかではなく、当該の立場が科学的実在をそれほど確信をもって受け入れることができるのかどうかである。

しかしながら、究極的には、これは主要な懸念ではない。ランゲから学ぶことができるように、はるかにずっと厄介な問題、一切合切の土台を掘り崩す恐れのある問題が存在する。まず第一に、なぜわれわれは、知覚の対象が実在する空間的‐時間的対象であるよりもむしろ、内的に生み出された構築物であるという可能性を考察しているのか。このことが、脳についての神経科学的探究が提案しているものだからである。しかし、この理論が真剣に捉えられるべきならば、それは首尾一貫していなければならない。それは、単に脳が生み出した空想や仮想現実の部分である視覚的に現出する金槌、オレンジ、パスポートであることができるだけではなく、同じことは、われわれが脳手術を遂行するときに、あるいは、色鮮やかな脳のスキャン画像を見ているときに、脳を「直接」知覚しているかどうかにかかわらず、視覚的に現出する脳に妥当する。結局、脳（と神経生理学）についての私の経験的知識は知覚的に情報を与えられているのでなければならないし、もしも感覚の陳述を信用すべきでないとしても、確かにそれは感覚がわれわれに脳について語るどんなことにもまた妥当しなければならない。少しだけ異なる言い方で述べれば、神経科学的知見に基づいて知覚的経験についての一般的懸念を動機づけることがどのようにできるのかを理解することは困難である。なぜなら、前者は——少なくともある程度まで——後者の妥当性を前提するからである。手短に言えば、主要な異議申し立ては、どのようにわれわれが認知的に脳の外に出ることができるのかではなく、どのようにしてまず第一に脳のなかに入ることができるのかである。われわれはそもそも、本当に脳が存在することをどのように知るのか。何らかの種類の最初のもっともらしさを享受するためには、われわれが呈示してきた神経表象主義的説明は必然的に生焼けであるに違いない。それはわれわれに素朴実在論、経験の日常的対象という客観的現実存在への信頼を放棄するように求めるが、及び腰でそうしているにすぎない。スラビーとハイリンガーが正しく指摘しているように、理論全体が脳の働きの周りに構築されているだけに、そのモデルは一つの世界内的対象がその懐疑的関心を免れること、実際、脳は本当にあるがままに観察し、記述し、説明することがで

きるということを前提しなければならないのである。しかし

実のところ、科学によって発見されるものとしての脳が術語の超越的意味において「実在的」であるとしても、われわれがそこで立ち止まり、見たり、知覚したりすることができるすべてのもののなかでただ一つ単一の対象、脳だけが「真に実在的」であり、単なる表象ではなく、それ自体であるとおりに知覚されると主張することには、ほとんど説得力がない。(Slaby & Heilinger 2013: 89)

当該の提案によれば、経験の世界は脳によって生み出された表象的構築物である。しかし、この提案は明白な葛藤《ディレンマ》に直面する。この提案がまた、脳を経験の世界の部分、すなわち表象的構築物とみなすにせよ、そしてもしそうなのだとしたら説明は循環的になり、説明としては空虚になってしまうように見える。結局、どのように表象が生じるのかを説明する際に、説明は表象に訴える。別の選択肢は、脳は表象的構築物ではないと断言することである。しかし、理論がその見解を断言する権利をどのように与えられるのかが不明確であるだけではなく、さらにまたなぜ脳が唯一の例外であるべきなのかも不明確である。

もしわれわれが、最近の神経科学によって提案される仕方に本当に認知的に閉じ込められるのだとしたら、当該の立場をどのように整合的に定式化し、ましてや正当化することができるのかを理解するのは困難である。

神経科学的モデルと、それらが従っている理論的解釈の間を区別することが重要である。フリストン

の理論的著作（Friston e.g. 2010）は、予測的符号化についての最近の議論にとっての創造的刺激《インスピレーション》の重要な源泉をなしており、「来るべき何年かのうちに心と脳についての科学を支配するはずの理論」（Hohwy 2016: 259）として歓迎されている。しかし、ホーウィが、理論は認知的システムと環境の間の厳格な境界の現実存在を含み、それゆえ心の延長され、身体化された、エナクティヴな性格に関する一定の仮説を排除すると論じているのに対して（Hohwy 2016: 259）、クラークは、理論は認知への状況づけられ身体化された広域性の取り組みと両立可能であって、それを支持しており、予測誤差最小化理論は心と世界の間の面倒な障壁を導入しないと強く主張している（Clark 2013: 195, 198; 2016）。クラークが述べるように、われわれが知覚するものは何らかの内的表象であると言うよりはむしろ、脳のサブパーソナルな処理の複合的流れが緊密な心‐世界の接合を許し、われわれに世界自体に対して知覚的に開かれていることを可能にするのだと言うほうがより正確である（Clark 2013: 199）。翻ってクラークはその後、表象主義に対する彼の批判に十分に成功していないと批判されてきており、また最近は、フリストンの核となる考えをエナクティヴィズムといっそう直接的に同期させようとする諸々の提案がなされている（Bruineberg, Kiverstein, and Rietveld 2016; Gallagher and Allen 2016）[8]。私はここで、フリストンの著作の正

（8）こうした継続的な不同意の一つの理由は、人々が「直接的」「間接的」「無媒介的」のような概念をまったく異なる仕方で用いる傾向があるというだけでなく、こうした術語についての認知的、体験的、因果的理解を混ぜ合わせてしまう傾向があることである。因果的媒介者の現前は必ずしも、知覚が体験的かつ／あるいは認知的に間接的であることを伴うわけではない。同様に、世界のなかの空間的‐時間的対象へのわれわれの知覚的接近《アクセス》が様々なサブパーソナルな機構と無意識的・認知的過程とによって可能にされ、下支えされているという事実は、われわれがそ

確な解釈はどんなものなのかについても、予測符号化パラダイムが必然的に神経‐表象主義に与するのかどうかについても、態度を明確にするつもりはない。しかし、明白であるにちがいないのは、右に示した諸々の懸念は主として表象主義的解釈に対して向けられたものであって、どんな非表象主義的代案にとってもそれほど厄介ではないはずだということである。

神経表象主義者によってわれわれに呈示された自然化された認識論は、科学的知見に衝き動かされているであろうから、そのかぎりで、フッサールの観念論よりもずっと強固な地盤の上にあるように見えるかもしれない。しかし、自然化された認識論は実際のところ、日常的世界、ましてや科学によって記述される世界の実在を確保し保持するというまともな仕事を行わない。われわれのほとんどは、実在論者でありたいと思っている。しかし、どんな理論が実在論的直観を最もよく組み入れられるのかを決めることは、必ずしも平易ではない。事実、たったいま呈示された神経表象主義は、カント自身の経験的観念論の定義とかなりきっちり適合するように思える。「観念論とは、われわれは自分自身の現実存在だけを無媒介的に経験するが、外部事物の現実存在は推論することしかできない（結果から原因へのどんな推論も事実不確かである）という意見である」（Kant 2005: 294）。

超越論的観念論に与するにもかかわらず、フッサールは経験的実在論に反対しなかった。実際、カントとさして違わず、フッサールは単に、超越論的観念論と経験的実在論が両立可能だと考えていただけではなく、後者は前者を必要とすると考えていた。しかしながら、カント的物自体概念を拒絶することによって、フッサールはまた、われわれが経験する実在の地位を「単に」われわれにとっての存在へと格下げするようなどんな理由も取り除いた。そのかぎりで、フッサールの超越論的観念論は、自然的態度の実在論を破棄するよりもむしろ埋め合わせようとする試みとみなすことができる。フッサールにとって、われわれに対して現出することができる世界――知覚においてであれ、われわれの通常の関心においてであれ、科学的分析においてであれ――が唯一の実在的世界なのである。この世界に加えて、そこにはあらゆる現出、あらゆる体験的・理論的明証を超越する水面下世界が現実存在すると主張すること、そしてこの世界を真の実在と同定することは、フッサールにとって、空虚かつ反意味的な提案である。

明らかに、フッサールは現代の神経哲学について何も知らなかったが、しかし、彼は生理学的新カント主義に精通しており、『超越論的観念論』の巻の編者が指摘したように、彼は知覚を内在的現象と外的対象の間の推論的表象的関係と解する（ヘルムホルツ的）試みに対する異論を、彼自身の超越論的観念論を間接的傍証として役に立つとみなしていた（Hua 36/xiii）。

こうした異論の一つの分節化は、『イデーンI』の第四二節と第五二節に見出すことができる。そこでフッサールは、知覚的に現出する対象が単に主観的にすぎないもの、その隠された原因、本当に現実存在する物理的に規定された対象の単なる記号や錯覚的描写にすぎないという提案を議論し、拒絶している。まず第一に、そうした提案は、一方で知覚的意識と、他方で表意的・描像的意識との間の定言的区別を尊重し損なっている。知覚的志向性は、われわれに対象そのものを現前呈示する。知覚されたものが記号や描像として機能するかもしれないような、他の何かについての意識は存在しない。それに反

れゆえにあるがままの対象を見損なうということを必ずしも伴わない。むしろ、認知的処理過程とは、まず第一にそうした対象を経験することをわれわれに可能にするものとみなされるだろう（Hopp 2011: 163）。

して、後者の形式の志向性においては、われわれはさらにまた別の何かを意味するか描写するものを知覚する。われわれは、われわれが知覚するものに向けられているのではなく、それを通して別のものに向けられているのである。したがって、表意的・描像的志向性は知覚的志向性を前提しているのであって、それを説明することはできない。第二に、その提案がまた見過ごしていることは、「物理学者が攻究し科学的に規定する」(Hua 3/111–112) のは、ほかの何ものでもなく知覚される日常的対象だという事実である。私が空に観察する惑星体、私が飲む水、私が見惚れる花等々こそが自然科学者もまた探究するものであり、その真の本性をこそ、自然科学者は可能なかぎり精密かつ客観的な仕方で規定しようとするのである。

> 彼「物理学者」が観察し、それでもって実験し、たえず見、手に取り、シャーレの上にのせ、融解炉に運ぶ事物、まさにほかならぬこの事物こそが、重さや大きさ、温度、電気抵抗等々のような物理学的述語の主語となるのである。 (Hua 3/113)

手短に言えば、二つの存在論的に異なる対象、つまり現出する(心内部的)対象と物理的(心外部的)対象が存在するのではない。むしろ、カテゴリー的には別個であるが、両立可能な感覚的規定と理論的規定を帯びているただ一つの現出する(心外部的)対象が存在するのである。これもまた、科学の知見と日々の経験、科学的像《イメージ》と自明な像《イメージ》が互いに矛盾する必要がない理由である。それらは両方とも、それら自身の標準に従って真であることができる。より一般的に語れば、知覚の世界と科学の世界の間の差異は、〔それぞれ現象学の部門と形而上学の部門に属する〕われわれにとっての世界と世界自体の間の差異ではない。それは世界が現出する二つの仕方の間の差異なのである。科学の世界は、自律的世界、自明な世界の背後や下方にある世界なのではない。むしろ科学が研究する世界は、日々の経験の世界、つまり自明な実在と同じ世界であるが、科学的術語のなかでいまや豊饒化され拡大されたのである。これもまた、ハイデガーが指摘するように、次のことが現象学的にばかげている理由である。

> 現象を、何かとして、その背後になお何かがあるかのような事物として、それ〔事物〕が呈示し表現する現出としてという意味での現象であるかのように語ること〔はばかげている〕。現象は、その背後に何かがあるかのようなものではない。いっそう厳密には、現象に関しておよそその背後を問うことはできない。なぜなら、存在するものは、まさにそれ自身に即した何かであるからである。
>
> (Heidegger 1985: 86)

フッサールにとって、物理的自然は知覚的に現出するもののなかでそれ自身を知らしめる。実際、探究される対象は、その本当の本性が知られないままでなければならず、それ自身の規定によってはけっして統握することのできない別個の隠された対象の単なる記号にすぎないと提案することは、フッサールにとって神話化の一例にほかならない(Hua 3/114)[9]。本当に実在的な実在をわれわれの経験の知られ

(9) 混乱は、知覚的に現出する対象を知覚作用と混同すること、すなわち、聞かれたベルをベルを聞くことと、あるいは知覚されたトマトをトマトを知覚することと混同するという不幸な傾向によって、さらに悪化する。それによ

ざる原因か、われわれの側からの巻き込みなしにわれわれに与えられるものかのどちらかとして定義するという考えそのものが、フッサールによれば見当違いであり、客観性の確保よりもむしろ懐疑的難問に不可避的に至ることになる。そもそもどのようにして、われわれの認知的権能を用いて知るに至る対象が、本当にわれわれの認知的把握によって変様されないままであり続けると確認できるのか。すでに繰り返し指摘してきたように、われわれに対して現出するとおりの対象を、対象がわれわれに対して現出する前のあり方と比較するための、どこからのものでもない眺めを採用することはできない。フッサールは、客観的実在を現にそれ自体であるものとして定義すること（実在はわれわれ自身を方程式から取り除くことによって認識されるに至るという主張を生じさせる定義）よりもむしろ、客観性へのわれわれの接近《アクセス》も客観性の本性そのものも主観性と相互主観性の両方を含むという事実に正面から向き合うよう駆り立てるのである。実際、（相互）主観性は客観性の対立物であるよりもむしろ、科学的認識に対する障害や妨害を構成するよりもむしろ、必要なる可能化の条件なのである。フッサールは、客観性と実在についての此岸世界内的構想を抱いており、それによって、世界がわれわれに対して現出する仕方は（最善の状況下であっても）真に完全に別様な世界と両立可能だと論じるような種類の懐疑論を退けるのである。

第五節　現象学と科学

この時点で、批判者たちは、私が主な異議申し立てを逸らし、回避してきたにすぎないと逆捩じを食らわせるかもしれない。すなわち、私は祖先以前性異論に応えてきていない。相関主義は本当に科学の知見と両立不可能なのか。そして、もしそうならば、それは相関主義の背理なのではないか。

見たように、メイヤスーは「われわれがそれを考えているかいないかにかかわらず」（Meillassoux 2008: 7）それ自体で現実存在する実在を取り戻すようにわれわれを駆り立てる。しかし、これは本当にフッサールによって擁護される種類の相関主義と対照をなすのだろうか。フッサールは『ブリタニカ百科事典』論文で次のように書いている。「世界に帰属するものは、私や誰かがつねにそれに偶然的に意識しようがしまいが「それ自体で」あり、あるがままに存在する」（Hua 9/288）。フッサールは確かに、対象が、現勢的に思考されたり経験されたりする場合にだけ現実存在するという見解に与してはいない。彼の草稿のいくつかにおいて、フッサールは祖先以前性の問題に取り組んでさえいる。例えば、一九三二年二月のテクストを考察しよう。そこでフッサールは先史的自然世界の構成を議論している（Hua

---

って、多かれ少なかれ隠された物理的に規定された対象が、単に知覚的現出の原因と捉えられるだけでなく、対象の知覚そのものの原因であるとも捉えられてしまうのである。フッサールは、志向性を因果性に還元しようとするそうした試みを拒絶する。

39/509–513)。彼は尋ねる——地理学や古生物学の知見をいかに説明すべきなのか。はるか昔の地質学的時代についてはどうか。われわれが知っている世界は現勢的にここと今に現実存在しているものとして構成されているだけではなく、われわれの個体的歴史性や有限性を超越した過去を所有するものとして経験されてもいる。実際、自然史は、世代発生的に構成されるものをはるかに超えて遡る。それは、遠く離れた氷河期、有機的生命が可能でない時期を含むだけではなく、地球の誕生に先立つ遠い過去をも遡って示しさえする（Hua 39/512–3）。しかし、どのようにしてそうした知見は、相関的アプリオリにかかわる超越論的観念論によってなされる主張と平仄を合わせることができるのか。フッサールの答えは、何らかの実在が特定の主観によってそれが現勢的に認知されることに依存しないのと同様、それは何らかの主観の同時的現実存在を前提しないということである。だから、フッサールの見解によれば、主観なしの遠い過去という概念は、諸々の主観を伴う世界の過去であり続けるかぎりで、完全に整合的なのである（Hua 36/144）。

> 下位段階としての、世界の持続の始まりの区間としての単に質料的な世界は、理性適合的に経験と思考によって、主観性の現在の周囲世界であるこの世界を構成する主観性が現実存在するならば、認識可能性条件を満たす。その場合理性適合的に遡って、（その下に）単に質料的な自然の区間であっても、先行した世界区間が構築されるのである。（Hua 36/141）

したがって、フッサールは、われわれが周りにいなかったときでさえも事物は存在し、宇宙は意識の出現に先立って現実存在したし、（さしあたり汎心理主義的選択肢を度外視するならば）生命の消失後も現実存在し続けることに疑いを差し挟んでいるのではない。実際、彼が一九二六年のテクストで書いているように、どんな科学者であれ、すべての有心的生命、ましてや世界そのものが人間——系統発生的到来物——に依存しているはずだというばかげた提案はしないだろう。あらゆるものを心理的なものから引き出そうとするそうした試みは、ばかげた心理学的観念論にほかならないとしてフッサールによって退けられている（Hua 39/666）。しかし、フッサールはこう強く主張するだろう。そうした主張の真理と、そうした知見の客観性は意識と相関している、と。

この時点で、『存在と時間』における二つの中心的で非常に論争の的になった言明に論及することは見当外れではないかもしれない。

ハイデガーは次のように書いている。

> 現存在が現実存在しないならば、「独立的なもの」もなく「自体」もない。同じことは、理解可能でも理解不可能でもない。世界内部的存在者は発見可能ではなく、隠蔽性の内にもない。そのときには、存在者があるとも、ないとも言うことはできない。（Heidegger 1996: 196）

> 真理は、現存在があるかぎりでのみ「存在する」。存在者はその場合にのみ発見されており、およそ現存在があるかぎりでのみ開示されている。ニュートンの法則、矛盾律、あらゆる真理一般は、現存在があるかぎりでのみある。現存在一般がまだない前、現存在一般がもはやないだろう後、真理は存在しなかったし、

存在しないだろう。なぜなら、真理は開示態、発見、被発見性として存在することができないからである。ニュートンの法則が発見される前、それは「真」ではなかった。そのことからは、法則が誤りだったということも、まして、存在者的に被発見性がもはや可能ではないので誤りになるだろうということも帰結しない。同様にこうした「制限」には、「諸々の真理」の〈真であること〉を低めることはない。

(Heidegger 1996: 208)

こうした言明をどう解釈すべきなのか。ブラットナーとブレイヴァーの選好する一つの可能性は以下のようなものだろう。すなわち、経験的な観点から、われわれ以前とわれわれ以後に現実存在する対象について語ることは完全な意味をなす。しかしながら、超越論的観点からは、そうした語りの理解可能性は相関主義的な枠組みに依存する。心-独立性は構成的な能作成果である。心が不在の際は、心-独立性も存在しないだろう(Blattner 1999: 238; Braver 2007: 193)。

フッサールは同意するだろう。祖先以前的言明についていえば、「歴史的に原的」なものはわれわれ自身の現前である(Hua 6/382)。これは、例えば、太陽が意識の出現に先立って現実存在していたという主張が無意味であることを意味しない。そうした主張は本当に真ではなく、ただ中途半端に真であるというわけでもなく、利用可能な真理だけがわれわれにとっては真なのである。したがって、祖先以前的言明の真理は、意識の無意義さをけっして証明しない。われわれは、われわれにとってあるがままの世界を、それ自体であるがままの世界と比較できる立場に達することはない。これは日々の生活にも知覚的経験にも妥当するが、科学的実践にもまた妥当する。したがって、天体物理学や地理学にただ従事するだけで、われわれ自身の有限なパースペクティヴからどうにかして逃れ、どこからのものでもない眺めに接近《アクセス》できると想定することはかなり素朴である。

われわれが接近《アクセス》できるものという点で実在を定義しているがゆえに、相関主義者を傲岸不遜だと非難したくなるかもしれない。しかし、ブレイヴァーが指摘しているように、この特定の批判は逆転するかもしれない（Braver 2012: 261-2）。思弁的実在論者たちは、われわれを超越するものについて主張しているだけでなく、彼らは（少なくとも彼らのうちの何人かは）絶対的認識を切望する者でもある。メイヤスーの本が『有限性の後で』と名づけられているのは偶然ではない。それに反して、相関主義者はわれわれの知識のもつ有限的・パースペクティヴ的性格を承認する仕方なのだろう。

知覚的経験の世界と自然科学によって規定される世界との間の関係をめぐるフッサールの最終的見解に関しては、利用可能な諸々の異なる説明が存在するけれども（例えばSoffer 1990, Smith 2003, Wiltsche 2012, Hardy 2013を見よ）[10]、自然科学が、切り離された超現象的実在、志向的相関関係から接続を絶たれたものへの接近《アクセス》を提供できるという主張に対するフッサールの首尾一貫した拒絶に関しては、合意が存在する（Hua 3/113）。経験が実在に合致するかどうかを斜に見ながら経験を見ることは不可能である。

（10）　一つの不一致は、原理上知覚不可能な理論的に要請された存在者という問題になると、フッサールが究極的には道具主義者であるのかどうかにかかわる。この争点をここで詳細に議論することはできないが、私はスミスの解釈に好意的である。それによれば、感覚知覚が唯一の直観的作用ではないということを思い出すことが重要である。実験結果が理論的存在者を措定するようにわれわれを合理的に動機づけるとき、後者は「理性所与性（*Vernunfts-gegebenheit*）」と呼ぶことができ、そのかぎりで、原本的に与えられている（Smith 2003: 194-196）。

これは、そうした見解に達するのが信じられないほど難しいがゆえではなく、そうした見解のもつ考えそのものが無意味であるがゆえである。実在へのどんな認識的接近《アクセス》も、定義上パースペクティヴ的である。われわれのパースペクティヴを拭い去ること、われわれの認知的関わりを取り去ることは、われわれを世界に近づかせはしないし、突然、われわれにそれ自体であるがままの対象を理解することを許しはしない。それは単に、われわれが世界について何かを理解することを妨げるにすぎないのである。

　これは反科学的所感と解されるべきではない。フッサールは確かに科学に反対していない。定義次第では、フッサールはひとが最初にそう思うほどには科学的実在論に反対してすらいないかもしれない。彼は科学的認識の可能性と、科学の進歩が実在についての真理への前進を構成するという考えに対する反懐疑論的関与《コミットメント》との間に、何の争点ももたないだろう。実際、科学的実在論が経験的実在論に与しているかぎりで、フッサールは科学的実在論に乗るだろう。しかしながら、彼は科学的実在論の核となる形而上学的関与《コミットメント》、つまり、科学によって探究される実在は、われわれがそれに負わせるためにもっている体験的・理論的パースペクティヴから独立であるという考えに対してはごくわずかな好意しかもっていないだろう。そして、彼はまた科学的実在論と科学主義の間のどんな同盟にも反対し、自然科学の方法が世界への認識的接近《アクセス》の唯一の手段を提供するという主張、自然科学によって受け入れられる術語で捕らえることができない存在者は単純に現実存在していないという主張は拒絶するだろう。

　いずれにせよ、思弁的実在論者たちは、居心地の悪い束縛状態におかれている。彼らが単純に科学の権威に従い、科学が深い哲学的問いの最終裁決者であるべきだと主張しているのならば、現象学（と他のどんな種類の相関主義）に対する批判も斬新さを欠いている。それによって、彼らは単純に様々な科学者の現存する見解を受け入れているにすぎないだけでなく（cf. Hawking and Mlodinow 2010: 5)、ラッセルによって以前なされた論証を繰り返しているにすぎないだろう。すでに彼はこう主張していた。天文学と地理学からの成果は、心が最近のものにすぎないこと、星の進歩の過程は心が何の要素も演じていない法則に従って進行したことを示すことによって、カントとヘーゲルを論駁できるだろう、と（Russell 1959: 16)。思弁的実在論者たちがその路線を取らないとしたら、彼らは批判を、適格な哲学的論証、たとえば科学哲学からとられた論証で補強しなければならないだろう。しかし、ヴィルチェがメイヤスーの著作に対する批判的議論のなかで最近指摘しているように、後者の科学哲学の取り扱いと取り組みはびっくりするほど貧弱である（Wiltsche 2016)。『有限性の後で』において、メイヤスーは科学的実在論が唯一の利用可能な選択肢であることを当然と捉えているように思える。しかしながら、それは到底正しくない（有益な概観に関しては Chakravartty 2011 を参照)。さらには、科学哲学における最も標準的な教科書は、『有限性の後で』以上に科学的実在論に賛成する——そして反対する——論証を含んでいるのである（cf. Sankey 2008)。

思弁的実在論の興隆がその提案者たちによって現象学の衰退と称されるものと結びつけられている程度を考えると、本章における私の焦点は主として前者の批判的寄与を評定することにあった。思弁的実在論の積極的寄与に関する二、三の評言でもって、最終裁決は（他の誰かの）いっそう網羅的で徹底した取り扱いと分析を待たねばならないという但し書きでもって、結論することにしたい。

・私は、（カントの本体的《ヌーメナル》領界に似たものの逆説的な再興を含む）ハーマンの懐疑論からブラシエの根本的虚無主義に至るまで、その実在論的資質は疑わしいと思う。こうした立場のうちのどれが整合的であるかは開かれた問いである。

- 思弁的実在論は認識論的に未規定的である。フッサールは志向性についての集中的踏査と分析を通して実在の地位に関する彼の見解に導かれた。存在論的なものと認識論的なものは深く相互に結合されているという相関主義的主張を拒絶するときでさえ、多くの科学的実在論者たちは、どのようにして人間的認知が心から独立した実在についての真正の認識を生じさせることができるのか、すなわち、どのようにして認識が可能かを説明することを最重要とみなすだろう。それに反して、思弁的実在論者たちは彼らの形而上学的主張を正当化できるだろう知識の理論という点では、実際あまり多くのものを提示していない。
- ハーマン、メイヤスー、ブラシエの積極的見解の間の重大な相違を考えると、ついには、思弁的実在論という集合的レッテルを用いることにそもそも意味があるのかどうか、不思議に思われるかもしれない。スパロウは明白に意味があると考えている。もっとも、彼は思弁的実在論の擁護者たちが実際には批判的方法を共有していないことを認めているのだが（Sparrow 2014: 19）。「それならば何が、その思弁的主張を適法化するのか」（Sparrow 2014: 19）。スパロウの与える答えは、満足いかないほどに短い。彼はこう書いている。思弁的実在論者は「思弁への関与《コミットメント》」を含めた「一連の関与《コミットメント》」を共有している、と（Sparrow 2014: 19）。しかし、これは単に問題を再言明しているにすぎない。いったい何が、なされつつある様々な（異様な）主張のための正当化なのか。どのように、思弁を自由な空想から区別するべきなのか。スパロウは次のように続ける。程度は異なれど、思弁的実在論者たちは「虚構と事実の混交」に与しており、「怪異なもの、奇妙なもの、不気味なもの好み」（Sparrow 2014, 20）であり、彼らのねらいは「実在について思考する際の新しい前進のための地盤を明らかにすることである。結局、これは哲学の終わりである」（Sparrow 2014: 20）。ひょっとすると、思弁的実在論は実際まさに哲学の終わりを生じさせているのかもしれないし、あるいはひょっとすると、それ自身の行き止まりに達しただけなのかもしれない。もしそうであるならば、現象学についてのスパロウの根拠なき裁決は、思弁的実在論についての感嘆するほど正確な評価であることが判明するだろう。それは実際にはけっして始まっておらず、いつまでもなんであるのかがまったく明らかでないのである。

結論

これまでの章で、私はフッサールの記述的現象学から超越論的観念論への道程を辿ってきた。私は後者がどのように現象学的に動機づけられるのか、どのような種類の超越論哲学であるのか、その形而上学的含意は何かを議論してきた。結論するにあたって、最後の問いに立ち返ることにしたい。第三章で、私は形而上学という術語のもつ様々な意味を区別した。ここで選択肢をさらにいっそう単純化してみよう。形而上学は次のように定義することができる。

- 実在の地位と存在についての根本的反省と関心。実在は心依存的であるのかないのか、そしてもしそうならばどのような様式でなのか。
- 事実性、誕生、死、運命、不死性等々の問いへの哲学的取り組み。

この両方の場合に、形而上学は、形相的可能性を超えて現（事）実性（(f)actuality）にも取り組むのだが、いずれにしてもそれは諸々のかなり異なる仕方でなされる。過去に解釈者たちがフッサールの形而上学的中立性に論及したとき、彼らが形而上学的争点は現象学には立ち入り禁止であると強く主張したとき、彼らがエポケーと還元の使用は措定することの自制、現実存在と存在に関係する問いの括弧入れを含むと論じたとき、彼らは形而上学の第一の定義を主として念頭に置いていた。しかしながら、手許のテクスト上の資料を考えると、私は、フッサールが両方の類型の努力に取り組んでいたことは否定できないと考える。

後者に関して、私は、フッサールがしばしば「新しい意味における形而上学」と呼ぶものについて語っているのを認識している。彼はそれを、超越論的事実の非合理性についての踏査として性格づける（Hua 7/188）。テンゲイが論じているように、フッサールははじめはまったく伝統的な取り組みを採用しており、それによれば、可能性についての探究が実在についての探究に対する優先権をもっていたのに対して（本書八一－二頁参照）、フッサールはついには、形相的なものと事実的なものの間のそうしたきちんとした区別や、現象学と形而上学の間の関係についての彼自身の最初の構想について疑いをもつに至った（Tengelyi 2014: 180–181, 184）。見てきたように、フッサールは構成の過程そのものが還元不可能な事実的構成要素に拠っているということ、したがって、超越論的現象学自体が事実性の問題に取り組まなければならないことを認めるに至った。しかしながら、ついには、この認識がフッサールを倫理的－宗教的領域に付随する問いに取り組ませた（Hua 1/182）。つまり、フッサールの哲学的神学と呼ばれてきたものに極まる取り組みである（Hart 1986）。フッサールの著作のもつこうした側面は、本著作での私の関心ではなかったのだが、A・D・スミスが「ほとんどの読者には幾分思弁的なものという印象を与える」こうした考えがどのようにしてフッサールの超越論的現象学から引き出されうるのかを説明することができないと書くときに（Smith 2003: 210）、どちらかと言えばA・D・スミスの側に立ちたいということを私は認めなければならない。

前者の努力に関しては、私が焦点を当ててきたものであり、フッサールの超越論的企図の統合的で中心的で不可欠な部分である。現象学は、どれほど異なる類型の対象が意味されているのかを探究するだけではなく、こうした対象の実在が心依存的であるのかないのかをも探究する。現象を踏査する際、超越論的現象学はそれ自身に対して、現象と実在の間の関係に関して中立的あるいは無差別的であり続けることを許すことができない。その関係性に対する立場を明確にしなければならないことによって、現象学は必然的に形而上学的含意をもつのである。そのかぎりで、フッサールの超越論的観念論は、実在についての哲学的説明を提示する試みとして真価を認められねばならない。しかし、それは精確にはどんなものでありうるのか。

シーボルトが最近、フッサールの相関主義についての形而上学的読解、意味論的読解、認識論的読解を区別することができると論じているが（Sebold 2014: 176）、そのうちの最初の二つは、より強い変奏と、より弱い変奏の両方で生じる。

相関関係についての強い形而上学的解釈は、フッサールを形而上学的観念論者にする。意識は「世界の現実存在のための存在論的根拠」（Sebold 2014: 185）と捉えられ、そこでは「意識が世界を創造する」（Sebold 2014: 186）というように理解される。すなわち、そこで構成は産出になると捉えられる（Sebold

2014: 186)。それに反して、弱い形而上学的読解はこう論じる。現出する対象の現実存在は主観性と相関しており、主観性に依存的である、と（Sebold 2014: 190）。

強い意味論的解釈はこう論じる。現象学は形而上学的追求に直接的には従事しておらず、むしろ実在と客観性のもつ意味を理解することに主として関心がある、と（Sebold 2014: 197）。実在の意味こそが、すなわち実在そのものよりもむしろ何かにとって実在的であることが意味することこそが、意識によって構成され、意識と相関しているのである。物理的世界が意識から独立しているのに対して、物理的世界の意味は意識に相対的であり、意識に依存しているだろう（Sebold 2014: 199）。意味論的読解を形而上学的読解から区別することは重要であるけれども、前者はそれ自体形而上学的含意なしには存在しない。ある人にとっては、意味論的読解はある形式の意味論的反実在論となり、形而上学的実在論を無意味として除外するのである（Sebold 2014: 200）。弱い意味論的解釈は、主観性が意味を創造・産出するよりもむしろ開示すると論じる点で、強い意味論的解釈とは異なる。意識が不在の際に、意味は顕現することができないだろうし、何ものも実在的・客観的なものとして与えられることはないだろう（Sebold 2014: 206）。

最後に、認識論的相関主義は、超越論的観念論とは主観性が認識にとって欠くことができない役割を演じるという認識的学説であるとみなす。認識的

相関主義は、実在的であると正当化されているということは、経験と相関していることであると主張する。これは、客観的実在は、経験から形而上学的に独立しているかもしれないが、その意識のなかでは、経験

の因果的条件ではなく、そしてその意味が、客観的実在が経験可能であることを指示しない一方で、客観的実在を実在的であると信じる際に認識的に保証されているということは、それが直接的あるいは間接的経験の対象であるということを含むということである。すなわち、何かを実在的として受け入れるためには証拠が存在しなければならないのである。 (Sebold 2014: 237)

何かを現実存在するものとして措定すべきだとしたら、体験的正当化が必要になるが、このことが、現出する世界の背後に異なる世界を措定することが回避されるべき無益な仮説である理由である(Sebold 2014: 210)。こうした読解によれば、フッサールの相関主義は、経験と経験的証拠《エビデンス》へのどんな結合も欠くような形而上学的思弁は排除することになる(Sebold 2014: 213)。

シーボルトによれば、強い形而上学的解釈と意味論的解釈は、どちらも形而上学的実在論と両立不可能であるから、回避されるべきである。それに反して、弱い形而上学的解釈と意味論的解釈はどちらも形而上学的実在論と両立可能ではあるが、シーボルトの読解によれば、かなり些末で面白くない主張でもある。したがって、シーボルトは認識的解釈を最終的に選好する。なぜなら、それは彼の見解では、少しも形而上学的実在論を掘り崩さない、まったく興味深い立場を許すからである(Sebold 2014: 213)。

本書を通して、われわれはシーボルトの列挙した様々な立場の提案者に遭遇してきた。フィリプセは強い形而上学的解釈の擁護者に数え入れられるのに対して、ハーディは認識論的読解を擁護するだろう。カーとクローウェルのフッサールの収縮的・非形而上学的解釈は、弱い意味論的解釈をある程度例示しているかもしれない。私自身の解釈についてはどうだろう。超越論的主観性が必要な超越論的条件にすぎず十分な超越論的条件ではないと論じることで最も適合するのは、私の読解によれば、弱い意味論的解釈でさえ形而上学的含意をもつという唯一の差異があるにしても、同様に弱い意味論的解釈であると思われるかもしれない。それは、形而上学的実在論と両立不可能であり、そのため、シーボルトが理解したほどには弱くも些末でもない。しかしながら、究極的に私は、相関主義の認識的解釈、意味論的解釈、形而上学的解釈の間のシーボルトによる手際のよい分離を拒絶すべきだと考える。たとえフッサールが確かに認識的・明証的関心によってもまた駆り立てられているとしても、彼の超越論的観念論は実在の心依存性についての実質的な形而上学的関与《コミットメント》を伴っている。中立的な分類というよりもむしろ、シーボルトの区別は、実在論的形而上学への彼の先行的関与《コミットメント》を露わにしている。フッサールにとっては、他の多くのカント以後の思想家たちにとってと同様に、認識的次元、意味論的次元、形而上学的次元は絡み合っている。それはフッサールが、シーボルトの議論した特定の強い形而上学的解釈と意味論的解釈とを必然的に受け入れなければならないと言っているのではない。実際、私は、彼はそうしないだろうと論じてきた。

シーボルトは、形而上学的実在論を選好する多くの論証を提供していない。事実、彼は形而上学的実在論を唯一の合理的見解であると考えていて、「世界のもつ心から独立した本性を否定する者は誰であれ、どうしようもなく失敗する戦略を行っている」(Sebold 2014: 7) と考えているようにみえる。先のテクストでの私のねらいは、フッサールの立場を擁護したりそれを支持したりする独立の論証を提供するよりもむしろ、解明し明確化することであった。しかしながら、論じてきたように、形而上学的実在論に反対する際に、フッサールはまさしく二〇世紀の哲学者である。ブレイヴァーが、カントからデリダまでの大陸的反実在論の展開をめぐるそれ以外の点では賞賛すべき研究において、ニーチェからハイデガーへと飛躍し、フッサールについての章を含み損なっていることは残念である（Braver 2007）。フッサールの身体性、相互主観性、時間性をも含むにいたる超越論哲学の範囲と本性の重大な拡幅と変貌は、二〇世紀哲学への決定的かつ影響力のある寄与として真価を認められねばならない。実際、私が提示している解釈によれば、フッサールの超越論的現象学は、しばしば想定されているよりもはるかに主流であり、少なくともいくつかの観点では、デカルトやサールの内在主義、ましてやティチェナーの内観主義よりも、ハイデガー、メルロ＝ポンティ、ウィトゲンシュタイン、ダメット、パトナム、デヴィッドソンのような人たちの立場といっそう共通点がある。デヴィッドソンがデューイ講演において、真理は「根底的に非認識的」であるという立場、われわれの最もよく研究され確立された信念と理論のすべては間違っているだろうという立場は理解不可能な見解だと書くとき（Davidson 1990: 308–309）、また彼が『主観的・相互主観的・客観的』において「心の共同体は知識の基礎である。つまり、それはすべての事物の尺度を提供する。それはこの尺度の十全さを問うこと、あるいはより究極的な標準を求めることを無意味にする」（Davidson 2001: 218）と宣言するとき、フッサールはデヴィッドソンに同意するだろう。

フッサールの超越論哲学的企図が今日主流の哲学から幾分遠く離れるか、かけ離れているように思えるとしたら、これは主としてわれわれがここ数十年目撃している自然主義の甚だしい猛攻のゆえなのである。しかしながら、幾分驚くべきことは、神経表象主義についての私の短い議論が例示しているように、いくつかの形式の自然主義はフッサールの超越論的観念論よりも常識的実在論からはるかにかけ離れているということである。実際、用いられる定義によっては、フッサールの超越論的観念論は伝統的観念論よりもいくつかの形式の実在論といっそう多くの共通点をもっているかもしれない。同時に、第五章で指摘されたように、フッサールの思考は自然主義に異議申し立てをすることができるだけでなく、自然主義に生産的に取り組むことができることを見過ごすべきではない。認知科学における現行の展開を見ると、フッサールの核心的考えのうちのいくつかを取り上げ、変貌させる向きさえ存在する。例えば、エナクティヴィズムを考察しよう。エナクティヴィズムは、あらかじめ与えられた外部世界の回復としての認知という前門の虎（実在論）と、あらかじめ与えられた世界の投影としての認知という後門の狼（観念論）の間の中間の道を切り抜けることを、言明された目標とする（Varela, Thompson, and Rosch 1991: 172）。エナクティヴィズムは、認知を二つの別個で独立した存在者、心と世界の間に生起する忠実な表象という点から見るのではなく、その代わりに認知を、身体、脳、環境の間で分割されたものを横断する何かとみなす。認知者の世界を、脳のなかに内的に表象される（鏡映される）外的領界と見るよりもむしろ、エナクティヴ・アプローチは世界をエナクトされた、すなわち、生体（自己）とその環境との対化によってもたらされるか構成されるかする認知的領域とみなすのである（Thompson 2007: 154, 158）。

ヨシミは最近こう論じている。現象学は意識を超えた形而上学の局面に関して中立的であるべきだ、と。彼が指摘するように、これは、形而上学が現象学に関係がないということを意図しておらず、単にある人の形而上学的関与《コミットメント》は現象学から独立に規定されるべきだということを意図しているにすぎない。手短に言えば、現象学的関与《コミットメント》と形而上学的関与《コミットメント》を独立した可変的な変数《パラメーター》と単純にみなすべきである。ヨシミは注意深くこう指摘する。形而上学的中立性についてのこうした是認は、フッサールの解釈として提案されているのではなく、フッサール的現象学が良識ある変数の内部に留まるべきならばどのように制限されるべきなのかについての案として提案されている（Yoshimi 2015: 2）。フッサールに全面的に従うべきかどうかは確かに議論の余地があるが、ヨシミの提案のもつ含意に目をつぶるべきではない。提案された制限を選好することは、現象学を心の哲学のなかの一つの立場として分類することだろうし、同時に私がその核となる主張の一つとみなすもの、つまり、心と世界の絡み合いと相互依存へのその強いこだわりと訣別することだろう。この主張こそが現象学の超越論的核を構成しており、現象学を形而上学的実在論と両立不可能にする。現象学の超越論的局面を短絡化することによって、ヨシミもまた、フッサールが心の研究への自らの主要な寄与とみなすだろうものを覆す。結局、フッサールにとって、超越論的転回を実行することによってこそ、意識のまったき意義と一人称パースペクティヴとの真価を認めるに至れるのである。

冒頭で指摘したように、フッサールの遺産を議論するとき私が思うのは、フッサール自身は、彼の具体的な分析の詳細が将来世代の研究者によって取り上げられる程度よりも、その超越論的企図の継続的有意義性にこそずっと関心があるだろうということである。フッサールの超越論的綱領のもつ強みと弱みを評価すべきであるなら、まずそれを適格に理解する必要がある。願わくば、従前の研究がある程度の明確化を提供することができていればいいと思う。もちろん、フッサールの評定を受け入れるべきかどうかは、別の問題である。だが、フッサールもまた野心的な体系を展開することを犠牲にして、細心で注意深い分析を提供することのもつ重要性を強調していたことは覚えておく価値がある。ナトルプ宛の書簡で書いているように、彼は「高額紙幣と手形が現金と小銭に両替されていないかぎり」（Hua Dok 3-V/56）不満足であり続けた。彼の哲学的衝撃力の包括的査定もまた、確かに、生世界、志向性、時間意識、触発性、身体性、感情移入等々についての研究への彼の数多くの具体的な寄与をめぐる詳細な研究に取り組まなければならないだろう。

たとえフッサールの綱領の諸々の部分が論争の余地あるものであり続けようとも、締めくくりに、彼が哲学的に問うていることのもつ真正の美点を強く主張することにしたい。彼は、われわれが哲学者として問う必要のある問いを問い尋ねている。そのかぎりで、フッサールの取り組みと、ストーヴが近代哲学への観念論の導入はヨーロッパへの梅毒の来着よりもいっそう害を及ぼしたと主張するときに、ストーヴの表現している哲学的所感との間の差異を誇張しすぎることなどまずありえないのである（Stove 1991: 109）。

訳者あとがき

本書は、Zahavi, Dan, *Husserl's Legacy: Phenomenology, Metaphysics, and Transcendental Philosophy*. Oxford: Oxford University Press, 2017 の翻訳である。著者自身が述べているように、実質的には、実に約二〇年ぶりの本格的なフッサール研究の新たな単著である。著者ダン・ザハヴィは、自身がその創設の中心メンバーであり、現在も所長を務めているコペンハーゲン大学主観性研究センター（Center for Subjectivity Research: CFS）を二〇〇二年に設立して以降、『フッサールの現象学』（一九九七年）の英訳の公刊（二〇〇三年）を除けば、『主観性と自己性』（二〇〇五年）、『現象学的な心』（ギャラガーとの共著、二〇〇八年、第二版は二〇一二年）、『自己と他者』（二〇一四年）という著作の内容が示しているように、哲学と他の学問領域とが交錯する領域へとその研究を広げていった。これらの著作でも、もちろんフッサールをはじめとする現象学的思考は、その哲学的基盤を提供し論証全体を支えている。しかし、狭義での哲学研究の枠組みには収まらない他分野との交錯領域での研究である上記の諸著作そのものが、現象学と諸科学との生産的交流・異種交配、すなわち、本書で呈示される現象学が現代において取りうる積極的な選択肢としての現象学の自然化の具体的実践であると言うことができるだろう。

ＣＦＳの活動によって典型的に示されるように、なおその哲学的重要性と魅力を失わない現象学への関心は近年でも衰えることなく、むしろ高まりを見せている。例えば、Phaenomenologica 等の伝統的な研究叢書に加えて、Routledge Research in Phenomenology 等をはじめとする新たな研究叢書が様々な出版社から創刊されており、また、原書と同じくオックスフォード大学出版（ＯＵＰ）から近年相次いで公刊された二冊のハンドブックはそれぞれ現象学の現代の研究水準と主題領野の広がり（*The Oxford Handbook of Contemporary Phenomenology*. Oxford : Oxford University Press, 2012）と現象学的思考が積み上げてきた伝統の厚み（*The Oxford Handbook of the History of Phenomenology*. Oxford : Oxford University Press, 2018）を遺憾なく示している。両書は、現象学に関心をもつものにとっての必読文献であるし、今後も長きにわたってそうした位置を占め続けることになるだろう。ザハヴィがその両書の編者であることも現在の現象学の展開における彼自身の指導的立場をよく示していると言うことができる。また、彼の二人の師がフッサールの時間論の研究によって世界的に知られるクラウス・ヘルト（その指導の下で書かれたのが最初の著作『志向性と構成』である）とルーヴァンのフッサール文庫の所長を務めたルドルフ・ベルネット（その指導の下で仕上げられた博士論文が『フッサールと超越論的相互主観性』である）であることも、彼のフッサール解釈の正当性を裏書きするものであると言うことができるだろう。

しかし、そうした外的な要因にもまして何よりも重要なのは、彼自身によって世に送り出された数多くの著作や論文が、主観性、生世界、志向性、時間意識、触発、身体性、感情移入、相互主観性のような現象学の重要な争点に対して、さらにはフッサール現象学や現象学的哲学の全体的解釈に対して極めて明解で画期的な視座を提供し、それ以降その争点や解釈を論じる際に肯定的にであれ否定的にであれ必ず参照することが必要とされる重要文献となっていることであろう。本書は、フッサール現象学についての研究が現在到達した水準を示すものであり、これまでの著作と同じように新たな標準的解釈としての位置を占め、今後の現象学をめぐる諸々の哲学的議論の有力な準拠点となるだろう。

『フッサールの遺産』は、フッサールの現象学を超越論哲学として、すなわち、意識の超越論的地位に定位する、意識が対象ないし世界の顕現する次元であること、あるいは、意識が対象を顕現させる条件であることに定位する超越論哲学として読み解いている。もちろん、これは、本書のみならず、ザハヴィの哲学的経歴の最初から現在までを貫く基本的な哲学的姿勢でもある。

本書は、その主題に応じて大きく二つに分けることができるだろう。すなわち、第一章から第四章までのフッサール現象学の解釈を提示する部分と、そこでフッサール解釈を踏まえた上で、現象学の自然化（第五章）と思弁的実在論や、認知神経科学をはじめとする自然化された認識論の実在論としての資質の精査（第六章）という総じて現象学と自然主義の関係を論じる部分とである。

著者も述べているとおり、自身の『フッサールの現象学』でのフッサール現象学についての解釈は基本的に踏襲される。そして、その後の研究、つまり、それ以降の影響力の大きいその他の有力な競合するフッサール研究、例えばフィリプセ、ブノワ、ノエマについての西海岸解釈等を、フッサールの原典の緻密な読解と全体的解釈とに照らして批判的に精査する。そのことを通して『フッサールの現象学』での自身のフッサール解釈をさらに深化させている。その過程で、現象学と心理学の差異、『論理学研究』の形而上学的中立性、『イデーン』期の超越論的転回とエポケーと還元という方法、志向性とノエマのようなフッサール現象学の重要な争点が手際よく整理され超越論哲学としての現象学という全体的解釈との関連で明晰に開明されるに至る。

そこからさらに超越論哲学としての現象学の今後の積極的展開の可能性として現象学の自然化の内実が詳述される。現象学の自然化とは、現象学を自然科学の一部にしたり自然科学の延長にしたりすることを意味しない。それは現象学の非超越論化を伴い、現象学の最も興味深い様々な局面を放棄することに至るからである。現象学の自然化とは、トンプソンの『生命のなかの心』(二〇〇七年)にその理念的萌芽を認めることができるように、消極的には、現象学と経験科学の有益な共同研究という生産的交流に従事することであり、積極的には、超越論的なものと自然的なものの間の関係の再考を促すという困難で前途遼遠であるが魅力的でもある生産的異種交配に従事することである。

最後にハーマンやメイヤスーらの思弁的実在論による相関主義批判と自然化された認識論としての認知的神経科学からの批判に対して、両者の実在論としての資質を検討し、その疑わしさと不十分さを指摘する。むしろフッサール現象学こそが経験的実在論と両立可能であり、それどころか経験的実在論は超越論的観念論としてのフッサール現象学を必要とし、それによって埋め合わせられることを示すことによって、批判に対して明晰に反駁している。フッサールの超越論的観念論こそ本当の実在論である、と。

本書で展開されるザハヴィ自身によるフッサール解釈や現代の論争のなかでの現象学の位置づけについての論証の詳細や他の哲学的立場に対する反駁の成否については、実際に本書を読み解いていただき判断していただくほかない。しかし、ここで描き出されたフッサールの遺産としての超越論的企図のもつ哲学的有意義性は、十二分に明確化されているのではないだろうか。

翻訳の方針について述べておくことにしたい。できるかぎり慎重に、内容に忠実で正確な訳文にすることを目標とし、原書の明解で強靭な論証を損なうことなく、なお日本語として読みやすいものとなるように努めたつもりである。しかし、訳者の理解不足や不注意による誤解や誤訳がなお存在するかもしれない。読者の方々の貴重なご指摘を請う次第である。原書では、引用箇所については、ドイツ語やフランス語が原書である場合にも、英訳があるものは、基本的に英語で引用がなされている。引用箇所の訳出にあたっては、可能な範囲で、とりわけ現象学関連の文献に関しては、基本的にドイツ語とフランス語の原書の当該箇所を参照し原語から直接訳出している。そのため原書の英語での引用箇所と若干の異同が生じている場合がある。なお、原文のイタリックの箇所については、書名の場合には『 』を用い、強調の場合には、慣例に従って、傍点によって強調している。［ ］は著者による補足、〔 〕は、訳者による補足である。〈 〉は、語のまとまりがわかりづらいものを明瞭にするために用いた。

翻訳の経緯について述べておけば、二〇一六年四月から二〇一七年三月までのコペンハーゲン大学主観性研究センター滞在中に、原著者ザハヴィと面談した際、研究室の机の上に『フッサールの遺産』（その際には現在とは異なる標題がつけられていた）を出版社に送る前の最終校が置かれていた。閲覧を願い出たところ快諾いただき、ザハヴィによる他の著作と同じように明解で強靭な論証と野心的な展望に魅せられて例によって一気に読み上げることとなった。フッサール現象学についての高度に専門的な研究であるにもかかわらず、極めて明解で魅力的な解釈を説得的に示しているという点を考慮するだけでもすでに翻訳紹介されるべき価値をもっていることを確信した。さらに、現代哲学の主潮流である自然主義に対する現象学の関係、思弁的実在論をはじめとする現代の他の哲学的立場や現代の神経科学による認知への取り組みなどに対する論争的内容を含んでおり、現代哲学のなかで現象学が占めている位置とこれから向かうべき針路を示すのに格好の書であることから、あまり時間を置かずに日本語で読めるようにすべきだという思いを強くした。著者ザハヴィに全体の内容に関する感想と共に訳者のそうした希望をお伝えしたところ、翻訳を快くお許しくださった。その後二〇一七年四月にコペンハーゲンからケルン大学フッサール文庫に移り、当地でもフッサールのテクストに取り組みながら並行して継続的に本書の翻訳を行った。そして二〇一八年四月に帰国後、翻訳原稿を入稿し刊行に向けての最後の作業を行った。

本訳書は、コペンハーゲンで始められ、ケルンで固められ、京都で仕上げられた。本書の翻訳をはじめとして研究に集中することのできる在外研究を可能にしてくれた同志社大学在外研究員制度と、ご負担をおかけすることになるにもかかわらず、長期間にわたる不在を許してくださった同志社大学文学部哲学科の同僚の先生方に心から感謝申し上げる。原著者であるザハヴィ先生は、今回の翻訳に際しても訳者からの質問に対して、迅速かつ丁寧に対応していただき、つねに暖かく支えてくださった。

法政大学出版局の郷間雅俊氏は、まだ出版前の書籍の翻訳の企画であるにもかかわらず、訳者の企画意図を汲んで本訳書の企画を採用してくださった。その後の刊行に至るまで大変な労力を割いて訳稿に目を通し、改善のために多くの提案をしてくださった。最終的な訳文についての責任はもちろん訳者にあるが、こうした郷間氏の献身的な助力がなければ、本訳書ははるかに質の低いものとなっていたことに疑いの余地はない。心からお礼を申し上げる。

二〇一八年九月　京都

中村 拓也

参照文献

フッサリアーナ（Hua）版への指示は，巻数によって，スラッシュの後に頁数と共に挙げられる（例えば，Hua 25/104–5）。フッサールの未公刊草稿に論及するときは，最後の数字はつねにもとの速記の頁を指示している。

Husserliana 1: *Cartesianische Meditationen und Pariser Vorträge*, ed. S. Strasser (The Hague: Martinus Nijhoff, 1950); pp. 3–39 trans. P. Koestenbaum as *The Paris Lectures* (The Hague: Martinus Nijhoff, 1964); pp. 43–183 trans. D. Cairns as *Cartesian Meditations: An Introduction to Phenomenology* (The Hague: Martinus Nijhoff, 1960).（浜渦辰二訳『デカルト的省察』岩波文庫，2001 年）

Husserliana 2: *Die Idee der Phänomenologie: Fünf Vorlesungen*, ed. W. Biemel (The Hague: Martinus Nijhoff, 1950); trans. L. Hardy as *The Idea of Phenomenology* (The Hague: Martinus Nijhoff, 1999).（立松弘孝訳『現象学の理念』みすず書房，1965 年）

Husserliana 3, 1–2: I*deen zu einer reinen Phänomenologie und phänomenologischen Philosophie. Erstes Buch: Allgemeine Einführung in die reine Phänomenologie*, ed. K. Schuhmann (The Hague: Martinus Nijhoff, 1976); trans. F. Kersten as *Ideas Pertaining to a Pure Phenomenology and to a Phenomenological Philosophy. First Book: General Introduction to a Pure Phenomenology* (The Hague: Martinus Nijhoff, 1982); trans. D. O. Dahlstrom as *Ideas for a Pure Phenomenology and Phenomenological Philosophy. First Book: General Introduction to Pure Phenomenology* (Indianapolis: Hackett, 2014).1（渡邊二郎訳『イデーン I』1–2，みすず書房，1979–84 年）

Husserliana 4: *Ideen zu einer reinen Phänomenologie und phänomenologischen Philosophie. Zweites Buch: Phänomenologische Untersuchungen zur Konstitution*, ed. M. Biemel (The Hague: Martinus Nijhoff, 1952); trans. R. Rojcewicz 1 I have made use of both English translations of Ideen I. and A. Schuwer as *Ideas Pertaining to a Pure Phenomenology and to a Phenomeno-*

logical Philosophy. Second Book: Studies in the Phenomenology of Constitution (Dordrecht: Kluwer Academic, 1989).（立松弘孝ほか訳『イデーンⅡ』1-2，みすず書房，2001-2009 年）

Husserliana 5: *Ideen zu einer reinen Phänomenologie und phänomenologischen Philosophie. Drittes Buch: Die Phänomenologie und die Fundamente der Wissenschaften*, ed. M. Biemel (The Hague: Martinus Nijhoff, 1952); pp. 1–137 trans. T. E. Klein and W. E. Pohl as *Ideas Pertaining to a Pure Phenomenology and to a Phenomenological Philosophy. Third Book: Phenomenology and the Foundations of the Sciences* (The Hague: Martinus Nijhoff, 1980); pp. 138–62 trans. R. Rojcewicz and A. Schuwer as *Ideas Pertaining to a Pure Phenomenology and to a Phenomenological Philosophy. Second Book: Studies in the Phenomenology of Constitution* (Dordrecht: Kluwer Academic, 1989), 405–30.（渡邉二郎・千田義光訳『イデーンⅢ』みすず書房，2010 年）

Husserliana 6: *Die Krisis der europäischen Wissenschaften und die transzendentale Phänomenologie: Eine Einleitung in die phänomenologische Philosophie*, ed. W. Biemel (The Hague: Martinus Nijhoff, 1954); pp. 1–348, 357–86, 459–62, 473–5, 508–16 trans. D. Carr as *The Crisis of European Sciences and Transcendental Phenomenology: An Introduction to Phenomenological Philosophy* (Evanston, Ill.: Northwestern University Press, 1970).（細谷恒夫・木田元訳『ヨーロッパ諸学の危機と超越論的現象学』中公文庫，1995 年）

Husserliana 7: *Erste Philosophie* (1923/24). Erster Teil: Kritische Ideengeschichte, ed. Rudolf Boehm (The Hague: Martinus Nijhoff, 1956).

Husserliana 8: *Erste Philosophie* (1923/24). Zweiter Teil: Theorie der phänomenologischen Reduktion, ed. Rudolf Boehm (The Hague: Martinus Nijhoff, 1959).

Husserliana 9: *Phänomenologische Psychologie: Vorlesungen Sommersemester 1925*, ed. W. Biemel (The Hague: Martinus Nijhoff, 1962); pp. 3–234 trans. J. Scanlon as Phenomenological Psychology: Lectures, Summer Semester, 1925 (The Hague: Martinus Nijhoff, 1977); pp. 237–349, 517–26 ed. and trans. T. Sheehan and R. E. Palmer as *Psychological and Transcendental Phenomenology and the Confrontation with Heidegger* (1927–1931) (Dordrecht: Kluwer Academic, 1997).（谷徹訳『ブリタニカ草稿』ちくま学芸文庫，2004 年）

Husserliana 10: *Zur Phänomenologie des inneren Zeitbewusstseins* (1893–1917),

ed. R. Boehm (The Hague: Martinus Nijhoff, 1966); trans. J. B. Brough as *On the Phenomenology of the Consciousness of Internal Time* (1893–1917) (Dordrecht: Kluwer Academic, 1991).（谷徹訳『内的時間意識の現象学』ちくま学芸文庫，2016 年）

Husserliana 11: *Analysen zur passiven Synthesis: Aus Vorlesungs- und Forschungsmanuskripten 1918–1926*, ed. M. Fleischer (The Hague: Martinus Nijhoff, 1966); trans. A. Steinbock as *Analyses Concerning Passive and Active Synthesis: Lectures on Transcendental Logic* (Dordrecht: Kluwer Academic, 2001).（山口一郎・田村京子訳『受動的綜合の分析』国文社，1997 年）

Husserliana 13: *Zur Phänomenologie der Intersubjektivität: Texte aus dem Nachlass. Erster Teil: 1905–1920*, ed. I. Kern (The Hague: Martinus Nijhoff, 1973).（浜渦辰二・山口一郎監訳『間主観性の現象学』I–III，ちくま学芸文庫，2012–2015 年）

Husserliana 14: *Zur Phänomenologie der Intersubjektivität: Texte aus dem Nachlass. Zweiter Teil: 1921–1928*, ed. I. Kern (The Hague: Martinus Nijhoff, 1973).（浜渦辰二・山口一郎監訳『間主観性の現象学』I–III，ちくま学芸文庫，2012–2015 年）

Husserliana 15: *Zur Phänomenologie der Intersubjektivität: Texte aus dem Nachlass. Dritter Teil: 1929–1935*, ed. I. Kern (The Hague: Martinus Nijhoff, 1973).（浜渦辰二・山口一郎監訳『間主観性の現象学』I–III，ちくま学芸文庫，2012–2015 年）

Husserliana 16: *Ding und Raum. Vorlesungen 1907*, ed. U. Claesges (Den Haag: Martinus Nijhoff, 1973); trans. R. Rojcewicz as *Thing and Space: Lectures of 1907* (Dordrecht: Kluwer Academic, 1997).

Husserliana 17: *Formale und transzendentale Logik: Versuch einer Kritik der logischen Vernunft*, ed. P. Janssen (The Hague: Martinus Nijhoff, 1974); pp. 5–335 trans. D. Cairns as *Formal and Transcendental Logic* (The Hague: Martinus Nijhoff, 1969).（立松弘孝訳『形式論理学と超越論的論理学』みすず書房，2015 年）

Husserliana 18: *Logische Untersuchungen. Erster Band: Prolegomena zur reinen Logik, ed. E. Holenstein* (The Hague:Martinus Nijhoff, 1975); trans. J. N. Findlay as *Logical Investigations I* (London: Routledge, 2001), 1–161.（『論理学研究』1，立松弘孝ほか訳，みすず書房，1968 年）

Husserliana 19, 1–2: *Logische Untersuchungen. Zweiter Band: Untersuchungen zur Phänomenologie und Theorie der Erkenntnis*, ed. Ursula Panzer (The

Hague: Martinus Nijhoff, 1984); trans. J. N. Findlay as *Logical Investigations I–II* (London: Routledge, 2001), 162–331, 1–364.（『論理学研究』2–4, 立松弘孝ほか訳, みすず書房, 1970–1976 年）

Husserliana 20, 1: *Logische Untersuchungen: Ergänzungsband. Erster Teil: Entwürfe zur Umarbeitung der VI. Untersuchung und zur Vorrede für die Neuauflage der Logischen Untersuchungen* (Sommer 1913), ed. U. Melle (Dordrecht: Kluwer Academic, 2002).

Husserliana 20, 2: *Logische Untersuchungen: Ergänzungsband. Zweiter Teil: Texte für die Neufassung der VI. Untersuchung. Zur Phänomenologie des Ausdrucks und der Erkenntnis* (1893/94–1921), ed. U. Melle (Dordrecht: Springer, 2005).

Husserliana 22: *Aufsätze und Rezensionen* (1890–1910), ed. B. Rang (The Hague: Martinus Nijhoff, 1979).

Husserliana 24: *Einleitung in die Logik und Erkenntnistheorie: Vorlesungen 1906/07*, ed. U. Melle (Dordrecht: Martinus Nijhoff, 1984); trans. C. O. Hill as *Introduction to Logic and Theory of Knowledge: Lectures 1906/07* (Springer: Dordrecht, 2008).

Husserliana 25: *Aufsätze und Vorträge* (1911–1921), ed. T. Nenon and H. R. Sepp (Dordrecht: Martinus Nijhoff, 1987).

Husserliana 27: *Aufsätze und Vorträge* (1922–1937), ed. T. Nenon and H. R. Sepp (Dordrecht: Kluwer Academic, 1989).

Husserliana 29: *Die Krisis der europäischen Wissenschaften und die transzendentale Phänomenologie: Ergänzungsband. Texte aus dem Nachlass 1934–1937*, ed. R. N. Smid (Dordrecht: Kluwer Academic, 1993).

Husserliana 32: *Natur und Geist: Vorlesungen Sommersemester 1927*, ed. M. Weiler (Dordrecht: Kluwer Academic, 2001).

Husserliana 34: *Zur phänomenologischen Reduktion: Texte aus dem Nachlass* (1926–1935), ed. S. Luft (Dordrecht: Kluwer Academic, 2002).

Husserliana 35: *Einleitung in die Philosophie: Vorlesungen 1922/23*, ed. B. Goossens (Dordrecht: Kluwer Academic, 2002).

Husserliana 36: *Transzendentaler Idealismus: Texte aus dem Nachlass* (1908–1921), ed. R. Rollinger (Dordrecht: Kluwer Academic, 2003).

Husserliana 39: *Die Lebenswelt. Auslegungen der vorgegebenen Welt und ihrer Konstitution: Texte aus dem Nachlass* (1916–1937), ed. R. Sowa (New York: Springer, 2008).

Husserliana 42: *Grenzprobleme der Phänomenologie. Analysen des Unbewusst-*

seins und der Instinkte. Metaphysik. Späte Ethik. Texte aus dem Nachlass 1908–1937, ed. R. Sowa and T. Vongehr (New York: Springer, 2014).

Husserliana Dokumente 3: *Briefwechsel I–X*, ed. Karl Schuhmann and E. Schuhmann (Dordrecht: Kluwer Academic, 1994).

Husserliana Materialien 8: *Späte Texte über Zeitkonstitution* (1929–1934): Die C-Manuskripte, ed. D. Lohmar (Dordrecht: Springer, 2006).

Husserl, E. (1939). Entwurf einer 'Vorrede' zu den Logischen Untersuchungen (1913). *Tijdskrift voor Philosophie* 1: 105–33, 319–39.

Husserl, E. (1981). *Shorter Works*, ed. P. McCormick and F. A. Elliston (Notre Dame, Ind.: University of Notre Dame Press).

Husserl's unpublished manuscripts: Ms. A VI 21 (1928 and 1933), Ms. B III 12 IV (1922). Husserl Archives Leuven.

Ali, R. (2017). Does hallucinating involve perceiving? *Philosophical Studies*, doi 10.1007/s11098-017-0884-7.

Allais, L. (2015). *Manifest Reality: Kant's Idealism and his Realism* (Oxford: Oxford University Press).

Allison, H. E. (1983). *Kant's Transcendental Idealism: An Interpretation and Defense* (New Haven, Conn.: Yale University Press).

Allison, H. E. (1995). On naturalizing Kant's transcendental psychology. *Dialectica* 49 (2–4): 335–56.

Anderson, M. L., and Chemero, T. (2013). The problem with brain GUTs: conflation of different senses of 'prediction' threatens metaphysical disaster. *Behavioral and Brain Sciences* 36: 204–5.

Badiou, A. (2009). Logics of Worlds: Being and Event 2, trans. A. Toscano (London: Continuum).

Beck, M. (1928). Die Neue Problemlage der Erkenntnistheorie. *Deutsche Vierteljahrsschrift für Literaturwissenschaft und Geistesgeschichte* 6: 611–39.

Bennett, M. R., and Hacker, P. M. S. (2003). *Philosophical Foundations of Neuroscience* (Oxford: Blackwell).

Benoist, J. (1997). *Phénoménologie, sémantique, ontologie* (Paris: PUF).

Bergson, H. (1910) [1889]. *Time and Free Will: An Essay on the Immediate Data of Consciousness*, trans. F. L. Pogson (Whitefish, Mont.: Kessinger). (中村文郎訳『時間と自由』岩波文庫, 2001 年)

Bernet, R. (1990). Husserls Begriff des Noema. In S. Isseling (ed.), *Husserl-Ausgabe und Husserl-Forschung* (Dordrecht: Kluwer Academic),

61–80.
Bernet, R., Kern, I., and Marbach, E. (1993). *An Introduction to Husserlian Phenomenology* (Evanston, Ill.: Northwestern University Press). (千田義光・鈴木琢真・徳永哲郎訳『フッサールの思想』晢書房, 1994 年)
Beyer, C. (1997). Ideen zu einer reinen Phänomenologie der empirischen Bedeutung. *Phänomenologische Forschungen. Neue Folge* 2 (2): 167–76.
Bitbol, M., and Petitmengin, C. (2011). On pure reflection. *Journal of Consciousness Studies* 18 (2): 24–37.
Bitbol, M., and Petitmengin, C. (2013a). A defense of introspection from within. *Constructivist Foundations* 8 (3): 269–79.
Bitbol, M., and Petitmengin, C. (2013b). On the possibility and reality of introspection. *Kairos* 6: 173–98.
Blackburn, S. (2016). *The Oxford Dictionary of Philosophy* (Oxford: Oxford University Press).
Blattner, W. D. (1999). *Heidegger's Temporal Idealism* (Cambridge: Cambridge University Press).
Boehm, R. (1968). *Vom Gesichtspunkt der Phänomenologie* (The Hague: Martinus Nijhoff).
Boehm, R. (2000) [1959]. Husserl's concept of the absolute. Trans. R. O. Elveton. In R. O. Elverton (ed.), *The Phenomenology of Husserl: Selected Critical Readings*, 2nd edn (Seattle, WA: Noesis Press), 164–91.
Bogost, I. (2012). *Alien Phenomenology, or What it's Like to be a Thing* (Minneapolis: University of Minnesota Press).
Borrett, D., Kelly, S., and Kwan, H. (2000). Bridging embodied cognition and brain function: the role of phenomenology. *Philosophical Psychology* 13 (2): 261–6.
Brassier, R. (2007). *Nihil Unbound: Enlightenment and Extinction* (New York: Palgrave Macmillan).
Brassier, R., Grant, I. H., Harman, G., and Meillassoux, Q. (2007). Speculative realism. *Collapse* 3: 306–449.
Braver, L. (2007). *A Thing of This World: A History of Continental Anti-Realism* (Evanston, Ill.: Northwestern University Press).
Braver, L. (2012). A brief history of Continental Realism. *Continental Philosophy Review* 45 (2): 261–89.
Bruineberg, J., Kiverstein, J., and Rietveld, E. (2016). The anticipating brain is not a scientist: the free-energy principle from an ecological-enactive

perspective. *Synthese*, doi:10.1007/s11229-016-1239-1.

Caputo, J. D. (1992). The question of being and transcendental phenomenology: reflections on Heidegger's relationship to Husserl. In C. Macann (ed.), *Martin Heidegger: Critical Assessments I* (London: Routledge), 326–44.

Carman, T. (2003). *Heidegger's Analytic: Interpretation, Discourse and Authenticity in Being and Time* (Cambridge: Cambridge University Press).

Carr, D. (1999). *The Paradox of Subjectivity: The Self in the Transcendental Tradition* (Oxford: Oxford University Press).

Chakravartty, A. (2011). Scientific Realism. In E. N. Zalta (ed.), *The Stanford Encyclopedia of Philosophy*, http://plato.stanford.edu/entries/scientific-realism/

Clark, A. (2013). Whatever next? Predictive brains, situated agents, and the future of cognitive science. *Behavioral and Brain Sciences* 36 (3): 181–204.

Clark, A. (2016). Busting out: predictive brains, embodied minds, and the puzzle of the evidentiary veil. *Noûs* doi:10.1111/nous.12140.

Cole, J.D. (1995). *Pride and a Daily Marathon* (Cambridge, Mass.: MIT Press).

Courtine, J.-F. (1990). *Heidegger et la phénoménologie* (Paris: Vrin).

Crick, F. (1995). *The Astonishing Hypothesis* (London: Touchstone).

Crowell, S. (2001). *Husserl, Heidegger and the Space of Meaning* (Evanston, Ill.: Northwestern University Press).

Crowell, S. (2008). Phenomenological immanence and semantic externalism: a rapprochement. *Synthese* 160: 335–54.

Crowell, S. (2015). Phenomenology and transcendental philosophy: making meaning thematic. In S. Gardner and M. Grist (eds), *The Transcendental Turn* (Oxford: Oxford University Press), 244–63.

Damasio, A. (1999). *The Feeling of What Happens* (San Diego, Calif.: Harcourt).（田中光彦訳『無意識の脳自己意識の脳——身体と情動と感情の神秘』講談社，2003 年）

Davidson, D. (1990). The structure and content of truth. *Journal of Philosophy* 87 (6): 279–328.

Davidson, D. (2001). *Subjective, Intersubjective, Objective* (Oxford: Oxford University Press).（清塚邦彦・柏端達也・篠原成彦訳『主観的，間主観的，客観的』春秋社，2007 年）

De Boer, T. (1978). *The Development of Husserl's Thought* (The Hague: Martinus Nijhoff).

De Kock, L. (2014). Hermann von Helmholtz's empirico-transcendentalism reconsidered: construction and constitution in Helmholtz's psychology of the object. *Science in Context* 27 (4): 709–44.

De Kock, L. (2016). Helmholtz's Kant revisited (once more). The all-pervasive nature of Helmholtz's struggle with Kant's Anschauung. *Studies in History and Philosophy of Science Part A*, 56: 20–32.

De Palma, V. (2015). Eine peinliche Verwechselung. *Metodo* 1 (1): 13–45.

Dennett, D. C. (1982). How to study human consciousness empirically, or, nothing comes to mind. *Synthese* 53: 159–80.

Dennett, D. C. (1987). *The Intentional Stance* (Cambridge, Mass.: MIT Press). (若島正・河田学訳『「志向姿勢」の哲学――人は人の行動を読めるのか ?』白揚社, 1996 年)

Dennett, D. C. (1991). *Consciousness Explained* (Boston, Mass.: Little, Brown). (山口泰司訳『解明される意識』青土社, 1998 年)

Dennett, D. C. (1994). Tiptoeing past the covered wagons: a response to Carr. https://ase.tufts.edu/cogstud/dennett/papers/tiptoe.htm.

Dennett, D. C. (2007). Philosophy as naïve anthropology: comment on Bennett and Hacker. In M. Bennett, D. Dennett, P. Hacker, and J. Searle, *Neuroscience and Philosophy: Brain, Mind, and Language* (New York: Columbia University Press), 73–95.

Depraz, N.,Varela, F., and Vermersch, P. (2003). *On Becoming Aware: A Pragmatics of Experiencing* (Amsterdam: John Benjamins).

Derrida, J. (1982) [1972]. *Margins of Philosophy*, trans. A. Bass (Brighton: Harvester Press). (高橋允昭・藤本一勇訳『哲学の余白』上下, 法政大学出版局, 2007–8 年)

Derrida, J. (2001) [1967]. *Writing and Difference*, trans.A. Bass (London: Routledge). (合田正人・谷口博史訳『エクリチュールと差異』法政大学出版局, 2013 年)

Dillon, M. C. (1988). *Merleau-Ponty's Ontology*, 2nd edn (Evanston, Ill.: Northwestern University Press).

Dreyfus, H. L. (1982). Husserl's perceptual noema. In H. L. Dreyfus and H. Hall (eds), *Husserl, Intentionality and Cognitive Science* (Cambridge, Mass.: MIT Press), 97–123.

Dreyfus, H. L. (1988). Husserl's epiphenomenology. In H. R. Otto and J. A. Tuedio (eds), *Perspectives on Mind* (Dordrecht: D. Reidel), 85–104.

Dreyfus, H. L. (1991). *Being-in-the-World* (Cambridge, Mass.: MIT Press).

(門脇俊介監訳『世界内存在――『存在と時間』における日常性の解釈学』産業図書，2000年)
Dreyfus, H. L., and Hall, H. (1982). Introduction. In H. L. Dreyfus and H. Hall. (eds), *Husserl, Intentionality and Cognitive Science* (Cambridge,-Mass.:MIT Press), 1–27.
Dreyfus, H. L., and Kelly, S. D. (2007). Heterophenomenology: heavy-handed sleight-of-hand. *Phenomenology and the Cognitive Sciences* 6 (1–2): 45–55.
Dreyfus, H. L., and Rabinow, P. (1983). *Michel Foucault: Beyond Structuralism and Hermeneutics* (Chicago: Chicago University Press).
Drummond, J. J. (1990). *Husserlian Intentionality and Non-Foundational Realism* (Dordrecht: Kluwer Academic).
Drummond, J. J. (1992). An abstract consideration: de-ontologizing the noema. In J. J. Drummond and L. Embree (eds), *The Phenomenology of the Noema* (Dordrecht: Kluwer Academic), 89–109.
Drummond, J. J. (2012). Intentionality without representationalism. In D. Zahavi (ed.) *The Oxford Handbook of Contemporary Phenomenology* (Oxford: Oxford University Press), 115–33.
Dwyer, P. (1990). *Sense and Subjectivity: A Study of Wittgenstein and Merleau-Ponty* (Leiden: Brill).
Edgar, S. (2013). The limits of experience and explanation: F. A. Lange and Ernst Mach on things in themselves. *British Journal for the History of Philosophy* 21 (1): 100–21.
Fichte, J. G. (1988) [1796]. *Early Philosophical Writings*, trans. D. Breazeal (Ithaca, NY: Cornell University Press).
Findlay, J. N. (1972). Phenomenology, realism and logic. *Journal of the British Society for Phenomenology* 3 (3): 235–44.
Fink, E. (1981) [1939]. The problem of the phenomenology of Edmund Husserl. Trans. R. M. Harlan. In W. McKenna, R. M. Harlan, and L. E. Winters (eds), *Apriori and World: European Contributions to Husserlian Phenomenology* (The Hague: Martinus Nijhoff), 21–55.
Fink, E. (1995) [1932]. *Sixth Cartesian Meditation: The Idea of a Transcendental Theory of Method*, trans. R. Bruzina (Bloomington: Indiana University Press). (新田義弘・千田義光訳『超越論的方法論の理念――第六デカルト的省察』岩波書店，1995年)
Fink, E. (2000) [1933]. The phenomenological philosophy of Edmund Husserl and contemporary criticism. Trans. R. O. Elveton. In R. O. Elveton (ed.),

The Phenomenology of Husserl: Selected Critical Readings, 2nd edn (Seattle, WA: Noesis Press), 70–139.（新田義弘・小池稔訳「エトムント・フッサールの現象学的哲学と現代の批判」,『フッサールの現象学』以文社，1982 年）

Flanagan, O. (1992). *Consciousness Reconsidered* (Cambridge, Mass.: MIT Press).

Føllesdal, D. (1974). Husserl's theory of perception. *Ajatus* 36: 95–103.

Foucault, M. (2002). *The Order of Things* (London: Routledge).（渡辺一民・佐々木明訳『言葉と物——人文科学の考古学』新潮社，1974 年）

Friedman, M. (2002). Exorcising the philosophical tradition. In N. H. Smith (ed.), *Reading McDowell on Mind and World* (London: Routledge), 25–57.

Friston, K. (2010). The free-energy principle: A unified brain theory? *Nature Reviews: Neuroscience* 11 (2): 127–38.

Frith, C. (2007). *Making up the Mind: How the Brain Creates Our Mental Worlds* (Oxford: Blackwell).（大堀壽夫訳『心をつくる——脳が生みだす心の世界』岩波書店，2009 年）

Gadamer, H.-G. (1972). *Kleine Schriften III* (Tübingen: J. C. B. Mohr).

Gallagher, S. (1997). Mutual enlightenment: recent phenomenology in cognitive science. *Journal of Consciousness Studies* 4 (3): 195–214.

Gallagher, S. (2003). Phenomenology and experimental design: toward a phenomenologically enlightened experimental science. *Journal of Consciousness Studies* 10 (9–10): 85–99.

Gallagher, S., and Allen, M. (2016). Active inference, enactivism and the hermeneutics of social cognition. *Synthese*, doi.org/10.1007/s11229-016-1269-8.

Gallagher, S., and Zahavi, D. (2012). *The Phenomenological Mind*, 2nd edn (London: Routledge).（石原孝二ほか訳『現象学的な心——心の哲学と認知科学入門』勁草書房，2011 年）

Gallese, V. (2001). The shared manifold hypothesis: from mirror neurons to empathy. *Journal of Consciousness Studies* 8 (5–7): 33–50.

Gardner, S., and Grist, M. (eds) (2015). *The Transcendental Turn* (Oxford: Oxford University Press).

Hanna, R. (2014). Husserl's crisis and our crisis. *International Journal of Philosophical Studies* 22 (5): 752–70.

Hardy, L. (2013). *Nature's Suit: Husserl's Phenomenological Philosophy of the Physical Sciences* (Athens: Ohio University Press).

Harman, G. (2005). *Guerrilla Metaphysics: Phenomenology and the Carpentry of Things* (Chicago: Open Court).

Harman, G. (2008). On the horror of phenomenology: Lovecraft and Husserl. *Collapse* 4: 333–64.

Harman, G. (2011). *The Quadruple Object* (Alresford, Hants: Zero Books).（岡嶋隆佑監訳『四方対象――オブジェクト指向存在論入門』人文書院，2017年）

Hart, J. G. (1986). A precis of a Husserlian phenomenological theology. In S. C. Laycock and J. G. Hart (eds), *Essays in Phenomenological Theology* (Albany, NY: SUNY), 89–168.

Hawking, S., and Mlodinow, L. (2010). *The Grand Design* (New York: Bantam).（佐藤勝彦訳『ホーキング，宇宙と人間を語る』エクスナレッジ，2011年）

Hegel, G. W. F. (2010) [1817]. *Encyclopedia of the Philosophical Sciences in Basic Outline. Part I: Science of Logic*, trans. K. Brinkmann and D. O. Dahlstrom (Cambridge: Cambridge University Press).

Heidegger, M. (1972) [1969]. *On Time and Being*, trans. J. Stambaugh (New York: Harper and Row).

Heidegger, M. (1982) [1927]. *The Basic Problems of Phenomenology*, trans. A. Hofstadter (Bloomington: Indiana University Press).（溝口兢一ほか訳『現象学の根本諸問題』創文社，2001年）

Heidegger, M. (1985) [1925]. *History of the Concept of Time*, trans. T. Kisiel (Bloomington: Indiana University Press).（常俊宗三郎，嶺秀樹，レオ・デュムペルマン訳『時間概念の歴史への序説』創文社，1988年）

Heidegger, M. (1993). *Grundprobleme der Phänomenologie* (1919/1920) (Frankfurt am Main: Vittorio Klostermann).（虫明茂，池田喬，ゲオルク・シュテンガー訳『現象学の根本問題』2010年）

Heidegger, M. (1996) [1927]. *Being and Time*, trans. J. Stambaugh (Albany, NY: SUNY).（高田珠樹訳『存在と時間』作品社，2013年）

Heidegger, M. (1998) [1976]. *Pathmarks*, ed. W. McNeill (Cambridge: Cambridge University Press).（辻村公一，ハルトムート・ブフナー訳『道標』創文社，1990年）

Heidegger, M. (2010) [1920]. *Phenomenology of Intuition and Expression*, trans. T. Colony (London: Continuum).

Heinämaa, S. (2014). The animal and the infant: from embodiment and empathy to generativity. In S. Heinämaa, M. Hartimo, and T. Miettinen (eds), *Phenomenology and the Transcendental* (London: Routledge),

129–46.
Heinämaa, S., Hartimo, M., and Miettinen, T. (eds) (2014). *Phenomenology and the Transcendental* (London: Routledge).
Helmholtz, H. v. (1855). *Das Sehen des Menschen* (Leipzig: Leopold Voss).
Helmholtz, H. v. (1995) [1853–1892]. *Science and Culture: Popular and Philosophical Lectures*, ed. D. Cahan (Chicago: Chicago University Press).
Henry, M. (1973) [1963]. *The Essence of Manifestation*, trans. G. Etzkorn (The Hague: Martinus Nijhoff). (北村晋・阿部文彦訳『現出の本質』上下，法政大学出版局，2005 年)
Hobson, J. A., and Friston, K. J. (2014). Consciousness, dreams, and inference: the Cartesian theatre revisited. *Journal of Consciousness Studies* 21 (1–2): 6–32.
Hohwy, J. (2013). *The Predictive Mind* (Oxford: Oxford University Press).
Hohwy, J. (2016). The self evidencing brain. *Noûs* 50 (2): 259–85.
Holenstein, E. (1972). *Phänomenologie der Assoziation: zu Struktur und Funktion eines Grundprinzips der passiven Genesis bei E. Husserl* (The Hague: Martinus Nijhoff).
Hopp, W. (2011). *Perception and Knowledge: A Phenomenological Account* (Cambridge: Cambridge University Press).
Hume, D. (2007) [1739–40]. *A Treatise of Human Nature* (Oxford: Clarendon Press). (木曾好能ほか訳『人間本性論』1–3 巻，法政大学出版局，1995–2012 年)
Iacoboni, M. (2009). *Mirroring People: The Science of Empathy and How We Connect with Others* (New York: Picador). (塩原通緒訳『ミラーニューロンの発見——「物まね細胞」が明かす驚きの脳科学』ハヤカワ文庫，2011 年)
Ingarden, R. (1994). *Gesammelte Werke, Band 6: Frühe Schriften zur Erkenntnistheorie* (Tübingen: Max Niemeyer).
Jacobi, F. H. (2000) [1787]. On transcendental idealism. In B. Sassen (ed.), *Kant's Early Critics: The Empiricist Critique of the Theoretical Philosophy* (Cambridge: Cambridge University Press), 169–75.
Journal of Consciousness Studies (1997). Editorial: The future of consciousness studies. Vols 4 (5–6): 385–8.
Kant, I. (1998) [1781/1789]. *Critique of Pure Reason*, trans P. Guyer and A. W. Wood (Cambridge: Cambridge University Press). (原佑訳『純粋理性批判』上中下，平凡社ライブラリー，2005 年)

Kant, I. (2005) [1785–9]. *Notes and Fragments*, trans. C. Bowman, P. Guyer, and F. Rauscher (Cambridge: Cambridge University Press).

Keller, P. (1999). *Husserl and Heidegger on Human Experience* (Cambridge: Cambridge University Press).

Kern, I. (1964). *Husserl und Kant: Eine Untersuchung über Husserls Verhältnis zu Kant und zum Neukantianismus* (The Hague: Martinus Nijhoff).

Korsgaard, C. M. (2009). *Self-Constitution: Agency, Identity, and Integrity* (Oxford: Oxford University Press).

Lafont, C. (2005). Was Heidegger an externalist? *Inquiry* 48 (6): 507–32.

Lange, F. A. (1925) [1865]. *The History of Materialism and Criticism of its Present Importance*, trans. E. C. Thomas (London: Kegan Paul).

Lawlor, L. (2009). Becoming and auto-affection (Part II): Who are we? Invited lecture, ICNAP. Published at: http://www.icnap.org/lawlor%20-%20paper.pdf (accessed 3 March 2012).

Lee, N. (1993). *Edmund Husserls Phänomenologie der Instinkte* (Dordrecht: Kluwer).（中村拓也訳『本能の現象学』晃洋書房，2017 年）

Levinas, E. (1969) [1961]. *Totality and Infinity: An Essay on Exteriority*, trans. A. Lingis (Pittsburgh, Penn.: Duquesne University Press).（熊野純彦『全体性と無限』上下，岩波文庫，2005–6 年）

Levinas, E. (1995) [1930]. *The Theory of Intuition in Husserl's Phenomenology*, trans. A. Orianne (Evanston, Ill.: Northwestern University Press).（佐藤真理人・桑野耕三訳『フッサール現象学の直観理論』法政大学出版局，1991 年）

Levinas, E. (1998). *Discovering Existence with Husserl*, trans. R. A. Cohen and M. B. Smith (Evanston, Ill.: Northwestern University Press).（佐藤真理人ほか訳『実存の発見――フッサールとハイデガーと共に』法政大学出版局，1996 年）

Levine, J. (1983). Materialism and qualia: the explanatory gap. *Pacific Philosophical Quarterly* 64: 354–61.

Lewis, M. (2003). The development of self-consciousness. In J. Roessler and N. Eilan (eds), *Agency and Self-Awareness* (Oxford: Oxford University Press), 275–95.

Lutz, A. (2002). Toward a neurophenomenology as an account of generative passages: a first empirical case study. *Phenomenology and the Cognitive Sciences* 1: 133–67.

Lutz, A., Lachaux, J.-P., Martinerie, J., and Varela, F. J. (2002). Guiding the

study of brain dynamics by using first-person data: synchrony patterns correlate with ongoing conscious states during a simple visual task. *Proceedings of the National Academy of Sciences* 99 (3): 1586–91.

Lutz, A., and Thompson, E. (2003). Neurophenomenology: integrating subjective experience and brain dynamics in the neuroscience of consciousness. *Journal of Consciousness Studies* 10: 31–52.

Mach, E. (1895) [1882]. *The economical nature of physical inquiry. In Popular Scientific Lectures*, trans. Thomas J. McCormack (Chicago: Open Court).

Malpas, J. (2002). *From Kant to Davidson: Philosophy and the Idea of the Transcendental* (London: Routledge).

Marion, J.-L. (1998) [1989]. *Reduction and Givenness*, trans. T. A. Carlson (Evanston, Ill.: Northwestern University Press).（芦田宏直ほか訳『還元と贈与――フッサール・ハイデガー現象学論攷』行路社，1994 年）

McClamrock, R. (1995). *Existential Cognition: Computational Minds in the World* (Chicago: University of Chicago Press).

McDowell, J. (1992). Putnam on mind and meaning. *Philosophical Topics* 20 (1): 35–48.

McDowell, J. (1994). *Mind and World* (Cambridge, Mass.: Harvard University Press).（神崎繁ほか訳『心と世界』勁草書房，2012 年）

McDowell, J. (2002). Responses. In N. H. Smith (ed.), *Reading McDowell on Mind and World* (London: Routledge), 269–305.

McIntyre, R. (1982). Intending and referring. In H. L. Dreyfus and H. Hall (eds), *Husserl, Intentionality and Cognitive Science* (Cambridge, Mass.: MIT Press), 215–31.

McIntyre, R. (1986). Husserl and the representational theory of mind. *Topoi* 5: 101–13.

Meillassoux, Q. (2008) [2006]. *After Finitude: An Essay on the Necessity of Contingency*, trans. R. Brassier (London: Continuum).（千葉雅也・大橋完太郎・星野太訳『有限性の後で――偶然性の必然性についての試論』人文書院，2016 年）

Meixner, U. (2010). Husserl transzendentaler Idealismus als Supervenienzthese: ein interner Realismus. In M. Frank and N. Weidtmann (eds), *Husserl und die Philosophie des Geistes* (Berlin: Suhrkamp), 178–208.

Merleau-Ponty, M. (1963) [1942]. *The Structure of Behavior*, trans. A. Fisher (Pittsburgh, Penn.: Duquesne University Press).（滝浦静雄・木田元訳『行動の構造』みすず書房，1964 年）

Merleau-Ponty, M. (1964) [1948]. *Sense and Non-Sense*, trans. H. Dreyfus and P. Dreyfus (Evanston, Ill.: Northwestern University Press).（滝浦静雄ほか訳『意味と無意味』みすず書房，1983 年）

Merleau-Ponty, M. (2004) [1948]. *The World of Perception*, trans. O. Davis (London: Taylor and Francis).（菅野盾樹訳『知覚の哲学——ラジオ講演 1948 年』ちくま学芸文庫，2011 年）

Merleau-Ponty, M. (2010). *Child Psychology and Pedagogy: The Sorbonne Lectures 1949–1952*, trans. T. Welsh (Evanston, Ill.: Northwestern University Press).

Merleau-Ponty, M. (2012) [1945]. *Phenomenology of Perception*, trans.D.A. Landes (London: Routledge).（中島盛夫訳『知覚の現象学』法政大学出版局，1982 年）

Metzinger, T. (2003). *Being No One* (Cambridge, Mass.: MIT Press).

Metzinger, T. (2009). *The Ego Tunnel* (New York: Basic Books).（原塑・鹿野祐介訳『エゴ・トンネル』岩波書店，2015 年）

Mohanty, J. (1985). *The Possibility of Transcendental Philosophy* (Dordrecht: Martinus Nijhoff).

Moran, D. (2016). Sinnboden der Geschichte: Foucault and Husserl on the structural a priori of history. *Continental Philosophy Review* 49 (1): 13–27.

Moran, R. (2001). *Authority and Estrangement: An Essay on Self-Knowledge* (Princeton, NJ: Princeton University Press).

Morton, T. (2012). Art in the age of asymmetry: Hegel, objects, aesthetics. *Evental Aesthetics* 1 (1): 121–42.

Müller, J. (1842) [1838]. *Elements of Physiology II*, trans. W. Baly (London: Taylor and Walton).

Murray, A. (2002). Philosophy and the 'anteriority complex'. *Phenomenology and the Cognitive Sciences* 1 (1): 27–47.

Neisser, U. (1976). *Cognition and Reality* (San Francisco, Calif.: W. H. Freeman).（古崎敬・村瀬旻訳『認知の構図——人間は現実をどのようにとらえるか』サイエンス社，1982 年）

O'Murchadha, F. (2008). Reduction, externalism and immanence in Husserl and Heidegger. *Synthese* 160 (3): 375–95.

Oksala, J. (2011). Post-structuralism: Michel Foucault. In S. Overgaard and S. Luft (eds), *The Routledge Companion to Phenomenology* (London: Routledge), 528–39.

Overgaard, S. (2003). On Levinas' critique of Husserl. In D. Zahavi, S.

Heinämaa, and H. Ruin (eds), *Metaphysics, Facticity, Interpretation* (Dordrecht: Kluwer), 115–38.

Overgaard, S. (2004). *Husserl and Heidegger on Being in the World* (Dordrecht: Kluwer Academic).

Overgaard, S. (2010). Royaumont revisited. *British Journal for the History of Philosophy* 18: 899–924.

Papineau, D. (2015). Naturalism. In E. N. Zalta (ed.), *The Stanford Encyclopedia of Philosophy* (Fall 2015 edn): http://plato.stanford.edu/archives/fall2015/entries/naturalism/Parnas, J., Møller, P., Kircher, T., Thalbitzer, J., Jansson, L., Handest, P., and Zahavi, D. (2005). EASE: examination of anomalous self-experience. Psychopathology 38: 236–58.

Peirce, C. S. (1955). *Philosophical Writings of Peirce*, ed. J. Buchler (New York: Dover). Petitmengin, C. (2006). Describing one's subjective experience in the second person: an interview method for the science of consciousness. Phenomenology and the Cognitive Sciences 5: 229–69.

Petitmengin, C., and Bitbol M. (2009). The validity of first-person descriptions as authenticity and coherence. *Journal of Consciousness Studies* 16: 363–404.

Petitot, J., Varela, F. J., Pachoud, B., and Roy, J.-M. (eds) (1999). *Naturalizing Phenomenology* (Stanford, Calif.: Stanford University Press).

Philipse, H. (1995). Transcendental idealism. In B. Smith and D. W. Smith (eds), *The Cambridge Companion to Husserl* (Cambridge: Cambridge University Press), 239–322.

Putnam, H. (1975). *Mind, Language and Reality* (Cambridge: Cambridge University Press).

Putnam, H. (1978). *Meaning and the Moral Sciences* (London: Routledge and Kegan Paul).（藤川吉美訳『科学的認識の構造——意味と精神科学』晃洋書房，1984 年）

Putnam, H. (1981). *Reason, Truth and History* (Cambridge: Cambridge University Press).（野本和幸ほか訳『理性・真理・歴史——内在的実在論の展開』法政大学出版局，2012 年）

Putnam, H. (1987). *The Many Faces of Realism* (LaSalle, Ill.: Open Court).

Putnam, H. (1988). *Representation and Reality* (Cambridge, Mass.: MIT Press).（林泰成・宮崎宏志訳『表象と実在』晃洋書房，1997 年）

Putnam, H. (1990). *Realism with a Human Face* (Cambridge, Mass.: Harvard University Press).

Putnam, H. (1999). *The Threefold Cord: Mind, Body, and World* (New York: Columbia University Press).（関口浩喜ほか訳『心・身体・世界――三つ撚りの綱／自然な実在論』法政大学出版局，2011 年）

Putnam, H. (2015). Naturalism, realism, and normativity. *Journal of the American Philosophical Association* 1 (2): 312–28.

Ramstead, M. J. D. (2015). Naturalizing what? Varieties of naturalism and transcendental phenomenology. *Phenomenology and the Cognitive Sciences* 14 (4): 929–71.

Ratcliffe, M. (2006). Phenomenology, neuroscience, and intersubjectivity. In H. L. Dreyfus and M. A. Wrathall (eds), *A Companion to Phenomenology and Existentialism* (Oxford: Blackwell), 329–45.

Rochat, P., and Zahavi, D. (2011). The uncanny mirror: a re-framing of mirror self-experience. *Consciousness and Cognition* 20 (2): 204–13.

Rockmore, T. (2011). *Kant and Phenomenology* (Chicago: University of Chicago Press).

Rowlands, M. (2003). *Externalism: Putting Mind and World Back Together Again* (Montreal: McGill-Queen's University Press).

Roy, J.-M., Petitot, J., Pachoud, B., and Varela, F. J. (1999). Beyond the gap: an introduction to naturalizing phenomenology. In J. Petitot, F. J. Varela, B. Pachoud, and J.-M. Roy (eds), *Naturalizing Phenomenology* (Stanford, Calif.: Stanford University Press), 1–83.

Rudd, A. (2003). *Expressing the World: Skepticism, Wittgenstein, and Heidegger* (Chicago: Open Court).

Russell, B. (1959). *My Philosophical Development* (New York: Simon and Schuster).（野田又夫訳『私の哲学の発展』みすず書房，1997 年）

Ryckman, T. (2005). *The Reign of Relativity: Philosophy in Physics 1915–1925* (New York: Oxford University Press).

Sankey, H. (2008). *Scientific Realism and the Rationality of Science* (Aldershot: Ashgate).

Sartre, J.-P. (1970) [1939]. Intentionality: a fundamental idea of Husserl's phenomenology. *Journal of the British Society for Phenomenology* 1 (2): 4–5.

Sartre, J.-P. (1981) [1975]. Interview with Michel Rybalka, Oreste Pucciani, and Susan Gruenheck. In P. Schilpp (ed.), *The Philosophy of Jean-Paul Sartre* (La Salle, Ill.: Open Court), 5–51.

Sartre, J.-P. (2003) [1943]. *Being and Nothingness*, trans. H. E. Barnes

(London: Routledge).（松浪信三郎訳『存在と無――現象学的存在論の試み』1–3，ちくま学芸文庫，2007–8 年）
Scheler, M. (1973) [1913/1916]. *Formalism in Ethics and Non-Formal Ethics of Values: A New Attempt Toward a Foundation of an Ethical Personalism*, trans M. S. Frings and R. L. Funk (Evanston, Ill.: Northwestern University Press).（吉沢伝三郎訳『倫理学における形式主義と実質的価値倫理学』上中下，白水社，2002 年）
Schutz, A. (1967) [1932]. *The Phenomenology of the Social World*, trans. G. Walsh and F. Lehnert (Evanston, Ill.: Northwestern University Press).（佐藤嘉一訳『社会的世界の意味構成――理解社会学入門』木鐸社，2006 年）
Sebold, R. (2014). *Continental Anti-Realism: A Critique* (London: Rowman and Littlefield International).
Sellars, W. (1963). *Science, Perception and Reality* (London: Routledge and Kegan Paul).
Shaviro, S. (2011). Panpsychism and/or eliminativism. Retrieved 5 Oct. 2015 from: http://www.shaviro.com/Blog/?p=1012.
Siewert, C. (2007). In favour of (plain) phenomenology. *Phenomenology and the Cognitive Sciences* 6: 201–20.
Slaby, J., and Heilinger, J.-C. (2013). Lost in phenospace: questioning the claims of popular neurophilosophy. *Metodo* 1 (2): 83–100.
Smith, A. D. (2003). *Routledge Philosophy Guidebook to Husserl and the Cartesian Meditations* (London: Routledge).
Smith, A. D. (2008). Husserl and externalism. *Synthese* 160 (3): 313–33.
Smith, B. (1997). Realistic phenomenology. In L. Embree (ed.), *Encyclopedia of Phenomenology* (Dordrecht: Kluwer), 586–90.
Smith, D. W. (2013). *Husserl*, 2nd edn (New York: Routledge).
Smith, D. W., and McIntyre, R. (1982). *Husserl and Intentionality* (Dordrecht: D. Reidel).
Soffer, G. (1990). Phenomenology and scientific realism: Husserl's critique of Galileo. *Review of Metaphysics* 44 (1): 67–94.
Sokolowski, R. (1970). *The Formation of Husserl's Concept of Constitution* (The Hague: Martinus Nijhoff).
Sokolowski, R. (1977). On the motives which led Husserl to transcendental idealism. *Journal of Philosophy* 74 (3): 176–80.
Sokolowski, R. (1984). Intentional analysis and the noema. *Dialectica* 38 (2–

3): 113–29.
Sokolowski, R. (1987). Husserl and Frege. *Journal of Philosophy* 84: 521–8.
Sparrow, T. (2014). *The End of Phenomenology: Metaphysics and the New Realism* (Edinburgh: Edinburgh University Press).
Spaulding, S. (2015). Phenomenology of social cognition. *Erkenntnis* 80: 1069–89.
Spiegelberg, H. (1965). *The Phenomenological Movement* (The Hague: Martinus Nijhoff). (立松弘孝監訳『現象学運動』上下, 世界書院, 2000年)
Staiti, A. (2015). On Husserl's alleged Cartesianism and conjunctivism: a critical reply to Claude Romano. *Husserl Studies* 31 (2): 123–41.
Stern, R. (2000). *Transcendental Arguments and Scepticism: Answering the Question of Justification* (Oxford: Oxford University Press).
Stove, D. C. (1991). *The Plato Cult and Other Philosophical Follies* (Oxford: Blackwell).
Straus, E. (1958). Aesthesiology and hallucinations. In R. May et al. (eds), *Existence: A New Dimension in Psychiatry and Psychology* (New York: Basic Books), 139–69.
Strawson, G. (2008). *Real Materialism, and Other Essays* (Oxford: Oxford University Press).
Strawson, P. (1992). Discussion of Strawson's Analysis, Science, and Metaphysics. In R. M. Rorty (ed.), *The Linguistic Turn: Essays in Philosophical Method* (Chicago: University of Chicago Press), 321–30.
Ströker, E. (1987). *Husserls transzendentale Phänomenologie* (Frankfurt am Main: Vittorio Klostermann).
Stroud, B. (2000). *The Quest for Reality* (Oxford: Oxford University Press).
Swanson, L. R. (2016). The predictive processing paradigm has roots in Kant. Frontiers in Systems Neuroscience 10 (79): 1–13. doi: 10.3389/fnsys.2016.00079
Taipale, J. (2014). *Phenomenology and Embodiment: Husserl and the Constitution of Subjectivity* (Evanston, Ill.: Northwestern University Press).
Taylor, C. (1964). Review of La philosophie analytique. *Philosophical Review* 73: 132–5.
Tengelyi, L. (2015). *Welt und Unendlichkeit: Zum Problem phänomenologischer Metaphysik* (Freiburg: Karl Alber).
Thomasson, A. L. (2005). First-person knowledge in phenomenology. In D. W.

Smith and A. L. Thomasson (eds), *Phenomenology and Philosophy of Mind* (Oxford: Clarendon Press), 115–38.
Thomasson, A. L. (2007). In what sense is phenomenology transcendental? *Southern Journal of Philosophy* 45 (S1): 85–92.
Thompson, E. (2007). *Mind in Life: Biology, Phenomenology, and the Sciences of Mind* (Cambridge, Mass.: Harvard University Press).
Thompson, K. (2016). From the historical a priori to the dispositif: Foucault, the phenomenological legacy, and the problem of transcendental genesis. *Continental Philosophy Review* 49 (1): 41–54.
Titchener, E. B. (1910). *A Textbook of Psychology* (New York: Macmillan).
Tugendhat, E. (1970). *Der Wahrheitsbegriff bei Husserl und Heidegger* (Berlin: de Gruyter).
Twardowski, K. (1982) [1894]. *Zur Lehre vom Inhalt und Gegenstand der Vorstellungen* (Vienna: Philosophia).
Van Breda, H. L. (1959). Die Rettung von Husserls Nachlaß und die Gründung des Husserl-Archivs. In H. L. Van Breda and J. Taminiaux (eds), *Husserl und das Denken der Neuzeit* (The Hague: Martinus Nijhoff), 1–41.
Van Breda, H. L. (1992). Merleau-Ponty and the Husserl Archives at Louvain. In H. J. Silverman and J. Barry, Jr (eds), *Merleau-Ponty, Texts and Dialogues* (Atlantic Highlands, NJ: Humanities Press), 150–61, 178–83.
Varela, F. J. (1996). Neurophenomenology: a methodological remedy for the hard problem. *Journal of Consciousness Studies* 3 (4): 330–49.
Varela, F. (1997). The naturalization of phenomenology as the transcendence of nature: searching for generative mutual constraints. *Alter* 5: 355–81.
Varela, F. J., Thompson, E., and Rosch, E. (1991). *The Embodied Mind: Cognitive Science and Human Experience* (Cambridge, Mass.: MIT Press).
Velmans, M. (2000). *Understanding Consciousness* (London: Routledge).
Vermersch, P. (1994). *L'entretien d'explicitation* (Paris: ESF).
Vermersch, P. (2009). Describing the practice of introspection. *Journal of Consciousness Studies* 16 (10–12): 20–57.
Vermersch, P. (2011). Husserl the great unrecognized psychologist! A reply to Zahavi. *Journal of Consciousness Studies* 18 (2): 20–3.
Waldenfels, B. (2000). *Das leibliche Selbst: Vorlesungen zur Phänomenologie des Leibes* (Frankfurt am Main: Suhrkamp).（山口一郎・鷲田清一監訳『講義・身体の現象学——身体という自己』知泉書館，2004 年）
Wilkes, K. V. (1988). *Real People: Personal Identity without Thought Experi-*

ments (Oxford: Clarendon Press).

Willard, D. (2011). Realism sustained? Interpreting Husserl's progression into idealism. Paper presented at the Early Phenomenology Conference held at Franciscan University of Steubenville, 29–30 April 2011. http://www.dwillard.org/articles/artview.asp?artID=151.

Williams, B. (2005) [1976]. *Descartes: The Project of Pure Enquiry* (London: Routledge).

Wiltsche, H. A. (2012). What is wrong with Husserl's scientific anti-realism? *Inquiry* 55 (2): 105–30.

Wiltsche, H. A. (2016). Science, realism, and correlationism: a phenomenological critique of Meillassoux' argument from ancestrality. *European Journal of Philosophy*, doi: 10.1111/ejop.12159.

Wolfendale, P. (2014). *Object-Oriented Philosophy: The Noumenon's New Clothes* (Falmouth: Urbanomic).

Yoshimi, J. (2015). The metaphysical neutrality of Husserlian phenomenology. *Husserl Studies* 31 (1): 1–15.

Zahavi, D. (1999). *Self-awareness and Alterity: A Phenomenological Investigation* (Evanston, Ill.: Northwestern University Press). (中村拓也訳『自己意識と他性——現象学的探究』法政大学出版局, 2017 年)

Zahavi, D. (2001). *Husserl and Transcendental Intersubjectivity: A Response to the Linguistic-Pragmatic Critique*, trans. E. A. Behnke (Athens: Ohio University Press).

Zahavi, D. (2003a). Inner time-consciousness and pre-reflective self-awareness. In D. Welton (ed.) *The New Husserl: A Critical Reader* (Bloomington: Indiana University Press), 157–80.

Zahavi, D. (2003b). How to investigate subjectivity: Heidegger and Natorp on reflection. *Continental Philosophy Review* 36 (2): 155–76.

Zahavi, D. (2003c). *Husserl's Phenomenology* (Stanford, Calif.: Stanford University Press). (工藤和男・中村拓也訳『フッサールの現象学』晃洋書房, 2017 年)

Zahavi, D. (2004). Back to Brentano? *Journal of Consciousness Studies* 11 (10–11): 66–87.

Zahavi, D. (2005). *Subjectivity and Selfhood: Investigating the First-Person Perspective* (Cambridge, Mass.: MIT Press).

Zahavi, D. (2014). *Self and Other: Exploring Subjectivity, Empathy, and Shame* (Oxford: Oxford University Press). (中村拓也訳『自己と他者——主観性・

共感・恥の探究』晃洋書房，2017 年）
Zahavi, D., and Stjernfelt, F. (eds) (2002). *One Hundred Years of Phenomenology: Husserl's Logical Investigations Revisited* (Dordrecht: Kluwer Academic).

人名索引

ア 行

アインシュタイン　Einstein, A.　267
アウグスティヌス　Augustine　50, 127, 277
アクィナス　Aquinas　277
アリストテレス　Aristotle　277
アリソン　Allison, H. E.　103, 305
アレー　Allais, L.　103, 166, 185, 279
アンリ　Henry, M.　7, 175–76
イアコボーニ　Iacoboni, M.　247
インガルデン　Ingarden, R.　7, 37, 290
ヴァール　Wahl, J.　49
ヴァイル　Weyl, H.　267
ヴァット　Watt, H. J.　39
ヴァレラ　Varela, F. J.　225–27, 261, 265, 336
ヴァン・ブレダ　Van Breda, H. L.　49
ウィトゲンシュタイン　Wittgenstein, L.　12, 79, 208, 335
ウィラード　Willard, D.　156
ウィリアムズ　Williams, B.　49, 293
ウィルクス　Wilkes, K. V.　249–50
ヴィルチェ　Wiltsche, H. A.　325
ヴェルマンス　Velmans, M.　237
ヴスト　Wust, P.　106
ヴント　Wundt, W.　15, 21
エックルス　Eccles, J. C.　257
エドガー　Edgar, S.　308
エビングハウス　Ebbinghaus, H.　16
エラン　Hering, E.　15
エルヴェ　Hervé, G.　91
オースティン　Austin, J. L.　49
オムルシャダ　O'Murchadha, F.　111, 124–25

カ 行

カー　Carr, D.　99–101, 104, 152, 165, 333
カーペンター　Carpenter, M.　246
カーマン　Carman, T.　85–87, 132–34, 189, 195
ガイガー　Geiger, M.　290
ガダマー　Gadamer, H.-G.　7, 100
カッシーラー　Cassirer, E.　197
カブ-スティーヴンス　Cobb-Stevens, R.　137
ガレーゼ　Gallese, V.　247
カント　Kant, I.　32–33, 56, 58, 77, 101, 103, 113, 117, 162, 166, 185, 191–92, 197–201, 210–11, 216, 219–20, 255, 277, 279, 281, 289, 296, 302–06, 314, 325, 334
ギャラガー　Gallagher, S.　243, 246–47, 313
グールヴィッチ　Gurwitsch, A.　135
クラーク　Clark, A.　302, 313
グラント　Grant, I. H.　278
クリーゲル　Kriegel, U.　229
クリック　Crick, F.　223

グリム　Grimme, A.　13
クローウェル　Crowell, S.　4, 52, 73, 101–04, 111, 120, 139, 152, 200, 333
クワァン　Kwan, H.　242
クワイン　Quine, W. V. O.　49
ケリー　Kelly, S. D.　84, 242
ゲルプ　Gelb, A.　255
コースガード　Korsgaard, C. M.　41
コーネリウス　Cornelius, H.　74
コール　Cole, J. D.　245
ゴルトシュタイン　Goldstein, K.　255
コフカ　Koffka, K.　263

サ　行

サース　Sass, L.　245
サール　Searle, J.　229, 335
サルトル　Sartre, J.-P.　7, 28, 36, 40, 53, 129–30, 172, 175, 185
サンケイ　Sankey, H.　114–15, 325
シーボルト　Sebold, R.　184, 331–334
シーワート　Siewert, C.　8
シェーラー　Scheler, M.　48, 91, 246, 290
シェリング　Schelling, F. W. J.　278
シャヴィロ　Shaviro, S.　280–81
シュタイン　Stein, E.　246–247, 290
シュッツ　Schutz, A.　7, 36
シュトラウス　Straus, E.　184
シュトレーカー　Ströker, E.　152–53, 169
シュリック　Schlick, M.　267
スターン　Stern, R.　120
スタイティ　Staiti, A.　145
ストーヴ　Stove, D. C.　338
ストラウド　Stroud, B.　294
ストローソン　Strawson, G.　120, 229
ストローソン　Strawson, P. F.　49
スパロウ　Sparrow, T.　272–78, 281, 298, 326–27
スポールディング　Spaulding, S.　34
スミス　Smith, A. D.　124, 142–43, 161–62, 164–65, 176–77, 323, 331
スミス　Smith, B.　291
スミス　Smith, D. W.　57, 103, 136–37, 149, 156
スラビィ　Slaby, J.　312
スワンソン　Swanson, L. R.　305
セラーズ　Sellars, W.　29, 222, 278
ソクラテス　Socrates　42
ソコロフスキ　Sokolowski, R.　135, 137–38, 180, 188–89, 211

タ　行

タイパレ　Taipale, J.　218
ダマジオ　Damasio, A.　159
ダメット　Dummett, M.　335
チャーチランド　Churchland, P.　278, 286
チャルマーズ　Chalmers, D.　229, 265
デ・パルマ　De Palma, V.　209–11
デ・ボアー　De Boer, T.　75–76
デヴィットソン　Davidson, D.　120–21, 335
ティチェナー　Titchener, E. B.　21, 24, 335
テイラー　Taylor, C.　49
ディルタイ　Dilthey, W.　16, 187
ディロン　Dillon, M. C.　89
デカルト　Descartes, R.　197, 199, 216, 222, 275, 277, 335
デネット　Dennett, D. C.　8, 20–23, 29, 49, 84, 258

デリダ　Derrida, J.　7, 28, 53, 54, 334
テンゲイ　Tengelyi, L.　330
トゥーゲントハット　Tugendhat, E.　108–09
ドゥワイアー　Dwyer, P.　90
トマソン　Thomasson, A. L.　29
ドラモンド　Drummond, J. J.　135, 137–38, 146, 149
ドレイファス　Dreyfus, H. L.　84, 87, 89, 130–32, 134, 136–37, 154, 195, 229, 266
ドレツキ　Dretske, F.　29
トワルドフスキ　Twardowski, K.　59
トンプソン　Thompson, E.　217, 225–26, 262–67, 336

ナ 行

ナイサー　Neisser, U.　129
ナヴィル　Naville, P.　91
ナトルプ　Natorp, P.　13, 39, 75, 337
ニーチェ　Nietzsche, F.　277–78, 335
ニュートン　Newton, I.　321–22

ハ 行

バークリー　Berkeley, G.　199, 296
パース　Peirce, C. S.　205
ハーディ　Hardy, L.　64, 115–16, 119–21, 184, 323, 333
ハート　Hart, J. G.　137, 330
パーナス　Parnas, J.　245
ハーマン　Harman, G.　278, 281–85, 288–90, 298, 325–26
ハイゼンベルク　Heisenberg, W.　261
ハイデガー　Heidegger, M.　7, 27–28, 39, 52–53, 70, 75, 84–88, 90–91, 102, 108–11, 122, 130, 188–89, 190–91, 194, 196, 207–08, 266, 273, 275, 278, 280, 284, 289, 317, 321–22, 335
ハイリンガー　Heilinger, J.-C.　311
パヴロフ　Pavlov, I.　263
パシュ　Pachoud, B.　226, 226–32 150, 163, 164
ハッカー　Hacker, P. M. S.　256–58
バデュー　Badiou, A.　278–79
パトナム　Putnam, H.　22, 191, 291–96, 335
ハルティモ　Hartimo, M.　210–11
ハンナ　Hanna, R.　233
ピアジェ　Piaget, J.　263
ビットボル　Bitbol, M.　24–26, 29
ヒューム　Hume, D.　199, 267, 277, 296
ヒルデブラント　Hildebrand, D.　290
ファーバー　Farber, M.　17
フィヒテ　Fichte, J. G.　210, 305
フィリプセ　Philipse, H.　62–65, 67–68, 161–62, 165, 177, 197, 333
フィンク　Fink, E.　7, 100, 108, 150–52, 188
フーコー　Foucault, M.　215–16, 218–19, 269
フェヒナー　Fechner, G.　15
フェルメルシュ　Vermersch, P.　24
フェレスダール　Føllesdal, D.　22, 131–32, 134–37
ブノワ　Benoist, J.　69–71, 75–77, 102
プフェンダー　Pfänder, A.　290
ブラシエ　Brassier, R.　278, 286–87, 291, 299, 325–26
ブラットナー　Blattner, W. D.　322
プラトン　Plato　277

フラナガン　Flanagan, O.　228–29
ブランケンブルク　Blankenburg, W.　245
ブランシュヴィック　Brunschvicg, L.　289
フリス　Frith, C.　299–301
フリストン　Friston, K.　312–13
ブレイヴァー　Braver, L.　113, 210, 218, 322–23, 334–35
フレーゲ　Frege, G.　121, 131–32, 135–37, 140–43, 221
ブレンターノ　Brentano, F.　17, 139–41, 146, 197
フロイト　Freud, S.　263
ヘイネマー　Heinämaa, S.　210–11
ヘーゲル　Hegel, G. W. F.　113, 305–06, 325
ベーム　Boehm, R.　177
ベック　Beck, M.　186
ペティット　Petitot, J.　226–32, 241, 261
ペティトモンション　Petitmengin, C.　24–26, 29
ベネット　Bennett, M. R.　256–58
ベルクソン　Bergson, H.　34–38
ベルネット　Bernet, R.　152
ヘルムホルツ　Helmholtz, H. v.　15, 302–03, 306
ペンフィールド　Penfield, W.　257
ホーウィ　Hohwy, J.　299–301, 313
ボーダン　Baudin, É.　271, 296
ボゴスト　Bogost, I.　279, 281–82
ホップ　Hopp, W.　145–46, 315
ホブソン　Hobson, J. A.　246, 302
ホル　Hall, H.　130–32
ボルツァーノ　Bolzano, B.　197
ボレット　Borrett, D.　242
ホワイトヘッド　Whitehead, A. N.　278

マ 行

マクダウェル　McDowell, J.　120, 179, 191–92
マッキンタイア　McIntyre, A.　132–34, 136–37, 143, 195
マッハ　Mach, E.　308
マトゥラーナ　Maturana, H.　225
マリー　Murray, A.　239–40, 269
マリオン　Marion, J.-L.　7
ミエッティネン　Miettinen, T.　210–11
ミュラー　Müller, J.　15, 145, 302–03, 308
ミラー　Miller, I.　136
ミンコフスキ　Minkowski, E.　245
メイヤスー　Meillassoux, Q.　278–79, 281, 285–87, 298, 319, 323, 325–26
メッツィンガー　Metzinger, T.　23, 28, 49, 84, 229, 278, 299–301, 309
メルロ－ポンティ　Merleau-Ponty, M.　7, 32, 49, 84, 88–91, 175, 182–83, 189, 194, 202, 207, 210, 225–26, 237, 245–47, 255, 261, 263, 265, 268, 273–75, 288–89, 335
モートン　Morton, T.　282
モハンティ　Mohanty, J.　200, 210, 219
モラン　Moran, D.　219
モラン　Moran, R.　41

ヤ 行

ヤコービ　Jacobi, F. H.　304–05
ヨシミ　Yoshimi, J.　336–37

ラ 行

ライナッハ　Reinach, A.　290
ライプニッツ　Leibniz, G. W.　277
ライル　Ryle, G.　22, 49
ラッセル　Russell, B.　325
ラッド　Rudd, A.　192
ラトゥール　Latour, B.　278
ラトクリフ　Ratcliffe, M.　248
ラビノウ　Rabinow, P.　89
ラフォント　Lafont, C.　190
ラムステッド　Ramstead, M. J. D.　243
ランゲ　Lange, F. A.　306–10
リクール　Ricoeur, P.　7
リッカート　Rickert, H.　239
リュックマン　Ryckman, T.　267
ルイス　Lewis, M.　246
レヴァイン　Levine, J.　227
レヴィナス　Levinas, E.　7, 28, 52–53, 57, 177–78, 278, 288, 289, 297
レーヴィット　Löwith, K.　85
レディ　Reddy, V.　246
ロイ　Roy, J.-M.　226–32, 241, 261
ロウラー　Lawlor, L.　241
ローランズ　Rowlands, M.　128–30, 195
ロシャ　Rochat, P.　246
ロシュ　Rosch, E.　225, 336
ロック　Locke, J.　277
ロックモア　Rockmore, T.　273
ロッツェ　Lotze, H.　197

ワ 行

ワトソン　Watson, J. B.　263
ワロン　Wallon, H.　263

事項索引

あ 行

異常性　abnormality　211
一人称　first-person　20, 22, 28, 31, 47, 74, 199–200, 218, 222, 227–28, 234, 252, 262, 337
意味　meaning　32, 36, 100–02, 136–39, 190–91, 215, 244, 256
因果性　causality　162, 235
運搬外在主義　vehicle externalism　129
エナクティヴィズム　enactivism　225, 262, 313, 336
エポケー　epoché　21, 49, 90, 92–94, 96, 98–100, 108–11, 153, 276
オートポイエーシス　autopoiesis　225, 263

か 行

懐疑論　scepticism　39–40, 112, 114, 120, 167, 233, 285, 295, 298, 301, 318
外在主義　externalism　103, 127–30, 135, 142, 154, 189–95
開放性　openness　195
科学主義　scientism　286, 324
科学的像《イメージ》　scientific image　316
学問論　theory of science　55, 80, 197
感覚　sensations　62–68, 180, 302–03, 306–08
還元　reduction　89–90, 92–93, 96–99, 102, 107–09, 152–53, 274
感情移入　empathy　246–48
観念論　idealism　56, 58–59, 64, 69, 89, 100, 106, 114, 155–56, 164–66, 171, 180, 188, 276, 295–97, 308, 314
　還元的——　reductive idealism　62, 64, 161
　経験的——　empirical idealism　314
　形而上学的——　metaphysical idealism　56, 74, 100, 102, 161, 165
　主観的——　subjective idealism　9, 104
　心理学的——　psychological idealism　321
　絶対的——　absolute idealism　162
　超越論的——　transcendental idealism　9–11, 89, 100–03, 114, 125, 128, 135, 154–56, 165–66, 171, 184, 187, 196–97, 219–20, 267, 290–91, 297–98, 314–15, 320, 329, 331–36
客観主義　objectivism　165, 199, 213, 234, 236, 263, 266
客観性　objectivity　33, 203–05, 207–08, 212–14, 217, 237, 261, 318, 332
鏡映認知　mirror-recognition　246–47

クオリア　qualia　28, 130, 233
形式的存在論　formal ontology　122
形而上学　metaphysics　51–56, 70, 78–79, 92–93, 99–107, 276
形相的　eidetic　29–30, 230, 248–51, 330
幻覚　hallucination　79, 140–45
研究草稿　research manuscripts　11, 13
顕現の与格　dative of manifestation　46, 170, 177
言語　language　34–38, 49, 217–18, 222, 258
現実存在　existence　108
現象学　phenomenology
　記述的――　descriptive phenomenology　74–75, 329
　超越論的――　transcendental phenomenology　74–75, 82, 86, 88, 92, 97, 100–04, 108, 121, 162, 251–52, 330
　――的還元　phenomenological reduction　36, 80, 236
　――的態度　phenomenological attitude　41, 45, 153, 236
　――的方法　phenomenological method　21, 23–24, 26, 28, 110, 110, 275
現象主義　phenomenalism　9–10, 62–64, 69–70, 103–04, 106, 162–63, 168, 187, 197, 308
現前　presence　53
構成　constitution　62, 176, 180–84, 201, 204, 206, 217
後退的超越論的論証　regressive transcendental argumentation　200
合理性　rationality　41, 48
コペルニクス的転回　Copernican turn　32, 304

さ 行

錯覚　illusion　145
　――からの論証　argument from illusion　141–42
死　death　215, 329
時間性　temporality　28, 172
自己意識　self-consciousness　1, 245–47　→自己顕現
　先反省的――　pre-reflective self-consciousness　40, 172
　反省的――　reflective self-consciousness　172–73
志向される対象　object-that-is-intended　138
志向されるとおりの対象　object-as-it-is-intended　138, 147, 149
思考実験　thought experiment　249–50
志向性　intentionality　8–9, 17–18, 26, 32, 43, 44, 46, 57–58, 76, 87, 130,136 –37, 178, 185–186, 190, 192–94, 196, 200, 222, 265, 282, 290–91
志向的対象　intentional object　57, 59–60, 71–72, 79, 204
自己顕現　self-manifestation　174–76, 183–84　→自己意識
自己責任　self-responsibility　41
自己疎外　self-alienation　99
自己分裂　self-fission　41
指示　reference　133
指示詞　demonstratives　133
事実性　facticity　176, 181, 207, 329
自然　nature　268
自然科学　natural science　102, 216, 222, 267

自然主義　naturalism　10, 16, 221–24, 231, 232, 238–39, 241, 258, 260, 266, 271, 283
自然的態度　natural attitude　92–93, 102–03, 169
実在論　realism　57–58, 69, 107, 116, 120, 272, 283, 289–91
　科学的――　scientific realism　310, 324–25
　経験的――　empirical realism　314, 324
　形而上学的――　metaphysical realism　56, 59, 74, 100, 104, 114–15, 119, 184, 276, 292, 295, 332–34
　自然な――　natural realism　292, 295–96, 298
　思弁的――　speculative realism　271, 278, 281, 285–86, 291, 298, 291, 325–27
　知覚的――　perceptual realism　191
　直接的――　direct realism　59
　内的――　internal realism　295
実証主義　positivism　215
質料的存在論　material ontology　122
シミュレーション　simulation　300
自明な像《イメージ》　manifest image　316
射映　adumbrations　64–65
社会学的超越論哲学　sociological transcendental philosophy　201
受動性　passivity　179, 209
消去主義　eliminativism　104, 165, 286, 299
証拠に基づく境界　evidentiary boundary　301
進化論　evolutionary theory　310
新カント主義　neo-Kantianism　306, 309, 315
神経科学　neuroscience　226, 228, 244, 248, 257
神経現象学　neurophenomenology　226
神経生理学　neurophysiology　225, 227, 311
身体性　embodiment　8, 88, 335
真理　truth　112–16
心理学　psychology　15–16
　記述的――　descriptive psychology　20, 27, 70, 75–76, 251
　現象学的――　phenomenological psychology　241, 252–53
　実験――　experimental psychology　15–16
　発達――　developmental psychology　245–46, 250, 255
心理学主義　psychologism　18, 20, 26, 224, 233
水槽のなかの脳　brain in a vat　112
数学　mathematics　231–32
生命　life　262, 264–65
正常性　normality　211–14, 269
精神病理学　psychopathology　245, 250
生世界　lifeworld　88–89, 212
正当化　justification　113–15
生物学　biology　265–66
世界内存在　being-in-the-world　87, 109, 275, 280
世界無化　world-annihilation　167–68
世代生産性　generativity　213–15, 269
絶対者　absolute　174–76, 185, 202, 207
説明の隔たり　explanatory gap　227

選言主義　disjunctivism　142, 144
相関関係　correlation　46, 47–48, 71, 112, 170, 323, 331
相関主義　correlationism　186–87, 278–80, 283, 285, 291, 319, 324, 326, 331–34
相互啓蒙　mutual enlightenment　243
相互主観性　intersubjectivity　7–8, 10, 88, 123, 171, 181, 196, 213, 310, 335
創造論　creationism　285
相対性理論　theory of relativity　267
祖先以前性　ancestrality　286, 319, 322
素朴さ　naivety　110
存在論　ontology　52–53, 122, 148
存在論的差異　ontological difference　52

た 行

他者性　otherness　52, 203, 288
誕生　birth　215, 329
注意　attention　22, 36, 40, 45
超越　transcendence　31, 52, 62, 71, 73, 202–03, 288
超越論的　transcendental　27, 31–32, 50, 54, 75–77, 188, 198
　——還元　transcendental reduction　87, 93, 155, 165, 207, 276, 280, 297
　——相互主観性　transcendental intersubjectivity　171, 202, 207, 214
　——態度　transcendental attitude　169
超越論哲学　transcendental philosophy　9, 153, 198–202, 253–54, 260, 263
超混沌　hyper-Chaos　286
直観　intuition　37–38
地理学　geology　325
沈殿　sedimentations　217
哲学的神学　philosophical theology　330
天文学　astronomy　325
投影　projection　161, 295
道具主義　instrumentalism　301
独我論　solipsism　10, 50, 84–87, 89–90, 128, 130, 133, 171, 189, 196, 206, 219, 265　→方法論的独我論
どこからのものでもない眺め　view from nowhere　274

な 行

内観　introspection　16, 20–22, 24, 27, 32, 34, 45, 48, 70, 84, 198
内在　immanence　44, 50, 63, 68
内在主義　internalism　50, 127–30, 132, 134–35, 141–43, 154–55, 167–68, 189–96, 206, 219
内的時間意識　inner time-consciousness　172, 183, 260
内容外在主義　content externalism　129
二元論　dualism　168, 196, 222, 228, 238
西海岸解釈　West Coast interpretation　136, 138, 147
人間学　anthropology　216
人間中心主義　anthropocentrism　116
認識論　epistemology　18, 31, 54–56, 81
認知科学　cognitive science　225–28, 248, 336
認知主義　cognitivism　262

ノエシス的　noetic　44, 71
ノエマ　noema　44, 131–32, 136–42, 144–45, 147–53

は 行

媒介者理論　mediator-theory　137, 139–40
反実在論　antirealism　289–91, 332, 335
汎心論　panpsychism　268, 282
反省　reflection　24, 33–34, 39–48
東海岸解釈　East Coast interpretation 137–38, 141–42, 144–47, 154
ヒュレー　hyle　179–81
——的　hyletic　44, 71
表象主義　representationalism　10, 58–59, 69, 133, 142, 154, 159, 219, 299, 311, 313–14
描像的志向性　pictorial intentionality 316
付随《スーパーヴィーニエンス》　supervenience　162, 164–65
普遍　universals　156
プラトン主義　Platonism　63, 86
フレーゲ的解釈　Fregean interpretation　136
ヘテロ現象学　heterophenomenology 20, 84
方法論的独我論　methodological solipsism　21, 84, 130, 133　→独我論
ホムンクルス　homunculus　158

ま 行

ミラーニューロン　mirror neurons 247–48
無前提性　presuppositionlessness 43, 55, 197
目的論　teleology　219
基づけ関係　relations of founding 164–65
物自体　Ding an sich　61, 64–65, 68–69, 104, 113–14, 120–21, 165, 192, 279, 303–08, 314　→物自体
物自体　thing in itself　284–85, 308 →物自体

や 行

唯物論　materialism　166, 308
有体的現前　bodily presence　123
誘発インタヴュー　elicitation interview　24
予測符号化　predictive coding　299, 304, 314

ら 行

理念化　idealization　212
量子力学　quantum mechanics　261, 267
歴史性　historicity　216, 269

《叢書・ウニベルシタス　1082》
フッサールの遺産
現象学・形而上学・超越論哲学

2018年 10月1日　初版第1刷発行

ダン・ザハヴィ
中村拓也 訳
発行所　一般財団法人　法政大学出版局
〒102-0071 東京都千代田区富士見 2-17-1
電話 03(5214)5540 振替 00160-6-95814
組版: HUP　印刷: 平文社　製本: 積信堂

ISBN978-4-588-01082-8

著　者

ダン・ザハヴィ（Dan Zahavi）

1967年デンマーク，コペンハーゲン生まれ。1994年ルーヴァン・カトリック大学で博士号を取得，1999年コペンハーゲン大学で教授資格を取得，2002年よりコペンハーゲン大学教授および同大学主観性研究センター所長を務める。同センターを拠点に研究の最前線に立ち続ける現代を代表する現象学者の一人。本書の他に『自己意識と他性』（法政大学出版局），『フッサールの現象学』『初学者のための現象学』（以上，晃洋書房），ギャラガーとの共著『現象学的な心』（勁草書房）が邦訳されている。

訳　者

中村拓也（なかむら・たくや）

1976年生まれ。同志社大学大学院文学研究科哲学および哲学史専攻博士課程（後期課程）満期退学。博士（哲学）。現在，同志社大学文学部准教授。専門は哲学（現象学）。主な論文に，Das Ich der Instinkte in Husserls Manuskripten über die Lebensewelt（*Interpretationes* Vol VIII/ N° 1/2018），訳書にザハヴィ『自己意識と他性』（法政大学出版局），『フッサールの現象学』（共訳），同『初学者のための現象学』，アルワイス『フッサールとハイデガー――世界を取り戻す闘い』（共訳），リー『本能の現象学』（以上，いずれも晃洋書房）がある。